KB123334

구술로 보는
인천 민간소극장사

인천학연구총서 35

구술로 보는
인천 민간소극장사

장구보

보고사

들어가며

　본 저서는 1974년부터 2015년 현재를 기준으로 지역에 살아 있었던 우리의 민간소극장 이야기를 담은 것이다. 역사적 관점에서 인천의 정체성을 보여주는 민간소극장이란 어떤 것이었고 어떤 모습일까를 고민하며 억지로 짜 맞추듯 시작했지만, 민간소극장을 운영했던 분들을 한 분 한 분 만나보면서 이내 그런 부자연스런 인위적인 관점은 쓸데없는 것이라는 걸 깨달을 수 있었다. 왜냐하면 그것은 살아있는 역사였고 소극장이란 공간이 인천 지역에서 곳곳이 그 숨결을 자연스럽게 그려내고 있었다는 것 그 자체가 바로 우리들의 이야기이지 않고 무엇이겠는가. 무형의 공연예술을 유형의 공간속에서 담아두고자 했던 그들의 땀과 노력과 흔적들은 그 자체만으로도 역사인 것이다. 단락 1부에서는 근대 이후 최초의 소극장 이야기부터 시작된다. 비교적 유럽의 영향을 받은 것으로 나타나는 한국의 민간소극장은 1969년 까페 떼아뜨르로부터 시작된다. 자유극장의 대표인 이병복씨가 운영하던 소극장으로 원각사 이후 소극장 운동의 성격을 띤 최초의 공간이 서울 충무로에 개관하게 된다. 재미있는 사실은 이때 극단 자유극장의 멤버로 있던 인천의 이우용씨가 이병복씨의 권유로 약 5년 후 인천 용동에 까페 깐느를 체인점의 형태로 1974년에 개관하게 되는데, 이것이 인천 최초의 민간소극장이 된다. 게다가 지역

민간 소극장 역사에서 부산 까페 떼아뜨르가(1975)[1] 그 시작으로 알고
있었고, 인천에서는 대부분이 돌체[2]를 그 최초라고 생각했던 것과 달리
이 까페 깐느는 까페 떼아뜨르처럼 상당히 소극장 정신을 그대로 반영한
연극 전용극장이었음을 발견할 수 있었다. 그 이후 80년대를 전후하여
돌체 소극장이 1978년에 유용호 대표에 의해서 음악 살롱으로 시작, 인천
의 건전한 유희문화가 탄생하게 된다. 후에 정준석씨가 경영을 잠시 맡았
다가 최규호·박상숙 부부가 돌체를 인수하면서부터 인천에 마임과 연극
의 활성화를 가져오게 되며 그 영향으로 저마다 극단을 창단, 전용극장에
의 목마름으로 인해 1984년에 정진 대표가 경동예술극장을 1987년에는
권용성 대표가 신포아트홀을 1988년에는 미추홀 소극장과 배다리예술극
장이 활발하게 신포동 일대를 주름잡으며 연극의 르네상스를 꽃피우게
된다. 물론 그 전성기는 오래가지 못하고 막을 내리지만 한때 연극과 공연
이 왕성했던 민간소극장의 르네상스시대였음은 부정할 수 없을 것이다.

　　두 번째 2부에서는 과거 신포동을 중심으로 번창했던 연극 공연과 소극
장 문화가 조금씩 지역적 확산을 가져온 것을 볼 수 있다. 지리적으로
보아도 신포동에 밀집해 있던 것과 달리 김창준과 김태용 대표가 부평에
자리한 최초의 어린이 전용소극장인 꿈나무 어린이소극장(1989, 90년으로
추정)개관을 시작으로 인천종합문화예술회관 근처에 개관한 유인석 대표

---

1)　1975년에는 까페 떼아뜨르가 경제적 어려움으로 폐관했지만 '실험극장'과 '에저또'가
　　소극장을 재개관하였으며 중앙소극장과 부산의 까페 떼아뜨르가 개관한 해이기도 하다
　　(정호순, 2002, pp.92~93).
　　　1975년 10월 18일 개관한 부산 까페 떼아뜨르(대표 진재철)는 150석을 갖춘 지방의
　　첫 연극 전용 소극장으로서 지방연극의 육성과 지역사회 문화발전의 일환으로 마련되었
　　다(이태주, 「부산 까페 떼아뜨르」, 『한국일보』, 1975.10.19).
2)　인천에 만들어진 최초의 소극장은 돌체 소극장이다. 돌체는 극단 마임의 주요 활동무대
　　였고, 팬터마임을 중심으로 수많은 공연을 올렸다(남승연, 「1980년대 인천 소극장 운동
　　사」, 『드라마연구』 제29호, 2008, p.23).

의 마루나 소극장(1995), 신도시가 형성된 연수구에 어린이 전용극장을 마련한 차흥빈 대표의 학동예술회관(1997), 옛 송도에 인토 소극장(1998)과 선학동에 위치했던 오영일 대표의 보물상자(1998), 그리고 안순동 대표의 동쪽나라 연극실험실(1998)은 주안동에 각각 위치하여 개관하는 즉 신포동에 밀집해서 개관되었던 80년대와는 달리 지역적으로 확산되는 특색을 보이게 된다. 또한 이 시기는 성인이나 정통연극이 강세였던 과거와는 달리 소비문화가 시작된 1990년대를 중심으로 어린이극이 번창하게 되고 더불어 소극장에 관객을 유치하기 위한 전략과 마케팅 등을 고민하는 예술 경영적 관점이 접목되는 소극장 운영의 현상이 나타나게 된다.

세 번째 단락 3부에서는 2000년대에 개관했던 소극장을 다루었는데 김병균 대표가 대학로에서 활동하다가 지역 연극의 활성화를 목적으로 과거 르네상스의 부활을 꿈꾸며 옛 신포동의 중심지인 카톨릭회관 옆에 2002년 가온누리 소극장을 개관하게 되면서 맥을 이어가게 된다. 당시에는 장기공연을 할 만한 공간이 없었기에 그 어떤 시기보다 소극장의 역할이 중요했지만 지역의 협회나 기관들과의 유대관계가 미흡하여 홀로 소극장의 명맥을 유지하게 된다. 그 뒤를 이어 마찬가지로 신포동에 진정하 대표가 인천의 가슴 아픈 사건으로 각인된 공간을 재정립하고자 2004년에 씨·아리 소극장을 개관하면서 청소년들의 공간에 대한 인식을 갖게 하는 계기를 마련한다. 2006년에는 김일준 대표가 서구 신현동에 어린이 전용극장인 꼬마세상 소극장을 개관하여 38개가 넘는 다양한 레퍼토리로 교육연극을 중심으로 하는 공연을 통해 소극장을 운영하고 같은 해에 임승관 대표가 이끄는 시민문화센터가 주최가 되는 아트홀 소풍이라는 커뮤니티 공간을 만들게 되면서 지역과 함께하는 시민이 주체가 되는 커뮤니티로써의 민간 소극장이 탄생하게 되는 등 2000년대는 참으로 다양하고 능동적인 색깔의 소극장의 역할을 보게 된다. 하지만 이러한 소극장들은 재정난과 경영난을 겪으면서 그리고 인재의 부재를 뼈아프게 겪으면서 시대 속에 사라지게 된다. 현재는 서광일 대표가 국악 전용극장으로 잔치마당을 2004년에 과거 꿈나무 어린이소극장 자리에서 개관하여 그 공간성을 이어가고 있으며, 마찬가지로 장한섬 대표의 플레이캠퍼스는 2009년에 재개관하여 돌체 소극장의 역사성을 이어가고 있다. 그리고 마지막으로 백재이 대표가 이끄는 떼아뜨르 다락은 신포동의 중심지 한 복판에 연극 전용극장을 꿈꾸며 2010년에 개관하여 현재까지 운영하고 있는 소극장이다. 이들 모두는 인천에 자리하여 땀과 열정으로 시대적 역사와 고민을 함께 한 경험적 사건이라고 볼 수 있을 것이다. 하지만 이들 거의 대부분은 역사적 자료를 간직하거나 관리하지 못했고 연구적 사료가 될 수 있을만한 자료를 보관하고 있지 못하기에 우선적으로 미흡하나마 직접 대담을 통해서 기록할 수밖에 없었다는 점을 한계로 두고 매우 안타깝게 생각하는 바이다.

  따라서 본 저서는 과거 1974년부터 2015년 현재까지를 조사기간으로 두고 소극장을 운영했던 대표들을 직접 만나 인터뷰를 통해 구술을 담았으며 관련 전문인을 다시 2차 인터뷰 대상으로 정하여 구술하였고 그 당시 신문기사나 보도 자료에 게재된 것을 조사하고 발췌하는 식으로 역사적 흔적을 찾고자 하였다. 그리고 소극장 운영 당시의 활동자료를 추가로 받아 정리하였으며 관련 서적을 통해 첨가하는데 그쳤음을 그 한계점으로 두고 인천의 민간소극장 역사를 최초로 기초자료의 토대를 마련했다는 것에 그 의의를 두고자 한다. 나아가 이들의 흔적이 이대로 묻히는 것이 아니라 이것을 토대로 더욱 적극적으로 활용되기를 또한 기대하는 바이다. 왜냐하면 민간소극장은 앞으로도 계속해서 우리 곁에 지속될 것이기 때문이다.

차 례

인천 민간소극장의 시작

제1장

소극장의 탄생과 시대적 특성

1. 연극공연과 시작을 함께 한 민간소극장

흔히 소극장 역사를 이야기할 때 연극 혹은 소극장 운동이라고 종종 표현하는 것을 볼 수 있다. 과거 한국의 경우는 연극 활동을 했던 극단의 움직임들이 먼저 시작되다가 후에 원각사를 통해서 소극장이라는 공간을 갖게 되는 것을 볼 수 있다. 원각사가 무료로 대관되었고 소극장이었기 때문에 연극단체들의 주된 무대가 된 것이다.[1] 그렇다면 소극장이라는 공간이 갖는 의미는 무엇일까? 단순히 공간성으로만 규정해서 보기보다는 공간 안에서 채워지는 운동성에도 초점을 두어야 할 것이다. 사

---

[1] 1950년대는 연극을 할 수 있는 극장이라고는 하나도 없었다. 1957년, 서울로 환도한 국립극장이 함께 쓰고 있던 시공관 뿐이었다. 국립극장은 불안정한 운영 속에서도 전속 극단의 공연을 위한 공간으로 쓰여 졌기 때문에 1962년까지는 소극장운동 단체들에게 개방되지 않았다. 소극장운동의 대표적 존재였던 '제작극회'만 해도 원각사가 생기기 전에는 서울문리대학 강당이나 카톨릭회관 같은 곳에서 공연을 했다. 그리고 동인들의 조직체였던 소극장운동 단체들은 예외 없이 경제적 난관을 겪고 있었으므로 영화관을 대관하여 공연한다는 것은 거의 불가능했다. 따라서 연극인들은 소극장운동의 선구적 역할을 인식하고 소극장의 필요성을 절감하고 있었다(정호순, 『한국의 소극장과 연극운동』, 연극과 인간, 2002).

전에서는 공연장을 '여러 사람 앞에서 연극·음악·무용 따위를 연출하여
공개하는 장소'라고 정의하였고, 공연법에서는 '공연을 주된 목적으로
설치하여 운영하는 시설'이라고 규정한다. 그러나 역사적으로 보면 소극
장은 의식의 끈을 놓지 않으려는 실험적이고 저항적 성격을 내포하고
있는 연극정신과 그 실험을 위한 소극장 운동을 담아내는 공간성의 의미
도 함께 있다고 볼 수 있을 것이다. 때문에 소극장은 통상 300석 이하의
작은 극장2)을 일컫는 말이지만 공간개념으로만 파악할 수 없는 창조적
실험을 위한 정신적3) 공간 개념으로 파악할 수 있다.4)

이원현(2005)은 1910~20년 사이에 일어난 미국의 신극운동은 파리의
자유극장, 런던의 독립극장, 모스크바의 예술 좌를 중심으로 한 실험극

---

2) 공연장은 객석 규모에 따라 대 공연장, 중 공연장, 소 공연장으로 구분, 공연법은 무대예
술인의 배치기준과 관련해 1,000석 이상, 800석 이상 1,000석 미만, 500석 이상 800석
미만, 500석 미만 등으로 공연장을 구분하고 있다. 하지만 이러한 법적 기준은 인력
배치기준에 관한 것이기 때문에 실제로는 1,000석 이상을 대 공연장, 300~1,000석을
중 공연장, 300석 미만을 소 공연장으로 분류하는 경우가 일반적이다(용호성, 『예술경
영』, 2002, p.113).

3) 독일에는 '캄머슈필레(Kammerspiele)'라는 소극장을 지칭하는 말이 존재한다. 이 단어
는 연출가이자 제작자인 막스 라인하르트(Max Reinhardt, 1873~1943)라는 인물과 밀
접한 연관성을 지닌다. 32세의 젊은 나이에 능력을 인정받고 당시 베를린의 유명한 다우
체스 국립극장의 예술 감독이 되었던 그는 획기적인 즉 심리학적 세심함을 가지고 친밀
한 연극을 창조시키기 위해 노력하고 무대 높이를 낮춤으로써 배우와 관객석 사이의
엄격한 구분을 깨뜨리는 시도를 감행하였다(이원현, 2005, p.86).

앙드레 앙뜨완느의 '자유극장'을 소극장의 효시라고 할 수 있으며 그는 이곳에서 근대
사실주의극과 무대양식을 실험하였다. 소극장 외에도 '예술극장', '독립극장', '자유무대'
등으로 불리고 있는데, 이는 소극장이 소규모 문화 공간이라는 것을 단적으로 말해주는
예라 할 수 있다(강경호, 2014, p.6).

서구의 소극장 문화의 근본적인 경향을 요약하면 1. 기존 상업적 연극에 대해 반대적
입장에 서있고, 2. 연극의 예술성을 확립하며, 3. 새로운 시대의 연극 창조를 위한 실험
정신이 소극장 운동의 목표이다(이원현, 2002, p.87).

4) 강경호, 「대전지역 연극 소극장 활성화 방안 연구」, 한남대학교 석사학위논문, 2014.

장운동에 적지 않은 자극을 받았고 현재 한국 소극장 문화의 정착화와 미국 소극장 운동의 발달에는 유럽 소극장 문화의 영향이 절대적 위치를 차지한다고 하면서 한국 소극장 건립에 모델이 되기도 했던 파리의 최초의 독립극단으로 앙드레 앙투완(André Antonie, 1858~1943)에 의해 운영되었던 극장 '테아트르 리브르(Théâtre Libre)'를 든다. 이 작고 허름한 실험극장은 외부의 상업연극과 검열 및 세금징수로부터 보호하기 위해 클럽과 같은 예약공연제로 운영되었다고 한다.[5]

우리나라의 경우 1958년 원각사[6]를 개관으로 연극계에 활력을 얻었지만 1960년 12월 5일 밤, 화재로 소실되면서 이 뜻밖의 화재로 원각사를 잃자 연극계는 다시 슬럼프에 빠지게 되고 특히 원각사 무대를 통해 활발한 공연을 해왔던 소극장운동 단체들에게는 치명적인 손실이 되었다.[7] 그 이후 원각사가 소실된 지 약 9년 만에 소극장이 등장하는데 그것은 1969년 서울 충무로에 까페 떼아뜨르이다. 주목할 만한 것은 프랑스에서 유학을 하고 온 연출가 김정옥과 복식 디자이너 이병복이 주축이 되었던 극단 자유극장 대표 이병복씨가 소극장을 개관한 것으로 유럽의

---

5) 1889년 베를린에서 오토 브라암(Otto Brahm, 1856~1912)이 이끄는 '프라이에 뷔네(Freie Buehne)'와 1981년 런던에서 J. T. 그라인(J. T. Grein, 1862~1935)이 건립한 '독립극장(independent Theatre)'은 '테아트르 리브르'의 영향을 받아 상업적 가치보다는 문학적, 예술적 가치를 지닌 희곡들을 상연하기 위해 설립되었고 이들 독립극장들은 사실주의 및 자연주의 희곡의 영역을 뛰어넘어 새로운 연극을 향한 길을 닦아 나가고자 하였는데 그들이 추구하던 사상은 후에 '오프-브로드웨이(Off-Broadway)', '오프-오프-브로드웨이(Off-Off-Broadway)'와도 연결고리를 갖게 된다(이원현, 「대형화와 상업화에 밀려나는 한국의 소극장 문화」, 문화예술진흥원, 통권307호, 2005, p.85).

6) 무료대관을 원칙으로 한 소극장 원각사는 1958년 12월 22일부터 1959년 1월 10일까지 20일간 다채로운 개관공연을 벌였는데, 레퍼토리는 현대극보다는 국악·창극·민요·고전무용·교향악·관현악·합창·독창·연주 등 우리나라의 전 예술을 망라한 것이었다(유민영, 『한국 근대극장 변천사』, 태학사, 1998, p.464).

7) 정호순, 『한국의 소극장과 연극운동』, 연극과 인간, 2002, p.62

소극장 자유극장의 영향을 받은 것으로 짐작되며 이 자유극장의 단원으로 있던 이우용씨가 인천에 분점 형태로 소극장을 5년 후에 개관함으로써 인천에도 본격적인 소극장의 시대가 시작됨을 알 수 있다. 이렇듯 소극장은 역사와 시대 속에서 공간과 공연을 통한 작은 시대적 의식의 몸무림이 아닐 수 없을 것이다. 서울을 기준으로 할 때 한국에 연극 전용 소극장이 건립된 것은 1970년대이므로(정확히 말하자면 1969년) 제대로 된 한국 소극장의 역사는 45년 남짓한 기간으로 볼 수 있다.

2. 공연법의 양면성 그 제약과 활성화

공연법이 개정된 1980년대 초반부터 많은 소극장이 개설되었고, 흔히들 그 변화가 공연법의 영향임을 지적한다. 정호순(2007)이 정리한 내용을 보면 1961년 12월 30일에 제정된 공연법(법률 제902호 제정)은 1963년과 1968년 두 번의 개정을 거쳐 1970년대에도 공연 예술 전반에 강력한 영향을 미쳤고 1970년대 공연예술정책은 공연자, 공연장, 공연에 관한 사항을 골자로 한 '공연법'[8]과 문화예술 전반에 대한 진흥과 지원을 골자로 한 '문화예술진흥법'[9]으로 구체화되었고 문화예술진흥법이 1970년대의 공

---

8) 〈공연법〉(법률 제902호, 제정 1961.12.30.)은 1944년에 공포된 〈조선흥행등취체규칙〉 (조선총독부령 제197호, 1944.)을 기조로 하여 1961년 12월에 제정·시행된 법률이다. 1946년 초부터 〈조선흥행등취체규칙〉의 존폐와 관련하여 많은 논란이 있었음에도 불구하고 〈공연법〉이 제정되기까지 "공연 활동과 관련된 유일한 법적 근거"로 남아 있었다 (박영정, 「해방기의 연극정책에 관한 연구」, 한국극예술연구 제7집, 1997, p.198).
　　여러 차례에 걸쳐 극장공연을 위한 법령 제정이 시도되었음에도 불구하고 난항을 겪다가 결국 박정희 정권의 등장과 함께 〈공연법〉이 제정·공포되었다(윤석진, 2015, p.43).
9) 文化藝術振興法(1972.8.14. 法律 제2337호 제정)
　　제1조(목적) 이 법은 문화예술의 진흥을 위한 사업과 활동을 지원함으로써 우리나라의

연예술정책을 대표하는 것이라면, 공연법은 군사 정부가 1960년대부터 공연예술의 자유를 통제하기 위해 제정한 것으로 1963년 개정을 통해 공연자의 등록 취소[10] 규정을 신설하고 사전 각본 심사제[11]를 도입, 1981년 12월 31일의 개정에 의해 연극전문 소극장 등 소규모 공연장을 허가대상에서 제외할 때까지는 시설미비 등의 법적요건에 부적합한 소극장들은 폐관위기에 시달렸다가 1981년 공연법이 개정되면서 연극 활동의 여러 가지 장애가 부분적으로 제거되었다고 보았다. 1981년 개정된 공연법에 의해서 300석 이하의 공연장은 공연장 설치 허가 대상에서 제외[12]되었

전통적인 문화예술을 계승하고 새로운 문화를 창조하여 민족 문화의 중흥에 기여하게 함을 목적으로 한다.

제2조(정의) 이 법에서 '문화예술'이라 함은 문학, 미술, 음악, 연예 및 출판에 관한 사항을 말한다.

정치적으로 제3, 4공화국에 해당되는 1970년대는 경제 성장을 제일의 발전 가치로 추구했던 시기이다. 1972년 8월 14일에는 문화정책의 근간이라고 할 수 있는 '문화예술진흥법'(법률 제2337호)이 제정되었고, 이어 1973년 4월 1일에 문화예술진흥위원회가 구성되고, 같은 해 7월 11일에 문화예술진흥기금 모금이 개시된다. 1973년 10월 11일에 특수법인 형태로 한국문화예술진흥원이 개원되어 마침내 1973년 10월 18일에 '제1차문예중흥 5개년 계획'이 확정된다(박명진, 2004, p.13).

10) 제6조의2(등록의 취소) 등록청은 공연자에 다음 각 호의 1에 해당하는 사유가 발생한 경우에는 그 등록을 취소할 수 있다.
  1. 사위의 방법으로 등록한 사실이 발각된 경우
  2. 제2조 제2항의 규정에 의한 소정기준을 계속하여 30일 이상 유지하지 못한 경우
  3. 등록증을 타인에게 대여하거나 기타 이 법 또는 이 법에 의한 명령이나 조치에 위반한 경우
  [본조신설 1963.3.12.]

11) 제14조의2(각본심사) ① 공연자가 영화이외의 공연물을 공연하고자 할 때에는 각령이 정하는 바에 의하여 사전에 그 각본 또는 대본에 대하여 등록청의 심사를 받아야 한다.
  ② 전항의 규정에 의한 심사에 합격되지 아니한 각본 또는 대본에 의한 공연은 이를 할 수 없다.
  [본조신설 1963.3.12.]

12) 공연법시행령[시행 1982.3.11.] [대통령령 제10755호, 1982.3.11., 전부개정].
  제2장 공연장설치허가

고, 복잡하고 다양한 규제에서 벗어날 수 있었다.[13] 1990년대까지 행해
진 소극장 규제는 1999년 1월 공연법 개정으로 개혁[14]되면서 공연장을
설치할 경우 허가제에서 등록제로 전환하였고 공연장 시설기준 중 이용
객의 안전과 관련 없는 시설 기준을 폐지하였고 타목적 사용제한이나
공연장 검열, 공연이나 공연자의 등록신고, 공연일수 제한, 공연각본 등
사전심의 등이 폐지[15]되면서 소극장 설치와 공연이 자유로워져 양적으로
나마 소극장 전성기를 맞이하게 된 것이다.[16]

제7조(허가신청) 법 제7조 제1항의 규정에 의하여 공연장설치허가를 받고자 하는 자는
공연장설치허가 신청서에 관계서류를 첨부하여 설치예정지를 관할하는 서울특별시장
·직할시장·또는 도지사(이하 이 장에서 "허가청"이라 한다)에게 제출하여야 한다.
  제8조(허가의 예외) ① 법 제7조 제1항 단서의 규정에 의하여 공연장설치허가를 필요로
하지 아니하는 공연장은 다음의 시설 또는 장소를 공연의 장소로 사용하는 공연장을
말한다.
  3. 객석이 300석이하이거나 객석의 바닥 면적이 300제곱미터 이하인 공연장
13) 이충직·김동호·박지연, 『한국영화 상영관의 변천과 발전방안』, 문화관광부, 2001, p.92
14) 제8조 (공연장업의 등록증) ① 법 제9조 제1항의 규정에 의하여 공연장 업을 등록하고자
하는 자는 문화관광부령이 정하는 바에 따라 공연장의 소재지를 관할하는 시장·군수
또는 구청장에게 공연장업 등록신청서를 제출하여야 한다.
  [제정·개정이유] 가. 항목에서 종전에는 영화 및 공연예술행위 전반에 대하여 공연신
고를 하도록 하였으나, 앞으로는 영화를 상영하는 경우에 한하여 신고하도록 함으로써
한국영화상영의 무제(스크린쿼터제)이행여부를 확인할 수 있도록 함(영 제3조제1항).
다. 항목에서는 종전의 공연장업의 허가제가 등록제로 전환됨에 따라 그 대상 및 절차를
정비하되, 종전에는 객석 300석이하의 공연장을 허가대상에서 제외하였으나, 앞으로는
500석 미만의 공연장을 등록대상에서 제외함(영 제8조 제5항).
15) 유민영, 「한국 현대 소극장 연구」, 단국대학교 박사학위논문, 2001, pp.145~146.
16) 1970년대 들어와 급격하게 양적으로 팽창한 연극공연은 자연적으로 공연장의 부족현상
에 따라 소극장들이 산발적으로 형성되었지만, 공연법, 소방법, 위생법 등의 규제 법칙
이 까다롭고 공연허가를 받아야만 공연을 할 수 있었기 때문에 소극장이 설립되기 힘든
상황을 맞이하게 되었다. 이를 계기로 80년대에 들어서면서 공연법이 완화·개정(1981)
되자, 현재 우리가 볼 수 있는 소극장의 대부분은 80년대 이후에 생겨났다(노윤갑, 2007,
p.53). (김창언·김경섭, 「서울시내 소극장의 기능성 실태분석에 관한 연구」, 『대한건축
학회 논문집』, 10권 10호, 1994, pp.29~31.).

1961년 12월 30일 공연법(법률 제209호)[17]

17) 출처 : 국가기록원 관보
http://theme.archives.go.kr/next/gazette/listKeywordSearch.do

1963년 공연법중개정법률(법률 제1306호)[18]

---

18) 출처 : 국가기록원 관보

http://theme.archives.go.kr/next/gazette/viewGazetteDetail.do?gazetteEventId=
0027997329&actionType=keyword

（ 4 ） 제 6229호　　　　관　　보　　　　1972. 8. 14. （월요일）

合을 目的으로 한다.

第2條 （廣告業務의 管掌） 廣告에 관한 業務는 國民體育振興法 第16條第2項의 規定에 의한 法人이 掌管한다.

第3條 （廣告의 制限） ①廣告는 煙草包裝 固有의 意匠에 損傷되지 아니하는 部分에 揭載하여야 하며 하나의 煙草包裝에 두가지 이상의 廣告를 揭載하지 못한다.

②다음 各號의 1에 해당하는 廣告는 이를 揭載하여서는 아니된다.

1. 公共의 秩序와 善良한 風俗을 沮害하는 內容.

2. 國民의 健全한 消費生活을 沮害하는 內容과 誇大廣告.

3. 惡質事業에 支障을 주는 內容.

4. 特定團體의 政治的 目的을 위한 廣告內容.

第4條 （專賣廳長의 協助） ①專賣廳長은 第2條의 規定에 의한 法人으로부터 廣告의 揭載要求가 있을 때에는 이를 協助하여야 한다.

②廣告에 利用할 煙草包裝紙의 種類·數量과 그 圖案에 관한 事項은 專賣廳長이 前項의 法人과 協議하여 決定한다.

第5條 （廣告收入의 目的外 使用禁止） 廣告에 의한 收入은 第1條의 規定한 體育振興基金을 造成하기 위한 目的 이외에는 使用되지 못한다. 다만, 그 收入中 당해 廣告의 印刷에 所要되는 經費는 負擔할 수 있다.

第6條 （罰則） 第5條의 規定을 違反하여 廣告收入金을 支出한때에는 1年이하의 懲役 또는 禁錮에 處한다.

第7條 （施行令） 이 法 施行에 관하여 필요한 事項은 大統領令으로 정한다.

　　附　則

이 法은 公布한 날로부터 施行한다.

국회에서 議決된 국민체육진흥법을 이에 공포한다.

　　대　통　령　박　정　희 ㊞

　　1972년 8월 14일

　　국무총리　김　종　필

　　국무위원
　　문화공보부　윤　주　영
　　장　　관

◉法律第2,337號

文化藝術振興法

第1條 （目的） 이 法은 文化藝術의 振興을 위

한 事業과 活動을 支援함으로써 우리나라의 傳統的인 文化藝術을 계승하고 새로운 文化를 創造하여 民族文化의 中興에 寄與함을 目的으로 한다.

第2條 （定義） 이 法에서 "文化藝術"이라 함은 文學·美術·音樂·演藝 및 出版에 관한 事項을 말한다.

第3條 （施策과 獎勵） 國家와 地方自治團體는 文化藝術의 振興에 관한 施策을 講究하고, 國民의 文化藝術活動을 奬勵하며 이를 積極 保護育成하여야 한다.

第4條 （振興） 前條의 規定에 의한 文化藝術의 振興에 관한 施策과 그 計劃의 樹立 및 施行에 관하여 文化公報部長官 또는 地方自治團體의 長의 要請이 있을 때에는 모든 機關이나 團體는 이에 協助하여야 한다.

第5條 （文化藝術振興委員會） ①文化藝術의 振興에 관한 重要施策을 審議하게 하기 위하여 國務總理所屬下에 文化藝術振興委員會를 둔다.

②文化藝術振興委員會의 組織과 運營에 관하여 필요한 事項은 大統領令으로 정한다.

第6條 （韓國文化藝術振興院） ①文化藝術의 振興을 위한 事業과 活動을 支援하게 하기 위하여 韓國文化藝術振興院（이하 "振興院"이라 한다）을 設立한다.

②振興院은 法人으로 하되 이 法에 規定한 것을 제외하고는 民法중 財團法人에 관한 規定을 準用한다.

③振興院의 設立·運營에 必要한 資金과 다음 各號의 事項에 속한 事業이나 活動을 支援하기 위한 資金을 造成하기 위하여 振興院에 文化藝術振興基金（이하 "基金"이라 한다）을 設置한다.

1. 文學·美術·音樂·演藝部門과 그 普及.

2. 民族固有文化의 발전을 위한 調査·硏究·著作과 그 普及.

3. 良書의 普及을 目的으로 하는 出版.

4. 기타 文化藝術의 振興을 目的으로 하는 事業이나 活動.

④基金의 管理·運營에 관하여 필요한 事項은 大統領令으로 정한다.

第7條 （基金의 募金） ①振興院은 基金을 造成하기 위하여 필요하고 인정할 때에는 寄附金品募集法의 規定에 불구하고 文化公報部長官의 承認을 얼어 公演場·古宮·陵·博物館

1862　　　　1000

1972년 8월 14일 문화예술진흥법(법률 제2337호)[19]

---

19) 출처 : 국가기록원 관보

　　http://theme.archives.go.kr/next/gazette/listKeywordSearch.do

1982년 3월 11일 공연법시행령개정령(대통령령 제10755호)[20]

20) 출처 : 국가기록원 관보 82.3.11 공연법시행령개정령 제2장 제7조.
http://theme.archives.go.kr/next/gazette/viewGazetteDetail.do?gazetteEventId=0028132595&actionType=keyword

1982년 3월 11일 공연법시행령개정령(대통령령 제10755호)[21]

21) 출처 : 국가기록원 관보 82.3.11 공연법시행령개정령 제4장 18조.
http://theme.archives.go.kr/next/gazette/viewGazetteDetail.do?gazetteEventId=0028132595&actionType=keyword

70-80년 시대 6개 극장 개관

1. 신포동 그 옛 추억

"신포동은 길 하나 차이로 문화가 많이 달라요. 한국 사람들하고 중국 사람들이 혼재돼서 살았어요. 내동 쪽은 절반 가까이가 중국 사람들이야. 70년대 후반까지만 해도. 여기는 어른들이 일부 일본사람들이 개명을 해서 사는 할머니들이 몇 분 계셔. 여기는 신포동이라고 해서 여기를 신정이라고 부르고 신정 이쪽 일대를 소위말해서 미야마찌라고 부르고 내동은 중국 사람들이 대부분 살았어요. 그래서 내가 어렸을 때만 해도 여기는 바닥이 질퍽한 황토 흙이었고 그리고 황토 흙과 햇볕을 가리기위해서 전부다 천막을 쳐. 자기 집 만큼의 햇볕가리개를 차이를 줬어요. 그래서 동네가 전혀 다른 분위기야. 이쪽은 일본식 분위기야. 이 건물로 아버지가 1947년도에 사신 건데 여기서 장사하시다가 떡을 만들어서 파시다가 1956년도에 정식으로 허가를 받아서 떡집으로 만들어서 하게 된 거니까 꽤 오래됐지. 여기 있는 건물들이 일본 사람들이 1937년도 11월 1일 날 완공이 돼서 살기 시작한 집들이야. 이건 토지대장에 나오는 거야. 이 집들 구조가 주상복합의 형태로 해서 이게 전체적으로 일본사람이 지은 임대주택이야. 아까 여기는 일본인 여기는 한국하고 중국인의 동네 분위기였고. 중국 사람들은 야채, 달걀, 소금, 춘장, 밀가루, 국수, 신발, 간장 등을 여기에서 주로 팔았고 일본사람들은 생선을 주로 많이 팔았어. 그 위에 우리나라 사람들이 현재는 생선좌판을 깔고 판 거지. 칼국수 집, 튀김집을 추억하는 사람들이 많아요. 일본의 대도시의 후미진 시장들의 모습들을 답습했던 곳이고 불과 20년 전 얘기지요."

- 인천작가회의 이종복 시인 인터뷰 中

옛 인천 시민회관 모습[1]

---

1) 인천예총, 『인천예술50년사』, 1992, p.15.

옛 공보관 모습[2]

1980년대 인천 연극의 가장 큰 특징은 활발한 지역 극단의 창단과 그에 따른 민간소극장[3] 설립에 있다. 극단 수는 증가하고 있는데 여전히 공연장은 공보관, 시민회관, 가톨릭회관 강당을 벗어나지 못하고 있었고, 이들은 연극 전용극장이 아니었기 때문에 예술적 완성도를 높이거나 관객과 소통하는 데 많은 어려움을 겪고 있다가[4], 70년대 까페 깐느와

---

2) 인천예총, 『인천예술50년사』, 1992, p.15.

3) 극장의 유형중 운영에 따른 분류는 공공극장, 민간극장, 기업이 운영하는 민간극장이 있다. 공공극장이란 운영조직이 국공립이거나 운영비의 전부 또는 일부를 공공재원으로 지원받아 운영하는 극장이다. 민간극장은 순수하게 민간차원에서 운영되며 기업이 운영하는 민간 극장은 기업이나 개인 후원자가 설립하여 기업이 직접 운영하거나 재정을 지원하는 방식으로 운영된다. 운영주체는 민간 기업으로 민간극장에 속하지만 운영 내용은 공공 극장에 가깝다고 볼 수 있다(이승엽, 『극장경영과 공연제작』, 2001, p.40). 따라서 본 저서 범위는 순수하게 시장의 원칙에 따라 운영하는 민간소극장을 대상으로 한다.

4) 남승연, 「1980년대 인천 소극장 운동사」, 『드라마연구』 제29호, 2008, p.26.

돌체의 탄생부터 해서 80년대에 들어서 경동예술극장을 필두로 하나씩
소극장들이 개관하기에 이르고 이 시기를 인천 연극과 소극장의 르네상
스로 불린다.5) 연출가이자 시인이었던 이영유씨가 당시 공연장소의 열
악했던 시대상을 『인천예술50년사』에 담았던 내용과 극단 〈미르〉 이재
상 대표와 극단 〈엘칸토〉 봉두개 대표의 인터뷰를 통해 그 여의치 못했
던 환경을 짐작할 수 있을 것이다.

仁川演劇은 척박한 풍토와 여건 속에서 집회장소로 건립된 시립공보관
시민회관 카톨릭회관 강당 등을 주 공연장으로 사용해왔던 것이 80년대 초
반까지의 상황이었다. 그런데 이들 장소가 전용극장이 아니어서 시설의 미
비함은 말할 것도 없고 대관료와 대관일정 그리고 공연장으로서의 사용 등
에 많은 제약이 있어 연극공연의 예술적 성취나 관객유치에 많은 난관이
있었다. 그래서 뜻있는 젊은 연극인들이 중심이 되어 자구책으로 민간연극
전용 소극장을 만들기 시작하였다. 돌체 소극장은 이러한 상황기반으로 설
립되어 93년 현대까지 의연하게 맥을 이어오며 많은 양의 작품과 신인 연
극인들을 배출하는 창구 역할을 오늘까지도 게을리 하지 않고 있다.6)

"돌체 하나만 있다든지 아니면 경동예술극장 두 개만 있을 때는 어디서
많이 공연했냐면 카톨릭센터, 카톨릭회관 5층 강당에서 많이 했어요. 거기
하고 인천시민회관. 시민회관은 크잖아 대극장이니까 카톨릭회관은 중 극
장 정도니까. 거기서 많이 했어요. 조명기 좀 달고…."
                                                  – 극단 〈미르〉 이재상 대표 인터뷰 中

5) 현존하지 않는 폐관된 소극장의 자료들을 찾기도 힘들고 또한 운영했던 대표들도 자신
   들의 공연 자료를 보관하지 않는 경우가 대다수인지라 인터뷰를 통한 사실적인 기술에
   그칠 뿐 그 시대에 존재했던 소극장의 역사를 자세히 소개하고 있지 못하는 한계점을
   밝힌다.
6) 이영유, 「연극공연장을 중심으로 본 지역연극」, 『인천예술50년사』, 1992, p.1777.

"1960년도에 인천 연극협회가 그때는 경기도 연극협회 인천지부였죠. 이것이 송림동에 현대극장(영화극장)에서부터 시작했어요. 물론 그 이전 1950년도에도 활동이 있었겠지만, 두 번째로 옮긴 곳이 답동에 전 중구청 앞에 공보관이 있어요. 지금은 어린이 유치원이에요. 거기로 그 연극협회가 그리로 옮겼죠. 사무실이 없어서 인천연예협회 사무실을 같이 썼어요. 그리고 저희가 세 번째로 옮긴 곳이 율목동 풀장 있는데가 청소년BBS회관 1976년도에 그때 처음으로 우리가 극우회라는 것을 정식으로 발족을 했지요. 처음으로 단원을 오디션으로 뽑았어요. 거기서 하다가 내려온 게 답동 로타리, 지금은 공원화 되어있어요. 경찰신문이 있고, 그리고 이리로(인천 문화회관) 올라온 거죠. 1980년도쯤인 거 같아요. 1990년도에 인천시립극단이 여기서 창단이 된 거죠. 1979년도 1월 1~3을 부평공보관에서 공연을 했어요. 봉두개 모노드라마를. 그 당시에는 극단이 하나도 없을 때였어요. 그 다음에 80년도 때에 돌체 소극장이 소극장이 아니라 돌체 음악 살롱식으로 했었지요. 관객들한테 천 원씩 받고 요구르트 하나씩 나눠주고, 내가 거기서 모노드라마를 보여줬지. 무료로. 하면서 소극장으로 개조를 하자고 권유를 하였고 80년도에 극단 엘칸토를 창단을 하고 그해 년도에 최규호가 내려와서 소극장 돌체를 만들고 극단 미추홀이 생기고 했지요. 극우회 때를 중심으로 본다면 다 돌아가시고 최계식 선생님만 남아계세요. 영화배우 이영옥씨의 남편이셨죠. 〈바보들의 행진〉의 주인공이셨어요. 극우회 때 공연을 많이 다녔어요. 영종도 주로 섬. 영종도 안에 초등학교 운동장에서 했어요. 그때는 공연장이 없었으니까. 그리고 현대극장 안에서도 하고. 그 다음에 지방 충청도 홍성 광천 이런데 전국순회를 다녔지. 그 당시에 반공 드라마를 하고. 인천시민회관이 그 당시에는 홍예문 앞 여학교 앞에 체육관건물 강당이 있는데 그게 예전에 인천시민회관 자리였고 그것이 주안으로 옮겼지. 이런 것은 아무도 모르지. 우리는 주안시민회관에서 공연을 많이 했어요. 공연할 때 비가 세기도 하고 그랬지."

– 극단 〈엘칸토〉 봉두개 대표 인터뷰 中

대부분의 자료에서 언급되었듯이 인천에 만들어진 최초의 민간소극장을 돌체로 알고 있지만[7] 박은희 전 시연센(시민교육연극센터) 대표와 인터뷰를 하는 도중에 돌체보다 4년 먼저 개관했던 소극장이 있음을 듣게 되었다. 그것이 일찍이 서울에 개관되었던 민간소극장의 효시 까페 떼아뜨르(1969년 개관 1975년 폐관)[8]의 인천 분점이라고 할 수 있는 극장 까페 깐느이다. 그리고 나서 4~5년 뒤 현재도 남아있는(장소성) 돌체가 유용호 대표에 의해 1978년 12월 24일 음악 살롱으로 개관하게 되고 그 후 육년 뒤인 1984년 정진 대표가 경동예술극장, 1987년 권용성 대표가 신포 아트홀을 신포시장 한 복판에 개관하게 되고 이어서 그 다음해인 1988년 김종원 대표가 미추홀 소극장, 같은 해에 이정환 대표의 배다리예술극장이 차례대로 개관되어 80년대 민간소극장으로의 르네상스를 이루게 된다. 하지만 이렇게 자기들만의 공간을 갖고 왕성한 창작활동을 경쟁적으로 보여주던 소극장들도 얼마 되지 않아 90년대에 이르러서는 하나둘씩 폐관되기에 이르러 1992년도에는 하나도 남아있지 않게 된다.

7) 남승연, 「1980년대 인천 소극장 운동사」, 『드라마연구』 제29호, 2008.
8) 강경호, 「대전지역 연극 소극장 활성화 방안 연구」, 2014, p.10.
  1969년 4월, 〈자유극단〉은 명동에 〈까페 떼아뜨르〉(파리유학을 통해 〈극단 자유〉를 창단했던 이병복, 김정옥이 충무로에 개관을 하여 실험적이고 전위적인 연극들을 소개함으로써 당시 많은 젊은이들의 사랑을 받았던 극장)를 설립하여 극단의 전용무대로 활용하였다. 〈까페 떼아뜨르〉는 두 달이 못 가서 공연법, 보건법 등에 저촉되어 휴관하였다가 재개관하여 1975년 11월 8일 7년 만에 문을 닫았으나, 당시 예술(공연예술)에 대한 일반적 관심이 적었던 시기에 저변의 인구를 늘리는데 공헌했고, 예술을 통한 사회교류를 넓혔다는데 그 역할이 컸다고 할 수 있다(노윤갑, 2007, p.52; 이원현, 2005, p.88).

2. 인천 최초의 민간소극장 까페 깐느

극장명 : 까페 깐느
주소지 : 인천광역시 중구 용동
개관일자 : 1974년
폐관일자 : 1976년
극장대표 : 이우용

"1974년(가을)에 제가 조연출한 작품 뒤렌마트 작 〈늦가을의 황혼〉을 공연했죠. 그때 제가 대학교 1학년 때였으니까 박용기 연출 박은희 조연출 그 당시 배우로는 친구인 민욱(당시 이우용 대표와 친구), 정운용씨가 출연하셨어요. 까페 깐느의 개관공연은 극단 고향의 강영걸 연출선생님이 하셨구요."

— 전 시연센 박은희 대표 인터뷰 中

"맞어, 그게 깐느다. 내가 군대 갔다 와서 2년 쉬는 동안 저녁이면 거길 가곤했지. 여기 여자관객이 많았거든. 여인의 향기를 맡으러 갔던 기억이 나네. 돌체는 유용호가 맨 처음 시작했지. 경동예술극장은 정진, 미추홀은 김종원, 배다리는 이원석(이정환)이 있었지. 90년대는 모르겠어."

— 현 인천문화재단 김윤식 대표 인터뷰 中

1974년 인천에 처음으로 연극(만)공연이 상연되었던 까페 깐느9)는(경동사거리에서 5미터정도 올라오다보면 오른쪽에 새 신축건물 3층) 인천에 개관된 최초의 민간소극장이다. 까페 깐느는 당시 이우용10)씨가 몸담고 있는

---

9) 1974년 당시 극단 〈자유극장〉의 대표인 이병복씨의 권유로 부모님을 설득하여 중구 용동에 인천 최초의 소극장 까페 깐느를 개관하게 됨.
10) 까페 깐느의 대표인 이우용씨는 인천토박이로 서라벌예술대학교에 연극(학부 2회 입

극단 〈자유극장〉의 대표 이병복[11]씨의 권유로 부모님을 설득하여 2년
후 역세권이었던 인천 중구 용동에 개관을 하게 됨으로써 인천의 최초
민간소극장이 탄생하게 된다. 약 50석 정도의 계단식 객석[12]과 원형으
로 된 무대로 구분되어 있으며 당시 공연 관람료가 천 원으로 비교적
가격이 비쌌지만 공연 관람을 오신 분들께는 차를 제공하기도 하였다고
하니 비교적 보기 드문 고급스러운 공연 문화를 엿볼 수 있다. 공연과
관련한 홍보는 당시 문화가 척박한 환경에 있었기도 했고 활동하는 다른
어떤 것이 없었기에 전단을 직접 붙이거나 별도의 비용이 없이 신문사를
통해서 홍보를 하였다고 한다.

인천 까페 깐느의 전신이라고 할 수 있는 극단 〈자유극장〉 대표인
이병복씨가 세운 '까페 떼아뜨르'의 전경사진[13]

학)을 전공. 후에 중앙대학교 연극영화과로 통합 흡수됨. 후에 〈자유극장〉의 단원으로
최불암, 김혜자, 함현진, 추송웅, 이성웅 등과 활동하였음.
11) 무대 미술가이자 극단 〈자유극장〉의 대표. 불란서에서 공부를 하고 남편 권옥연(화가이
자 홍익대 교수)과 함께 1969년 명동에 우리나라 최초의 〈까페 떼아뜨르〉라는 소극장을
개관하게 됨.
12) 무대는 당시 함현진씨(동아연극상 수상자이며 KBS탤런트)가 인테리어 작업을 일일이
다 해주었다고 증언함.

"그 당시는 동인천이 역세권이었어요. 다 논밭이고, 경인선을 타고 오면 오류동, 부천, 부평, 주안, 인천, 동인천이야. 동인천이 사람이 많이 모였고 신포시장이 컸어. 어르신들 술 먹는 곳 용동이라고 지금의 먹자골목이었지. 그래서 거기에 극장을 만들었지. 군대 제대하고 나와서 아버지가 하시던 사업을 뒷바라지 하면서 그래도 학교에서 배우 하던 게 있어서 자연스럽게 다들 연락이 돼서 인사도 드리고 하다가 이병복씨 말씀이 인천에도 극장을 하나 만들면 어떻겠느냐 하셔서 아버지가 부유한 편이었던지라 솔깃해서 어머니 아버지를 설득을 한 거지. 부모님은 내가 외아들이니까 설득을 한 거지. 결국 부모가 자식한테 지시더라고. 그래서 결국에는 내가 소극장을 만들었지요. 서울에 까페 떼아뜨르에서 한 공연을 끝내고 나면 여기 와서 하고 체인 비슷하게 웬만하면 그냥 와서 하고, 민예극장 손진책씨하고 공연도 같이 하고 공연비는 못줘도 식사나 차비만 주면서 했지. 관객이 호기심에 오기도 했는데 그때 천 원을 받았어. 커피 값이 이삼백 원할 때, 차 한 잔씩 주고 연극을 봤으니까."

1974년 8월 10일 경향신문

---

13) 네이버캐스트 '이병복'
http://navercast.naver.com/contents.nhn?rid=83&contents_id=20973

1974년 7월 24일 경기신문

공연물로는 극단 〈자유극장〉이나 〈민예극장〉(연출 손진책) 등과의 교류, 지역에서는 전무송(연극배우), 조일도(연출, 신춘문예한국일보 희곡부문 당선) 등과의 작업을 통해 유명 극단의 작품을 재공연하거나 인천지역에서 자체적으로 제작하여 공연을 하기도 하였다. 당시에 인천에 희한하게 생겼다고 대학생들이 다소 발길을 찾기는 했으나 경영적인 어려움으로 인해 일 년 정도 넘게 경영과 관리를 해오다가 문을 닫게 된다. 당시로서는 생활권이 서울이었고 예술분야가 서울에 흡수되었던 터라 여러 가지로 운영의 어려움과 가족의 반대로 폐관되었다고 한다.

카페 깐느 이우용 대표 구술 채록문

일시	2015년 4월 29일 2시
장소	연수동 카페베네 2층
참여자	이우용, 장구보, 최혜정

1. 까페 깐느의 탄생배경

장구보 : 박은희 선생님 혹시 기억하세요? 〈까페 깐느〉에서 처음 공연을 하셨대요.

이우용 : 오 허허허허(웃음).

최혜정 : 무용인가?

이우용 : 연극만 했어요. 무용은 안 했고 소극장이다 보니까 무용할만한 공간은 아니고 내가 그걸 하게 된 계기가 메모하실 수 있으면 하세요.

최혜정 : 네.

이우용 : 내가 옛날에 대학교 다닐 때 서라벌 예술대학교 연극과를 나왔어요. 서라벌 대학교 2회 학부 2회. 그러니까 무지 오래됐지.

장구보 : 대단하시네요. 2회 입학하신 건데.

이우용 : 그렇죠. 초급대학은 있었는데 학부는 내가 2회야. 서라벌 예술대학 초대부터 따지면 더 오래됐고 학부로 부터는 2회가 된 거라 우리 동기는 추송웅이 민욱이 황범식이.

장구보 : 옛날 배우님들?

이우용 : 어, 옛날 배우들. 그래서 내가 그렇게 됐는데 내가 서라벌 다니면서 극단 〈자유극장〉이라고 서울에 있었어요.

장구보 : 극단도 하시고 극장도 하신 거예요?

이우용 : 아니 극단 이름이 〈자유극장〉이야. 이병복씨라고 불란서에 가서 연극을 공부하신 선생님이신데 여자 이병복씨에요. 신랑은 권옥연이라고 화가야 홍익대학교 교수셨어. 부부가 불란서 유학을 가고 그러면서 이 이병복씨가 연극을 좋아 하시면서 본인이 불란서식 연극을 접목시켜야겠다고 하면서 대극장 그 전에 명동예술극장에 했거든. 그런데 소극장을 만들자 해서 자기 사재를 털어서 명동에다가 까페 떼아뜨르를 냈어요.

장구보 : 명동에?

이우용 : 명동에. 그래서 소극장을 제일 처음에 허신 분이야.

장구보 : 우리나라에?

이우용 : 우리나라에. 그러니까 일 번이지. 이병복씨가.

장구보 : 이 분은 그런데 연극을 하셨던 분이세요?

이우용 : 아 그럼 연극을 하신분이지 이병복씨가. 그러면서 극단 대표를 하시고 연극이
    어려울 때 자기 사재를 털어서 제작을 허고 그러면서 허신 분이니까 참 어떻
    게 보면 훌륭하신 분이지. 돌아가셨을 거야. 그 이후로 내가 연락은 못 받았는
    데 내가 연락을 안 하고 그러니까. 그러면서 권옥연씨라고 신랑은 대한민국에
    큰 화가셔. 그 부부가 홍대교수니까 그 분들은 아마 타계하셨을 거에요. 그리
    고 그 당시에 연출을 전문적으로 하신 김정옥씨라고 중앙대학교 교수하셨던
    분인데 그분이 〈자유극장〉 고정 연출자였지. 그런데 아마 돌아가셨을 거야.
    내가 확인은 못해봤는데 확인해 보세요. 내가 아는 줄기만 말해드릴 테니까.

장구보 : 그럼 여기 극단 〈자유극장〉에 단원이셨어요?

이우용 : 단원이었지. 내가 대학교 다니면서 극장 단원이었어. 이 인저 대학을 다니면서
    〈자유극장〉 멤버로써 그때 멤버로 최불암씨 김혜자씨 또 저기하신 분들이 죽은
    함현진씨라고 그 사람 동아 연극상까지 받은 사람인데 젊어서 죽고 추송웅씨
    〈빨간 피이터의 고백〉 했던 추송웅씨, 또 마영달이라는 예명을 얻은 이성웅씨
    뭐 이런 사람들이 다 극장 멤버였어. 그 당시. 그 당시 〈자유극장〉 모 연극단체가
    십여 개 있었는데 그래도 이병복씨가 운영하고 〈자유극장〉이 거마비라도 주고
    그랬지. 배우들도 그렇고 단체가 활발했어. 그러다 우리 집에서 반대가 심했어.

장구보 : 그때 집이?

이우용 : 인천이지 나는. 아부지 엄마가 싫어 허시고 그래가지고 군대 영장을 받았어
    요. 대학교 졸업하자마자. 뭐 군대 부름을 받았으니 가야지 어떻게. 그러면서
    내가 저 극단을 에휴, 아버지 엄마도 싫어하시는 거 그 당시 뭐 옛날 얘기니까
    연애하던 아가씨가 있는데 아 그 사람도 무지 싫어하는 거야.

장구보 : 배고프니까 ….

이우용 : 배고픈 것도 배고픈 거고.

장구보 : 많은 배우 분들과 함께 작업해서?

이우용 : 그리고 교사였어. 초등학교. 아주 그런 거를 싫어 하드라고. 그래서 이 판에
    그냥 관두자하고 내가 좋아하고 좋아하는 이병복씨나 선배들한테 인사도 못
    드리고 그냥 군대를 가버리자. 연락을 끊어버리고 가버렸어요.

장구보 : 네.

이우용 : 옛날에 군대는 3년 이었고.

장구보 : 그럼 나오셔서 인천에서 만드신 거겠네요?

이우용 : 어 그래갖고 나와 가지고 제대하고 나와서 아버지가 하시던 사업을 뒷바라지

하면서 그래도 그 학교 하던 저기가 있으니까 아주 자연스럽게 연락이 되고 하잖아.

장구보 : 연락을 끊을 수는 없죠.

이우용 : 연락을 끊자고 그랬는데 갔다 와서는 또 그럴 수는 없잖아요. 그래서 이렇게 이렇게 찾아가서 뵙기도 하고 만나기도 하고 친구들도 있으니까 그렇게 지내면서 그러다가 인천에 이병복씨 말씀이 인천에도 극장을 하나 만들면 어떻겠느냐. 아버지가 부유한 편이었어. 내가 그래서 솔깃해서 그래 한 번 저기하자 어머니 아버지 설득을 한 거지. 그래가지고 내가 그 저기가 경인일보 김영준 기자가 그래도 기자니까 내가 옛날 기억이니까 몇 년도 몇 년도 기억이 정확하지 않으니까. 그러니까 몇 년 전 몇 년 전 이런 얘기만 하고 몇 살 때니까 이럴 것이다 그렇게만 얘길 하고 그랬는데 기자는 그렇지 않잖아. 인터넷을 뒤지고 옛날 신문을 뒤져가지고 인천일보라고. 지금도 인천일보 있을 거야. 인천일보에서 기사화해준 그런 게 있어. 〈까페 깐느〉에서 몇 날 며칠까지 극단 어디에서 공연하고 그 기사가 그 당시에 나온 게 조그만 한 게 뭐 개관하고 그런 게 있다 라고 있거든. 나는 그런 자료는 없으니까 김기자한테 그 설명을 해줬더니 아마 그 양반이 다 뒤진 모양이야. 기사를 써야하니까. 그 사람 기사를 찾아보시면 날짜와 시간 그런 거는 거기 있을 거예요. 나는 하나의 기억 속에서 생각하는 거니까 그거는 정확하게 책으로 엮어가니까 정확하게 해야겠지.

장구보 : 부모님 설득하셨어요?

이우용 : 그런 시간과 그런 거는 거기서 찾으시고, 부모님은 내가 외아들이니까 설득했지.

장구보 : 게다가 외아들이셨어요?

이우용 : 그러니까 싫어하시더라도 결국 부모가 자식한테 지시더라고. 그래가지고 소극장을 맨들었어요. 내가.

2. 카페 깐느의 구성과 운영

장구보 : 만들었다고 하는 것은?

이우용 : 건물 새 건물에 객석 한 50석해서 극장을 만들었지. 그걸 누가 만들었냐면 함현진씨라고 동아연극상 남자 연극주연상 받고 몇 년도인지 내가 기억이 안 나는데 아주 재능이 좋으신 분이야. 연기도 많이 했지. 그리고 텔레비전 탤런트도 했었고 초창기 KBS만 있을 때. 그 양반이 참 괴짜 같고 그러더니 군대도 안 갔는지 피했는지 그러다가 이 양반이 좀 이상해. 그때 군대 생활을 못하면 제재가 많았는지 그때 사우딘가 어딘가 가서 자살했어.

최혜정 : 어머.

장구보 : 왜 사우디까지 가서 자살을 했을까.

이우용 : 그러니까. 그래갖고 좀 저기한 사람이 죽었다 참 안타까운. 그 양반 나이가 추송웅이 그런 또래야. 최불암이 돌아가신 문오장이 김혜자씨 보다 조금 후배야. 이 함현진이란 사람이. 아니다 김혜자씨랑 비슷하겠구나. 그 무대를 만들고 무대연출도 했거든 연극연출도하면서. 그때 인제 모든 인테리어 작업을 함현진 씨가 했지. 그래서 그런데 그때 소극장을 한다고 하니까 나도 미친놈이었지.

장구보 : 이게 몇 년도세요?

이우용 : 이게 1970 몇 년도야. 4년인가 … 그러니까 이건 서울에서 명동에서 떼아뜨르 하나 해놓은 다음에 내가 한 거니 대한민국에서 인천에서 미쳐도 한참 미친놈 이지.

장구보 : 인천에서.

이우용 : 네. 인천은 게다가 생활권이 서울생활권이다 보니까 참 하기가 어려운 것이 연극이나 예술분야가 서울로 흡수되버려. 그런 인구가 적다보니까.

최혜정 : 그럼 무대는 무대대로 만드시고 객석은 객석대로 만드시고 형태를 딱 만들어 놓으신 거였어요?

이우용 : 그렇지. 무대를 어떤 식이냐면 무대가 밑에 있어. 객석은 이렇게 올라와서 계단식 이고.

장구보 : 의자는 고정이셨어요?

이우용 : 그렇지 의자는 고정이었고.

장구보 : 완전 소극장이네요.

이우용 : 응 소극장이지.

장구보 : 그런데 왜 이름은 카페였어요? 〈까페 깐느〉?

이우용 : 아 그건 왜 그렇게 했냐면. 자유극장 이병복씨 영향이 크지. 〈까페 떼아뜨르〉 였거든, 명동에 있는 게. 까페 떼아뜨르 인천이니까 깐느로 하자해서. 그렇게 해서 이름을 그렇게 한 거예요. 그래서 〈까페 떼아뜨르〉에서 하는 공연을.

장구보 : 같이 와서 했어요?

이우용 : 끝나고 나면 여기 와서 해주고 체인점 비슷하게 옛날에 스케줄이 바쁘면 못하지만 웬만하면 와서 하고. 그리고 민예극장이지. 연출가 손진책이. 그 부인도 연극하고 그러는 분이. 손진책씨 그 마당극이 유행 할 때야. 그럴 때 민예극장 손진책씨랑 대화하고 그래서 뭐 여기로 오고 그러면 교통비랑 식사대를 대고 그랬지. 어떻게 미친놈들 아니면 허기 힘든 거지. 하하하하(웃음).

장구보 : 젊으신 나이에 하신 거잖아요?

이우용 : 그럼요. 젊은 나이에 연극해서 미친 거지 뭐(웃음).

장구보 : 그래도 최신식으로 시작하신 거네요.

이우용 : 그렇지 시설비도 많이 들어갔지. 뭐냐 하면 계단식으로 해놓고 돌아가신 함현진씨가 감각 있는 분이니까 이렇게 했는데 내가볼 때 내가 몰라서 그런 거니.

생각 외로 돈이 많이 들어갔더라고. 그거 가지고 나중에 치사하게 뭐라고 그럴 수는 없는 거고. 그래서 그런 일이 있고 그렇게 하다가 문을 닫게 됐지.

3. 까페 깐느의 폐관이유

이우용 : 문을 닫게 된 계기는 아버지가 뭐 가만히 보니까 이놈이 하는 짓이 좀 어른들이 보는 눈에 시원치 않고 돈벌이도 안 되고 연극한다고 왔다 갔다 하고 미친 짓들 하는 거지 저게 뭐하는 건가 어른들이 보기에는 그런 게 있었겠지. 때려 치워라 그러시더라고.

장구보 : 이거는 월세를 냈던 건가요?

이우용 : 그렇지 보증금을 많이 내고 남의 건물에다 한 거니까.

장구보 : 아휴 아까웠겠다. 시설비를.

이우용 : 그렇지 시설비를 했는데 나는 아깝지. 누구한테 넘기기도 뭐 한 거 아냐. 일반 점포 같아야 뭘 넘기지. 만들어놓고 특수한 저기니까 그것도 참 어렵고 참 고민을 많이 내가 했어요. 그런데 아버지가 하루는 오시더니.

장구보 : 오셨어요?

이우용 : 응. 한 번도 오신 적이 없으신데, 뭘 이렇게 들고 들어오시는데 망치야. 다 뿌시시는 거야.

장구보 : 어머 뭘 뿌실 수 있으실까요?

이우용 : 무대 이런 거. 대게 합판으로 도배하고 그런 거니까 땅땅땅 치면 다 뻥뻥뻥 뚫어지잖아.

장구보 : 엄청 화나셨나보네요.

이우용 : 다 때려 치고 남자가 저기하면 용단을 내릴 줄도 알아야지. 그걸 용단을 못 내리고 시간만 질질 끌고 그런다고 다 때려 부수고. '자재 이런 건 용달로 보내.' 그러고 가시더라고.

장구보 : 얼마 만에 이렇게 되셨어요?

이우용 : 얼마 못했지 한 일 년 반 했나.

장구보 : 아깝네요.

이우용 : 인천에서는 안 되는 거야. 돈을 자꾸 내 돈을 끓어 박아야하니까. 손님들이 인천에서 희한한 일이 생겼다고 보고 들어오긴 하는데 그런 인원들 갖고는 운영하기가 힘들지.

4. 까페 깐느의 홍보와 작품 활동

장구보 : 그래도 나름 홍보는 하시지 않으셨나요?

이우용 : 그럼. 그때 홍보는 신문사에서 다 해줬지. 지금도 그렇지만 문화 예능 쪽에

기사거리가 없잖아. 내가 돈을 안 들여도 연락이 오면 공연예정이 어떻게 됩니까? 하고 물어오고 나는 알려주고 문화예술 면에는 2단이고 3단이고 조금 조금씩 나지.

최혜정 : 그럼 공연물은 극단 자유 극장 꺼만 하신건가요?

이우용 : 아니 자유극장 민예극장 또 전무송씨라고 연극배우 있어. 그분이 인천분이야. 기계공고 나오신 분인데 거기서도 와서 인천에서 제물포고등학교 나오신 분인데 연출하신 우리보다 한 해 후배인데 그 사람이 연출도 하고 신춘문예 한국일보인가 연극 희곡부분 당선도 되고 하신 분인데. 이름이 참 특이한 분인데.

장구보 : 찾아보면 금방 나오겠어요. 인천에서는 이런 분이 많지 않으시니까.

이우용 : 그러니까 그분이 연출하고.

장구보 : 그 작품도 하고?

이우용 : 그럼 여기서 만들어서 작품도 하고 서울에서 극장 일주일 하던 사람들이 와서도 하고 우리 친구들. 저 그런 쪽에 친구들이 있을 꺼 아냐. 그때는 막 소극장이 유행 비슷하게 막 일어날 쯤이야. 떼아뜨르가 생기니까 창고극장이 생기고 막 그럴 때 아냐. 그런 게 유행 비슷하게 하다보니까 작품도 적고 이동이 쉬운 곳으로 연락을 해서 올 수 있느냐? 해서 온다고 그러면 와서 공연도 하고 그러던 시절이지.

5. 소극장 폐관이후 교류관계

장구보 : 인천에서 활동하던 연극하시던 분들하고는 교류가 거의 없었겠네요. 연계되시던 분들이 다 서울 분들이어서.

이우용 : 인천사람이 그 제물포 고등학교 나온 사람. 그 사람 이름이 가물가물하네. 전무송씨는 서울에서 하게 되고. 연극배우 하다가 그 사람도 고생 많이 했지.

장구보 : 제물포고등학교 졸업하신 그 분은 아직 살아 계신가요?

이우용 : 그럼 살아계시지.

장구보 : 안 만나셨어요?

이우용 : 안 만나. 아휴 그 사람 이름이. 참 똑똑한 친구였는데. 제물포고등학교가. 우리 때 제물포 고등학교가 좋은 학교였거든. 지금은 제비뽑기해서 그렇지만 그 당시 제물포 고등학교는 서울대학교도 한 10명씩 가고 연대 고대 30명씩 가고 그 당시 명문 고등학교였지. 제물포 고등학교 그러면 알아줬지.

장구보 : 위치가 어디였어요?

이우용 : 경동. 어, 그니까 경동사거리 신호등 있는 경동사거리 아세요? 신포시장에서 조금 나오다 보면 경동사거리라고 있어요.

장구보 : 거기를 사거리라고 해야 하나?

이우용 : 용동 마루텍이라고 언덕 올라가기 전에 있는 사거리.

장구보 : 아 그게 사거리에요?

이우용 : 애관극장 올라가고 신포시장 내려가고 동인천가고 답동 가는 사거리.

최혜정 : 가운데.

이우용 : 응. 그 가운데에서 사거리에서 5미터 올라가면 오른쪽에 3층에. 새 신축건물 3층에다가.

장구보 : 아직도 건물은 있나요?

이우용 : 아직도 있겠지.

장구보 : 그 당시 새 신축 건물 ….

6. 까페 깐느의 운영이야기 II

최혜정 : 이때 관객 되게 많았겠어요? 이런 게 처음이니까.

이우용 : 관객이 뭐 저기하면 호기심에서들 들어오고 그러는데 그때 내가 아마 천 원을 받았나?

장구보 : 그 당시에 천 원.

이우용 : 천 원도 그 당시에는 큰 돈인 거 같았어. 커피 값이 이백 원 삼백 원 할 때니까. 천 원이면 큰 돈이지. 차 한 잔 주고 연극을 봤으니까.

장구보 : 아 차도 주셨어요?

이우용 : 차를 줘야지. 카페식이니까 차 제공해주고 그리고 차 마시면서 연극보고.

최혜정 : 좋네요.

장구보 : 너무 멋쟁이였던 거 아니세요?

이우용 : 허허허허(웃음).

장구보 : 지금도 이렇게 하라고 하면 잘하지 못할 텐데.

최혜정 : 그러니까.

이우용 : 그렇지 요즘 사람들도 그게 어렵겠지. 그런데 몰라 내가 좀 미친놈 이었나봐 (웃음).

7. 예술가들의 인재 발굴지 '인천'

이우용 : 그런데 그건 아니고. 왜정시대 때 해방되기 전에 내가 해방되고 2년 후에 태어났으니까. 아 조일도. 연출가 조일도. 이제 생각나네.

장구보 : 이 분은 사진 같은 거 없을까?

이우용 : 조일도씨를 만나면 ….

최혜정 : 어떻게 만나죠?

이우용 : 글쎄 그건 나도 모르겠네(웃음). 아마 그 사람은 사진 같은 거를 보관하고 있는지도 모르지. 조일도씨가 송창식씨랑 동기야.

장구보 : 송창식씨도 인천사람인가요?

이우용 : 제물포고등학교 나왔잖아.

최혜정 : 아. 여기 인제가 많네요(웃음).

장구보 : 여기서 활동안하시고 다 어디 간 거야?

이우용 : 송창식 제물포고등학교 나왔지. 66년도에 졸업년도구. 조일도 66년도.
난 65년도에 고등학교 졸업했고. 일 년 내가 선배인데. 내가 일곱 살에 학교
들어 가가지고 나이는 다 동갑들이었지.

장구보 : 잘 됐으면 되게 좋았을 텐데.

이우용 : 그런데 그 당시에 그걸 해서 잘 된다는 게 어려운 얘기야. 왜냐하면 〈까페 떼
아뜨르〉그 이병복씨하고 권옥연씨가 서울에서 그래도 그 문화저기로 교수도
하던 분들인데도 거기 한 오년하고 못하더라고. 우리나라에서 연극이라는 자
체가 아주 배고프고 예술분야가 어렵지.

장구보 : 어쨌든 인천에 최초의 소극장을 창시하신 거니까 저희가 그렇게 책을 쓰게 될
줄 누가 알았겠어요.

이우용 : 아니 글쎄. 하하하하 그러게.

장구보 : 정리하다보니까 최초가 제일 중요하니까. 당사자분들은 다 별거 아니라고 하
시지만.

이우용 : 그렇지 하나의 체계적으로….

장구보 : 그런데 왜 박은희 선생님이 거기에서 공연을 했을까요? 기억나세요?

이우용 : 아 그때 이 하신 분들이 조일도씨가 아마 연출하는데 했을 거야. 인천 분들이
조일도씨가 주축이 돼서 연출이 돼서 그래서 연극을 좋아하고 희망 있는 사람
들을 같이 연습해서 무대에 올리고 그랬어요.

장구보 : 아. 그랬구나. 참 재밌네요. 조일도 선생님의 인맥으로 인천분들이 어느 정도
담갔겠네요.

이우용 : 그렇지. 어느 정도 담갔지. 서울에서는 연극 못하고 뜻이 있는 분들이 조일도
씨가 연출하고.

장구보 : 아까 말씀하셨던 정진 선생님은 어떻게 아세요?

이우용 : 나보다 나이가 위실 거예요. 탤런트를 하시고 〈경동예술극장〉을 했잖아. 나
중에 보니까 그걸 하더라고. 그래서 참 어려운 길을 가시는구나. 속으로. 누
군지 몰라도. 나중에 보니까 그 사람이 한데. 아 저거 힘들은 저긴데. 내가
얘기 들어보니까 탤런트를 하면서 〈한명회〉라는 그 역을 했어. 정진이가 〈한
명회〉역을 했어. 생전 이름도 없다가 유명해지기 시작한 거야. 그 〈한명회〉
역을 하면서 그때 그 저기를 이덕화 나오고 인기가 많았지.

8. 당시 인천상권의 중심지였던 '신포동'

장구보 : 왜 그런데 거기에다 내시려고 그랬어요?

이우용 : 인천이 그 당시에는 동인천이 역세권이에요. 아 이런 데는 없었어. 사람이.
그냥 다 논밭이야 다. 경인선 타고 오다 보면 오류동이야. 부천, 그 다음에
부평, 주안, 인천이야. 동인천. 동인천이 제일 크지. 나머지는 다 시골이야.
동인천 쪽에 사람이 많이 응집하고 신포시장이 사람들이 많을 때 우리가 고기
다 나름대로 찾아다니면서.

장구보 : 좋은 자리긴 했을 거 같아요.

이우용 : 그 당시는 그런데 지금은 뭐 다 빠져나와서. 연수 여기는 얼마 되지 않았어.
다 논밭이지 뭐. 그리고 신포시장이 아주 큰 시장이었고. 어른들 술 먹는데
있잖아. 용동이라고. 동인천에서 내리면 큰 우물이라고 샛길로 들어가면 다
먹자골목이야. 그랬던 데인데. 지금은 다 쇠퇴하고.

장구보 : 지금은 그래도 다시 나아졌어요. 차이나타운이 생기고 해서. 그러면 계속 여
기서 사시는 거예요?

이우용 : 그럼 사람이 그게 난 떠나기가 뭐 허네. 자꾸 여기서 맥을 이어가다 보니까
인천에서 떠나지기가 어려워.

3. 얼음공장에서 음악이 있는 이색공간으로, 돌체

극장명 : 돌체

주소지 : 인천광역시 중구 경동 187-9

개관일자 : 1978년 12월 24일

폐관일자 : 2007년?

극장대표 : 1대 유용호, 3대 최규호·박상숙

80년대 초반부터 본격적으로 일기 시작한 인천 지역의 소극장 운동은
연극 예술의 새로운 기원을 만드는 촉매제 역할을 단단히 했다. 그 중심
이 돌체 소극장으로서 올해까지 14년여를 쉼 없이 운영하여 지역 연극은
물론 공연예술계에 지대한 공헌을 해오고 있다. 돌체 소극장의 개관은

그 후 경동예술극장, 미추홀 소극장, 신포아트홀, 배다리예술극장 등의 신설 개관으로 이어져 지역 연극 발전의 도화선이 되고 있음도 부인하지 못할 사실이다. 또한 돌체 소극장을 중심으로 극단 돌체 극단 마임 극단 미추홀 등 지역 내 유수의 극단이 창단되어 활동함으로써 소극장 연극의 기폭제가 되고 있음도 80년대적 인천 연극의 새로운 변모라고 아니할 수 없다. 최초의 설립자 유용호는 '호산나합창단' 출신으로 개관 초기에는 음악 운동적 차원의 활동을 중심으로 하였다. 곧이어 돌체 소극장을 인수한 정준석(丁峻錫)은 본격적인 연극 공연을 도입하여 돌체 소극장을 연극 전용극장으로 확립하는데 큰 기여를 했다. 1983년 8월에 돌체 소극장은 마이미스트인 최규호·박상숙 부부의 손으로 운영권이 넘어가 오늘까지 지역 연극의 중심으로 줄기찬 작업을 해오고 있다. 비록 작은 공간이지만 인천의 대부분의 극단이나 연극인 무용인 음악인 등이 거쳐 간 무대로서 역사 속에 오래도록 기억될 공연장이기도 하다.[14]

"… 그래서 돌체 소극장이 사실은 극장으로써의 면모는 가장 낮죠. 거기가 원래는 유용호씨가 그 분이 사장 아들이었는데 부유했어요. 가정이 부유해 가지고 그 사람이 이쪽에 매력을 가지고 소극장을 했던 거 같아요. 그때 소극장에 관여했던 분이 최규호·박상숙씨가 했었고 그 전에 정주희씨가 공연을 많이 했었고 유용호씨하고 상당히 친했고 그리고 정준석씨라고 유용호씨 친구 분인데 그 분이 같이 그때 당시에 같은 소극장 운동을 했었던 분이에요. 제가 인천에 1981년도에 내려왔거든요. 저도 서울에서 활동하다가 81년도에 인천 내려왔거든요. 그때 당시에는 제가 연극을 전편적으로는 안했었어요. 그때 당시 연극협회가 80년도까지는 81년도 그 당시에는 이 건물에(인천문화회관) 안 있었어요. 중구 공보관이라고 중구에 답

---

14) 이영유, 「연극공연장을 중심으로 본 지역연극」, 『인천예술50년사』, 1992, pp.1777~1778.

동 로타리 거기 사동이 있고 공보관이 있었는데 중구청도 거기 있었고 그
중구청 바로 앞에 공보관이라는 데가 있어요. 거기서 주로 이제 그쪽 주변
에 공연도 공보관에서 하고 그랬어요. 그쪽이 연극 쪽으로는 메카였었죠.”
- 극단 〈한무대〉 최종욱 대표 인터뷰 中

2015년 7월 7일 정읍에서 유용호 대표 인터뷰 모습

　　평소에 음악과 유희를 좋아하던 유용호씨는 아버지가 운영하시던 얼
음공장15)을 개조하여 천장을 높이고 지역에 놀이터를 만들어보자는 생
각으로 기독교병원 앞 건물을 돌체16)라는 소극장으로 개관하게 된다.

---

15) 유용호 대표의 부친이 운영하시던 얼음공장은 135kg의 얼음을 만들기 위해 기계를
　　24시간 돌리다보니 맞은편에 위치해 있던 기독교병원으로부터 소음으로 인해 지정된
　　기간까지만 운영할 것을 독촉 받아서 얼음공장을 이어갈 수 없었다고 함. 당시에 인천
　　기독교 병원은 인천에서 가장 큰 병원이었다고 함.

16) 이태리어로 ‘부드러움’이라는 뜻의 음악 용어에 맞게 ‘씽어롱’이라는 장소로 시작됨(수
　　백곡이 들어있는 마스터 인쇄된 제본된 책으로 만들어서 들어가는 사람들한테 제공되어

지금의 노래방이 없던 시절에 동요에서부터 팝까지 한 권의 제본형식의
책을 3집까지 만들어서 공연을 할 정도로 살롱식 이 공간은 인기가 많아
서 어느 날엔가는 송창식의 공연에 400명이 넘는 관객이 들어차기도 했
다고 한다.

한 달에 며칠을 대관하면 한 달 동안 연습을 무료로 할 수 있었고, 일주
일에 며칠은 싱어롱(노래 따라 부르기)이 열렸으며 심심히 않게 통기타 가
수들의 연주회도 열렸다. 사람을 좋아하는 극장주인 유용호 선생(전 중구
문화원의 사무국장)의 성격 덕분에 그 곳은 인천 문화예술인들의 사랑방이
되었고 곧 인천의 명소가 되었다.[17)

"한꺼번에 다 날아갔어. 우리 매형을 보증 섰다가 그것이 잘못 되어서 다
날아갔지. 공연장을 못하게 된 건지. 넘기면서 최규호한테 넘긴 거지. 노래
하고 할 때 76극단 애들이 여기서 연극했거든. 기국서 기주봉이 이런 사람
들이 여기 와서 연극하고 그랬거든. 최영준이라고 있어. 맨 처음 돌체에서
연극했거든. 그때 최규호가 쫓아다녔었지. 얼음공장은 기독병원에서 시끄
럽다고 난리쳤지. 몇 년 하기로 하고 나가기로 하고 도장을 찍어주고 돌아
가셨거든. 건물 활용도를 뭘 할까 하다가 음악 좋아하고 사람 좋아하고 해
서 용도에 맞춰서 놀이터를 만들자 하고 만들었지. 그때는 인기가 많아서
사람 돌려보내기 바빴지."

입장료를 내면(당시 4~500원 정도) 요구르트를 하나씩 나눠주었고 4~50
분씩 노래를 부르면 20분의 휴식 시간이 주어지고 이 시간에는 관객들이

서 노래를 같이 따라 부르는 노래교실로도 인기가 많아 신청곡을 받아 기타 치는 사람이
연주해 주었다고 한다.).
17) 이재상, 「인천 연극의 도약을 꿈꾸며」, 『소금밭』 제3호, 2004, pp.14~15.

돌체 소극장 전경
(출처 : '디비딥의 인천스케치' 블로그)

무대로 나와서 자유롭게 노래를 부를 수 있는 기회가 주어지기도 했다고 한다. 무대는 유용호씨가 직접 만들고 용도에 따라 두세 차례 정도 바꾸기도 하는 등 많은 사람들이 극장을 찾았다고 한다. 당시 시국[18]을 반영하는 듯 공연 전에 정보과 형사가 찾아와서 집회신고를 안 해서 불법이라고 하며 공연을 제지하는 해프닝도 벌어졌다고 한다.

"어느 날은 공연이 7시인데 정보과 형사가 와서 공연을 못하게 하는 거야. 집회로 신고 되었다고. 78년 12월에 오픈했는데 그때 시국이 그래서 사람이 많이 모이다 보니까 그런 해프닝도 있었지. 종종 그런 일이 있었지."

"7~80년대면 내가 81학번이니까 중고생부터 대학생 때부터 여기서 성장을 했지요. 그 당시에 하석용, 심평택, 지금은 돌아가신 이영유 선생님 등이 지금의 청실홍실 앞에 편의점이 있는데 그 지하에 극단을 차려놓고 연습을 했어요. 그게 70년대 얘기에요. 나는 여기를 중·고등학교 때니까 시국도 어수선하고 그런데 그 동네에서 이상하게 생긴 사람들인데 말투는 훈련을 받은 세련된 사람들 그 중에 하나가 김윤식 선생도 있었고 병훈이 형도 있었고, 그 분들이 연극운동을 하는 것을 뒤늦게 알았지요. 그러다가 조금 지나서 돌체가 생겨나고 돌체 지난 다음에 경동예술극장이 생겨나고 그러다가 신포아트홀이라는 데가 신포시장에 생겨났고, 중간에 주인이 바뀌었나 그래서 이

---

18) 당시 퇴폐, 저질 연예를 철퇴하자 하여 문공부에서 공연활동에 대한 정화를 한다는 명목 하에 대본사전심의제도로 예술문화윤리위원회의 사전심의사항을 문공부에 사전보고토록 함으로써 문공부의 사전심의를 받도록 하였다.

름이 떼아뜨르가 들어가는 이름으로 바뀌기도 했지. 그 다음에 홍예문 밑에 내려가면 2층 연극 극장을 만든 게 있어요. 그게 미추홀인거 같아요. 이 사람들은 정기적인 공연장이 없어서 돌체에서 참 많이 빌려서 했어요. 나 같은 경우에는 윤대성 작품으로 연극을 2년 정도 했어요. 그때는 카톨릭 답동 대학생이라고 해서 〈까만곰축제〉라는 이름을 빌어서 한 번은 조연, 또 한 번은 주연을 했었고 주연의 작품은 윤대성 작품에 〈미친 동물의 역사〉에 참여한 적이 있어요. 그 당시에는 모든 연극 공연이 경찰서에 가서 대본을 검열을 받아야 했기 때문에 아마도 40%정도는 다 잘리게 되지. 오태석이나 윤대성씨 작품들이 검열을 많이 받았어야 했어요. 나중에는 대사를 할 대본이 없는 거야. 밑줄이 그어져 있으니까. 그래서 이걸 어떻게 해야 하지 하고 고민하다가 오기를 부려서 대본이 없이 묵음으로 처리해서 카톨릭회관 강당에서 공연을 했어요. 그때 당시에는 중·고등학생하고 대학생들 사이에서는 호평을 받았던 축제였죠. 시대가 시대이니 만큼 정권에 대한 불신감들이 아주 팽배했을 때니까 연극하다말고 데모하기도 하고 불심검문에 즉시 붙들려가기고 하고 그랬지. 끽소리 못하고 붙들려갔고 공연장마다 정보과에서 나와서 지키고 있었지. 극장에 맨 뒷 자석에 검열석이 두 자석이 있어서 검열을 하기도 했지. 그 전에는 버스나 전철 극장에서 담배를 필 수 있었는데 80년대 돼서 극장에 일대 혁신적인 문구가 나왔는데 〈금연〉, 〈반공방첩〉이라는 표기가 붙게 됐지."

- 인천작가회의 이종복 시인 인터뷰 中

1980년 6월 2일 경향신문　　　　　　1982년 2월 4일 경향신문

1988년 7월 16일 한겨레

유용호가 개인적인 사정으로 정준석[19])에게 물려주게 된 돌체는 1대와

---

19) 80년대 초반 지방최초의 연극 전용극장인 돌체 소극장에서는 극장개관을 기념해 극단
〈조형〉이 80년 4월 〈취버영감의 소집영장〉을 무대로 올린 것을 필두로 각 극단의 창립
기념 작품과 많은 연극이 공연됐다. 돌체 소극장은 운영권이 유용호씨에게서 80년 7월

는 달리 연극 전용극장으로 변모
하게 된다. 전국지방연극제[20] 1,
2회를 모두 다 돌체가 중심이 되
어 당시 10여개 정도의 극단을 대
상으로 선발해서 국무총리상과
대통령상을 수상하게 되는 그 본
거지가 되기도 하였으며 차후에
종합문화예술회관이 생기는 계
기[21]가 되었다. 3대 돌체 대표는
초창기 유용호 대표가 운영하던
시절 〈76극단〉의 단원으로 활동
하던 최규호씨와 박상숙이 이어
받게 되며 연극과 마임을 이어가
게 된다. 서른 쌍 이상의 커플이

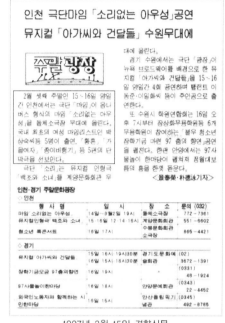

1997년 2월 15일 경향신문

탄생되기도 했던 돌체는 3대 대표인 최규호 박상숙도 그 중 한 커플이었으

정준석씨에게 옮겨졌고 81년 8월 다시 유용호씨에게 82년 9월 조흥래씨, 83년 9월 최규
호씨에게 옮겨졌다(인천저널, 동남에이전시, 창간전호, 1991, pp.68~69. 생생지락예술
창작소 임종우 대표 제공).

20) 83년 전국지방연극제에서 윤조병씨는 〈도시의 나팔소리〉, 84년 〈휘파람새〉를 직접
연출하여 우수상, 대상, 희곡상을 차지. 윤조병은 67년 국립극장 장막희곡 공모에 〈이끼
낀 고향에 돌아오다〉로 당선된 이래 백상예술상, 동아연극상, 중앙문화대상예술상, 대
통령상 등을 수상한 우리나라의 대표적인 극작가이다(인천저널, 동남에이전시, 창간전
호, 1991, p.69.).

21) 당시 유용호 대표는 공연을 할 만한 공간이 여의치 않았던 차에 인천시에 제안을 하였고
경기도에서 직할시로 바뀌는 시기에 있었던 시는 때마침 대통령상이라는 큰 상을 받아온
연극인들을 위해 새로운 극장을 지으려고 하다가 후에 인천종합문화예술회관이 생기게
되었다고 설명.

며 유용호 대표 동생의 결혼식은 한식으로 조명과 연출 하에 축의금 내려 오신 하객들은 마치 공연을 보는듯하였다고 한다. 연극 외에도 전시와 시낭독도 이루어져서 최초의 복합문화공간의 시조를 이루었다. 이런 돌 체는 최규호·박상숙이 대표로 있을 때 노후된 공간의 위험성이 재기되어 정부의 지원금을 보조 받아 수리를 하다가 돌체를 떠나서 현재 도호부청 사 옆에 개관된 극장을 돌체라 붙이고 〈작은 극장 돌체〉로 이어서 활동하 게 된다. 돌체는 집세가 비교적 저렴했기에 그나마 오랫동안 방치되어 폐관되지 않고 현재까지 이어오게 된다.

"돌체라는 건 음악용어에요. 78년도에 유용호라는 분이 자신이 물려받은 얼음공장에다가 씽어롱이라는 장소를 만든 거예요. 그때 당시에는 앞에서 피아노치고 사람들은 요구르트 하나들고 악보 들고 들어가서 같이 노래를 따라 부르면서 배우는 그런 문화가 있다가 이 분들이 79년도에 이제 소극장 으로 전격적으로 개조를 하게 되죠. 얼음공장이었었기 때문에 천장이 높아 요. 벽과 벽 사이에 톱밥이 들어가 있어서 자연적으로 방음이 되었고 그때 당시에 우리는 서울에서 공연을 하고 있었고 서울에 그때는 대학로가 생기기 이전이어서 신촌이 유명했었어요. 이대 앞에 서너 개 극단이 76이나 청파, 우리 巨論(거론, 정확한 명칭은 '거론 스튜디오')까지 네 개. 그 쪽에서 공연 을 하다가 인천에 있는 최영준이라는 배우가 인천에 이러한 공간이 있으니까 내려가자 해서 최규호씨가 우리 극단 선배였는데 이쪽으로 내려오게 된 거 죠. 내려와서 보고 인천 사람이 최규호·최영준이가 유용호를 만나서 극장을 전면적으로 논의하게 된 거지요. 79년도에 잊어버리지 않는 게 저는 서울에 있을 때인데 이분들이 조명기 같은 거를 구하기가 힘들어서 청계천 뒤져가지 고 나온 물건들을 다 사서 설치하고 객석 만들고 이렇게 해서 한 백몇십 석짜리가 탄생하게 된 거지요. 그래서 극장역사를 말할 때는 79년도라고 하지요. 그리고 나서 최규호씨가 군대를 가고 최영준씨는 서울로 가고 83년

도에 제대하면서 아예 인수받으면서 제가 같이 선배인 최규호씨하고 약혼식
하고(그 전에 80년도에 같이 공연을 하자고 해서 인천에 내려와서 마임 두
편 공연한바 있음) 극장을 재개관하지요. 유용호씨로부터 물려받고 84년도
에 정식으로 결혼을 해서 인천에 정착을 하게 되는 거죠. 그래서 돌체를
브랜드화 시키자 해서 그나마 돌체가 지역사회에서나마 날 수 있었던 것은
서울에 선배들, 지금 난타하고 있는 송승환씨나 텔레비전에 자주 나오는
정우형이나 76에 기국서씨나 기주봉씨들 다 내려와 가지고 공연을 도와주고
또 우리 포스터 들고 서울로 올라가고 그때 막 대학로 생기기 시작할 때
왔다갔다 교류하면서 작품 같이 하게 되면서, 한국마임협의회가 결성되면서
서울에서 마임배우들하고 우리가 1세대니까 춘천에 유진규씨 라든가 김성구
같은 유학파 사람들하고 돌체라는 브랜드-우리가 그때는 작품을 꾸준히
창작을 많이 냈으니까-도와주시고 그때 느낀 게 인천에 그때 당시에는 어찌
됐든 배우라는 개념보다는 스타가 필요하다는 생각에서 모든 것들이 최규호
씨 중심으로 공연이 올라갔죠. 십년 하다보니까 그때 우리가 다락방에서
살았어요. 아이도 다락방에서 낳고, 십년이 되도 뭐가 나오지 않으면 접자라
고 결심했죠. 그때 시립이 생겼었지만 우리의 작품이나 창작이 없으면 안
된다는 생각으로 아무도 들어가지 않았죠."

그 당시 돌체를 운영하면서 십 년 동안 열심히 창작적이고 창의적인
게 나오지 않으면 직업을 바꾼다는 의지로 굳건히 지켜나가다가 시립극단
이 생기면서 이영유씨나 서울에 있는 분들 윤조병 선생님들을 주축으로
시립이 생겼지만 돌체는 시립에 들어가기를 거부하고 꾸준히 창작이나 작
품 만들기로 고수하게 된다. 스타였던 최규호씨의 CF라든가 작품은 유난
히 풍자적인 게 많았고 단원들이 서울랜드 퍼레이드 팀을 자체적으로 9년
간 맡았고 배우들의 퀄리티를 유지하고 기본료를 유지하면서 출연료를 지
급해 줄 수 있는 시스템을 갖추게 되었고 배우들을 위해서 리얼리즘을 배우

는 배우들이나 또는 클라운이나 팬터마임 같이 마임적으로 하는 배우들이
나 자기 적성을 다 채택하게 하는데 트레이닝을 할 수 있도록 하는 한국무
용, 탈춤, 민요, 발성 등을 교육하여 인재를 양성하기 시작했다. 소극장에
맞는 콘텐츠를 개발하기 위해서 퍼레이드나 외국공연자들하고 함께했던
공연과 춘천 마임축제의 한계를 느끼고 인천마임축제를 오픈하게 된다.

클라운마임 활동사진[22)]   최규호 공연사진[23)]

---

22) 출처 : 클라운마임 홈페이지.
23) 2001년 10월 6일 경인일보.

돌체 3대 박상숙 대표 구술 채록문		
	일시	2015년 4월 1일 1시
	장소	작은 돌체 소극장 사무실
	참여자	박상숙, 장구보, 최혜정

1. 돌체의 시작과 경영하게 된 계기

박상숙 : 이게 80년대 이후라고 되어 있는데 돌체가 음악용어에요. 이태리어로 '부드러운'이라는 음악에서 쓰는 음악용어인데 78년도에 유용호라는 사람이 자신이 물려받은 얼음공장에다가 싱어롱이라는 장소를 만들어 낸 거예요. 그때 당시에는 앞에서 피아노치고 사람들이 요구르트 하나 들고 악보 들고 들어가서 노래를 따라 부르면서 배우는, 그런 문화가 있다가 이 분들이 79년도에 소극장으로 본격적으로 개조를 하게 되죠. 예전에 플레이캠퍼스가 천장이 높아요. 얼음공장이었기 때문에. 벽과 벽 사이 톱밥이 들어가 있어서 자연방음이 되어있던 상태. 그때는 우리는 서울에서 공연을 하고 있었고, 대학로가 생기기 이전이어서 신촌이 유명했어요. 신촌에, 이대 앞에 세네 개 극단이 76이나 청파 그 다음에 우리 거론까지 네 개. 그쪽에서 공연을 하다가 인천에 있는 최영준이라는 배우가 우리 선배였는데 인천에 이러한 공간이 있으니 내려가자 그래서 최규호씨가 우리 극단 선배였는데 내려오게 된 거죠. 내려와서 보고 인천사람이. 최규호, 최영준이가 유용호를 만나서 극장을 전면적으로 논의하게 되고 79년도에 잊어버리지 않는 게 제가 서울에 있을 때인데 이분들이 조명기 같은 거를 구하기 힘들어서 청계천 뒤져서 나온 물건들을 다 설치하고 객석 만들고 이렇게 해서 한 백 몇십 석짜리가 탄생하게 된 거죠. 79년도. 그래서 우리가 극장역사를 쓸 때 79년도라고 하고 그 이후에 최규호씨가 군대를 가고 영준이형은 서울로 가고 83년도에 제대를 하면서 인수를 받으면서 제가 같이 선배인 최규호씨하고 약혼식을 하고.

장구보 : 선생님하고?

박상숙 : 네. 그 전에 80년도에 같이 공연을 하자 해서 극단 선배니까. 그땐 마임 종류가 많지 않아가지고 80년도에 마임 2편을 인천에 내려와서 했어요. 79년, 80년도에. 군대 간 시절에는 따로 서울에서 활동하다가 83년도에 내려와서 극장을

재개관을 하죠. 개관을 하고 유용호씨로부터 물려받고 84년도에 결혼을 해서 인천에 정착하게 된 거죠. 그래서 돌체를 브랜드화 시키자 해서 그때 돌체가 지역사회에서 남아날 수 있었던 거는 서울의 선배들 지금 하고 있는 난타하고 있는.

최혜정 : 송승환.

박상숙 : 네. 승환씨랑 티비에 자주 나오는 정우 형이나 76의 기국서씨나 기주봉씨 다 내려와서 공연을 도와주고 포스터 같은 것들 다 서울까지 올라가고. 그때 대학로가 생기기 시작할 때 대학로로. 쭉. 그래서 왔다갔다 교류하면서 작품 같이 하게 되어 지니까. 그러면서 한국마임협의회가 결성되어지면서 서울에서 마임 배우들하고 우리가 1세대니까. 춘천의 유진규씨라던가 김성구 형이라던가, 유학파 형들하고 돌체라는 브랜드. 우리가 작품을 꾸준히 창작을 많이 냈으니까 도와주시고. 그때 느낀 게 인천에 그때 당시에는 어찌됐든 배우라는 개념보다 스타가 필요하다는 거. 서울마냥 누구면 누구, 라는 스타가 필요하다. 그래서 열심히 최규호씨 공연이나 이런 것들이 올라갔죠. 10년 하다 보니까 그때에 다락방에서 살았어요. 애를 아예 다락방에서 낳고 결심을 한 거죠. 10년 동안 창의작품이거나 창의적인 게 나오지 않으면 직업을 바꾸자 젊을 때. 10년이 지나도 안 되면 문제가 되는 거다. 그때 시립극단이 생기면서 이영훈씨나 서울에 있는 형들, 윤조병 선생님들이나 주최가 되어 세우는데 그때 우리가 거부를 했어요. 시립 들어가기를. 급여자가 된다는 건 우리가 뭔가 해내기 전에 창작이나, 우리의 작품이 없으면 거기 들어갈 수 없다. 나올 수가 없다 거기는. 우리 둘 중의 하나만 들어오라고 했는데 안 간다고 그랬어요. 우리 팀은 안 들어갔어요.

2. 돌체가 다른 민간소극장보다 오래할 수 있었던 이유

장구보 : 그 당시에는 다 거기 들어가지 않았나요?

박상숙 : 하나씩 다, 서의 들어갔는데 결과직으로 그래시 우리가 생각보다 쎄게. 뭐 생각지도 않은. 지금 돌아보면 그런 과정들이 외주인 취급을 하게하고 그랬던 거 같아요. 그러고 나서 아니나 다를까 6~7개 되던 극단들이 문 닫기 시작했는데 하나둘 닫기 시작하고 그러고 나서 제가 그때 느낀 게 뭐였냐면 9년쯤? 10년쯤 터질 때? 이것 때문에 터진 게 아니라 스타였던 최규호씨의 CF나 작품 먹고 삽시다 라는 게 전국적으로 터진 거예요. 춘천마임축제를 하면서 그리고 우리에게 일들이 들어왔는데 우리 그땐 마임하고 병행을 했기 때문에 그때는 클라운마임이라는 언어도 몰랐고 팬터마임 중에서도 최규호씨가 유별나게 풍자적인 요소를 갖고 있어서 배우들이 우리 단원들이 서울랜드 그 퍼레이드 그거 자체를 우리 팀들이 맡았어요. 9년간. 배우들을 퀄리티대로. 기본료에다

가 공연 하는 대로 선배들대로 줄 수가 있는 시스템이 있었으니까 견딜 수 있었던 거죠. 외부공연이나 이런 것들을. 그러면서 공연이나 창작이나 배우들을 만들어야 된다는 게 지방에서는 교육시스템을 안 갖고 있다는 걸 처절하게 느끼기 시작한 게 뭐냐면 그렇게 만들어진 배우들이 타극단에 잠깐만 출연해줘 뭐 왔다갔다 뒤에 얘기를 하면 내 얘기는, 다 교류 네트워크라는 게 그때도 절실히 필요했던 게 그날 우리 배우가 필요하니까 이러한데 여기 스케줄이 어떻게 돼? 대표들끼리 얘기하면 굉장히 좋잖아요. 그런데 다이렉트로 배우들한테 얘기하면 배우들은 욕심에 이것도 해보고 싶고 저것도 해보고 싶은 거잖아요. 그래서 나갔다가 슬며시 됐다가는 못 돌아오는 거예요. 미안해서. 그렇다고 거기서 이 배우들을 시스템에서 계속 하고자 하는 창의적인 일이나 뭐 그렇지 않으면 돈이라도 벌 수 있다던가 둘 중 하나라도 아니면 개똥철학이라도 얻을 수 있으면 좋은데 그게 안 되니까 가슴이 아팠던 거죠. 그때부터 패밀리를 만들기 시작하면서 이 친구들을 다지면서 리얼리티, 리얼리즘을 배우는 배우들이나 클라운이나 팬터마임이나, 마임 쪽으로 배우는 배우들이나 자기 적성을 다 채택하게 하는데 스타트에는 무조건 트레이닝을 할 수 있도록 한국무용을 하던 탈춤이 우리에게 가장 역동적이기 때문에 탈춤 추게 한다거나 민요를 배워서 목을 트게 한다거나 발성이라는 것도 뭐 하여튼 기본적으로 팬터마임을 하더라도 어떤 에너지를 갖고 있지 않으면 팬터마임도 안 되고 일반 리얼리티도 안 되고 호흡이란 관련된 발성이나 뭐 이런 기본적인 것들을 체계화 시켜서 배우들을 가르치기 시작한 거죠. 그 1세대나 2세대, 다락 소극장에 그분들이 2~3세대 될 거예요. 그 대표하는 친구가 우리. 그들이 시립에 들어가고 싶다하면 가봐라. 정당하게 와서 얘기하면 가라. 연기 잘하는 소리를 들어서 영화배우로 간 친구도 있고. 1세대, 2세대들. 지금도 쭉 이어져 내려와서 여기 들어오기 전까지 내려 가다보면 저희 쫙 7~8명 있는 그룹에 그 친구들이 여기 들어오면서 해체를 시킨 거예요. 왜냐면 우리가 자유롭게, 그 극장을 민간으로 가지고 있는 건 우리가 맘대로 콘텐츠를 하고 거기는 내가 움직이면, 작품을 쓴다던가, 가르친다던가, 밤에 잠을 안자고 뭔가 한다던가, 나 혼자 힘으로 가능할 수 있는 지역이었어요. 거기는. 그래서 열심히 맘 맞는 친구들 있으면 뭔가를 만들고 고민을 하고. 참 고마웠던 건 나라의 시스템도 바뀌어가기 시작하면서, 인천의 지역의 한계를 벗어나고 싶었던 게, 93년도 춘천마임축제 뭐, 같이 만든거니까 처음에는 10명도 안 되는 배우들이 대한민국에 95년서부터 국제클라운마임축제라는 콘텐츠를 만들었던 거예요. 그때는 이제 뭘 깨달았냐면 배우들 커나가고 뭐 하고하면서 유연성에 대해서. 그러면 소공연장에 살려면 일단은 여기 맞는 컨텐츠가 있어야 된다라는 고민이 있었던거고, 마임에서 쭉 해왔던 마임 그동안의 퍼레이드나 외국공연자들하고 하면서 서울에도 세계마임축제도 만들어봤고 여기서 예산이 나오니까 그러면서 춘천마임축제의 한계성도 느끼면서 형한테 또 얘기했죠. 진규형한테 축제에 대해서 모두들 있는데 저희는 국제를 가겠습니다. 그래서 한국마임축제를 6회까지 하고 1995년도에 인천국제마임축제로 인천에 다시 오픈해서 2년인가 했다가 97년도에 3회 때는 힘들었어요. 너무 그게. 그래서 주저앉았는데 우리 후배중 하나가 종합문화예술회관 별정직으로 들어갔어요. 그때 예술회관에 별정직이 있어야 된다 그래서 첫 스타트로 들어간 친군데 이혜성이라고. 그래서 그 친구가 언니 이거 살립시다 해서 98년도에 그럼 그때 우리 새롭게 시작하자 그래서 우리에게 맞는 국제 마임축제. 춘천도 마임으로 가는데. 춘천은 페스티벌로 갔었을 꺼 같아요. 인천. 우린 클라운적인 요소가 많다. 광대 마임축제가 우습잖아요. 고민하다가 클라운이라는 게 광대라는 건데 그때 당시도 우리가 교류를 하면서 외국을 나갈 때 교류는 계속 했어요. 인도나 아시아나, 이 지역에. 그런데 클라운이 굉장히 다양하더라는 거죠. 우리가 봤을 때 버푼이라던가 현대적으로 거리에서 마임학교하고 클라운학교하고 서커스학교라서 3코스라고 해서 굉장히 다양한데, 우리나라에서는 광대 그러면 우리가 가진 관념이 있어요. 그걸 벗어나긴 굉장히 힘들 것 같고 그렇다고 클라운 페스티벌도 안 되고 그래서 클라운마임이라는 걸 만들자. 그래서 팬터마임에서 마임, 말이 없는 행동은 마임이 될 수 있으니까 클라운 플러스 마임을 만들어서 클라운마임이라는 축제를 만들어서 우리 배우들도 특기대로 가던 친구들도 클라운마임 아티스트가 되려면 마임도 한시간 이상 자기 공연도 하고 클라운적인 요소, 기본적으로 저글링이라던가 볼거리가 있는, 아웃도어에서도 가능할 수 있도록 트레이닝을 해야 된다 그래서 1호 2호 넌버벌 말하자면 그쪽으로 배우들을 내기 시작하면서 그때 또 국내에서 하는 대전에서 하는, 누구, 제주도에서 하는 누구. 지금도 고장에서 고작 한 달? 보름? 유학하고 갔는데 지금 최고의 배우들이 되어 있거나 그렇습니다. 그만큼 배울 데가 없는 거에요. 그렇게 클라운마임축제는 지금까지 올해가 20주년이 되는 거죠. 이 컨텐츠는 지금은 외국에 나갈 수도 없고, 안되고 그러한데 이설 계속 시속적으로 가셔갈 수 있는 건 60여개 친구들하고 네트워크가 되어 있어요. 요번 3월에 어제 끝난 것도 봄이니까 여자로 구성해봐야겠다 해서 올해는 테마 20주년 퍼레이드니까 이런식으로 매년 공연을 한 12월? 11월이면 픽스가 다 끝나요. 공연자들은. 친구들이 한국, 여기는 가봐야 된다고 해서 계속 들어오고 공연자입장에서 외국에서 이들에게 받았던 이미지나 이런 것들이 제가 느꼈을 때 가장 좋은 게 민간교류라는 건 우리가 페이가 없어요. 들어온 애들이 페이가 없는데 할 수 있는 한에서 모든 걸 다 해줘요. 식사라든가, 베지테리언이면 우리가 살 수 없으면 직접 만들어주고 집에 온 것처럼. 이 친구들도 또다른 패밀리라고 생각하면서 뭐 이렇게 가는데 ….

3. 작은 극장 돌체로 이전하게 된 계기

박상숙 : 우리가 인도 공연을 갔다 왔는데 맨 천장에 나와 있던 게 아니라 다 대서 한
건데, 객석이 완전히 무너져 내렸어요. 공연 중에 그랬으면 관객한테 큰일 날
뻔 했는데, 그리고 지반검사를 받는데 그 분이 그러더라고요. 나 같으면 여기
서 나가겠다. 여기서 빈대나 쥐가 어느 날 안보이면 다들 피해라. 이런 말까지
했었어요. 그래서 고민을 하고 돌체 소극장이 이대로 사라지려나, 이러면서
인터뷰도 나가고, 그땐 〈해반〉에서 돌체에 대해서 많이 얘기하고 개인인터뷰
나가고 하니까. 그때 H씨가 서울에서 국회의원이 된 거에요. 그런데 H청장님
은 그 옛날에 시의회에도 있고 인천에서 일하실 때 여자이어서 받는 설움이
굉장히 많았던 거 같아요. 의원한테. 발의를 내면 쌍욕을 하고. 공연 보러 왔다
가 그때는 딸이 학생 때니까. 자기 공연을 보면 샤워한 기분이야. 그 공연에서.
축제를 계속 보셨던 분인데 인천에 기사난걸 보더니 사무실 구경 오라 그러더
라고요. 그때 난 굉장히 우울해 있었어요. 돌체에서 나가긴 나가야되는데 천장
높은걸 구하기 어렵고, 지하에 어쩌다 발견했는데 계약기간을 2년 이상을 연
장을 안 해주는 거에요. 공연장은 방음시설, 조명기, 음향기 들어가야 되는데
들어갔다가 1, 2년 안에 자리 잡을 수 있는 데가 어디 있어요. 그럼 다 고철
되는 거고. 그래도 3~4천 이상은 공연비 갖고 있던 돈이 있었어요. 뭐냐면
그때 당시 서울의 행정이 바뀌면서 전국의 우수공연, 우수교육 이런 거에 채택
이 된 거에요. 그래서 저희가 다이렉트로 넣었는데 전국에 시·도에 8곳 정도씩
을 문예회관에, 전국문예회관에 전문연 사업이라고 해서 ….

장구보 : 거의 최초이시네요.

박상숙 : 최초죠. 처음에 울산에 한번, 공연형태로 처음에 체험공연 형태로 공연도 아니
고 교육도 아닌, 그런 시기가 있었어요. 딱 한번 했는데 울산공연장에서 1번
공연이 2번 공연으로 연장을 했었어요. 500석인데. 관계자 말로는 윤석화 이후
에 처음으로 공연이 미어터졌다고. 그 이후로 지방간에 소문이 나서 우리 것을
8개로 제한해야 할 만큼 우리 프로그램이 3년간 그걸 하다버릇하니까 배우들
한테 이번이 기회다 외국뿐 아니라 국내에서도 인정받는 계기이니까 제일먼저
보는 게 문예회관 위치, 단원들 데리고 다니니까 숙소 잡는 게 모텔 촌이냐
뭐냐를 잡아시 좀 떨어져 있거나. 그때 당시에는 또 인터넷이 돼야 될 수 있는
데 많이 되지 않았어요. 그 중에 하나나 둘? 인터넷 되는데서 공부. 저도 엔터
테인먼트경영을 다시 공부를 했어요. 공부를 하면서 3년간에? 가고 싶은 곳,
예를 들면 우리가 예를 들면 어디를 지나는데 너희들 보고서 첫날, 이튿날,
그것 딱 분위기 좋고 어쨌든 관객이나 그런 건 그쪽에서 모집을 해주는 거니까.
그런데 항상 넘쳐났어요. 아이와 함께 체험하는 부모들도 공연보고, 5일 프로
그램인데 그런 형식으로 단원들도 신나게 전국 다 구경하고 맛있는 것도 먹고,

> 쓰는 거 외에도 그런 거는 애들 퀄리티대로 다 돌아갈 수 있고 이렇게 돌아가니까 단원들이 나가라 그래도 안 나가죠. 그때 당시 그게 2007년도 들어오면서 우수 공연으로도 컨택이 됐어요. 그런데 여기 2007년 들어오는데 3월 달에 들어왔어요. 그런데 그걸 팸스마켓이라고 거기에 우리는 가질 못했어요. 거길 포기해야 됐던 거예요. 왜냐하면 여기도 이제 스케줄대로 해서 공연장을 살려야 되고 또 멀리 떨어져있다 그러고. 지금이야 사람들이 아, 여기 돌체. 이렇지만 새로 시작해야 되는 거예요. 옮겨와서 이 지역에서. 공연장 알리는데 하여튼 전력을. 지금까지도 그거는 고군분투하고 있는 지점입니다.

4. 인천에 세워진 세 번째 민간소극장, 경동예술극장

극장명 : 경동예술극장

주소지 : 인천광역시 중구 경동

개관일자 : 1984년 10월 1일

폐관일자 : 1987년

극장대표 : 정진

돌체 이후 두 번째 연극전용 소극장으로 기록될 "경동예술극장"은 연극인 정진(鄭珍)이 경동 박문국교 옆의 3층 건물 1, 2층을 빌려서 만든 소극장이다. 1984년 10월 1일에 개관하였다. 연평수 1백 평에 가변무대 객석 1백 6석(25평) 연습실 15평 그리고 사무실 분장실 등 지원시설을 소박하게 갖춘 공간으로 상당한 기대를 모으면서 개관의 테이프를 끊었다. 연극인으로 대학극과 기성극단에서 활동하면서 어려운 환경을 맡아 일약 장안의 인기를 얻으면서 광고출연 등으로 얻은 수입으로 만든 연극공간이어서 인천지역은 물론 서울에서도 환영과 칭찬의 박수갈채를 받았다. 베케트의 "연극"을 개관공연으로 올린 이후 "데미안" "젊은 베르테르

의 슬픔" "어린 王自" "가출기" 등을 공연하다가 3년만인 1987년에 "콜렉
터"를 마지막 공연으로 문을 닫았다. 연극에 대한 집념으로 시작한 공연
장이 운영 술과 자체 기획 프로그램의 빈곤 재정난 등으로 문을 닫지
않을 수 없었던 사정은 애석한 일이 아닐 수 없다. 설립자 정진은 인천출
신으로 동산고와 동국대 연영과를 졸업한 우리 연극계의 중진으로 연기
의 독특한 개성으로 인기를 얻고 있는 연극인이다.[24]

작은 체구와 못생긴 외모로 더 유명한 탤런트 정진[25]이 운영했던 경
동예술극장은 이 동시대 소극장들에 비해 다소 오랫동안 민간소극장으
로 자리를 잡았던 것으로 보인다. 당시 '한명회' 역할[26]로 시청률이 높았
던 TV 출연 덕분에 출연료로 모은 자금을 소극장을 개관하는데 투자하
였다고 한다.

"TV에 출연해서 돈이 조금 생겼거든. 그 당시만 해도 인천에 연극하는
여건이 열악했어. 지금이야 지원금이 있어서 공연을 할 수 있게 됐는데 …
객석이 말로는 80석이라고 했는데 한 백석 정도는 수용이 되지. 가운데에
기둥이 있는 거야. 그러니까 4분의1 공간은 무대 만들고 4분의 1공간은 기
둥에 가려지는 거야. 4분의 2 공간이 사이드에서 보이는 거지. 특이했지
뭐. 조정실, 분장실, 빈공간도 있었지. 2층이 극장이고 1층은 사무실이고
건물을 내가 세 주기로 하고 얻었는데 매부건물인데 내가 세 안주고 그냥
썼지. 5년 경영했고 경제난으로 그만두게 되었지."

24) 이영유, 「연극공연장을 중심으로 본 지역연극」, 『인천예술50년사』, 1992, p.1778.
25) 인천 동산 중·고등학교 출신으로 인천시립극단 제 4대 예술 감독(2004.2.2.~2006.2.1.).
노래를 잘하던 셋째누이를 따라 다니던 것이 재능이 되어 초등학교 때부터 학예부장,
응원단장 등으로 두각을 나타냈다.
26) 1984년 1월 9일~1985년 2월 26일까지 MBC '조선왕조 500년-설중매'는 월화 드라마로
총 106부작 방영되었음.

〈조선왕조 500년 – 설중매〉한명회 역의 정진

1984년 11월 10일 경향신문 칼럼에 실린 정진 인터뷰

당시의 지원금으로는 연극 작품을 제작할 수가 없어서 신청은 하지 않고 자체적으로 해결하는 방식으로 지역에서 연극하는 사람들과 작업을 하였고 객석은 70석이었으나 100명 정도는 수용이 가능하며 소극장의 구조는 가운데에 기둥이 있어서 무대, 기둥에 가려진 공간, 객석은

양쪽으로 나뉘는 등으로 다소 특이한 극장 구조가 되었다. 조정실과 분장실이 포함된 2층은 극장, 1층은 사무실로써 매부 건물이라 월세를 안 주고 쓰게 된 것이 남들보다 다소 오래 경영할 수 있었던 것으로 보인다. 당시 4명 정도의 월급을 개인적으로 감당하다가 4~5년 후 경영난으로 폐관하게 되었고 주로 번역극인 〈데미안〉, 〈젊은 베르테르의 슬픔〉, 〈용감한 사형수〉, 〈어느 폴란드 유태인 학살의 회상〉 등이 공연되었다.

1984년 9월 15일 매일경제

1984년 9월 25일 동아일보

1985년 2월 19일 동아일보

1987년 8월 5일 동아일보

　관객은 많았지만 대부분 초대권으로 공연되어져 극장 수입이 따로 있지 않았고 함께 작업했던 인천지역 배우들로는 최종욱(한무대 대표), 김세경(시립극단 배우), 김용란(시립극단 배우) 등이 있었다. 경동예술극장 운영을 접은 이후에는 시립극단에 2년 정도 감독을 하였다. 정진 대표는 당시 군사정권 이후 산업발전 시대로의 갑작스러운 변화를 맞아 볼거리도 많이 제공됐었고 영화의 경우 그 규모가 스펙터클하고 소위 스타 산업이 등장한데 비해 자기 얘기에 충실하기 급급했던 연극을 상업적으로 이끌어 가기는 어려웠고 개관 당시에는 데이트 신청을 해도 부끄럽지 않은 후배 연극인들이 되기를 바라는 소박한 꿈도 있었다고 한다. 배우들이 함께 포스터를 붙이고 홍보에 나서기도 했던 경동예술극장은 문을 닫기까지 〈경동예술극단〉27)을 동시에 운영해 왔다.

---

27) 정진씨는 60, 70년대에 배우로 활동한데 이어 82년 경동예술극장을 창단 〈어린왕자〉, 〈젊은 베르테르의 슬픔〉, 〈콜렉터〉, 〈가출기〉 등 예술성과 실험성 짙은 작품을 선보였다. 그의 극단은 당시 아마추어 수준에서 벗어나지 못하던 인천극단에게 자극을 주었다 (인천저널, 동남에이전시, 창간전호 1991, p.72).

인천부평아트센터에서 정진 대표와의 2번째 만남(오른쪽은 고동희 본부장)

"…그 셋째 매부 건물에 주산, 타자 그런 학원 했드랬어요. 그런데 그게 망했지. 2층 빌딩이었는데 지하층이 있고 그래서 1층에는 로비, 사무실, 연습실이 있고 2층에는 소극장 공연장이 있고 3층에 조그만 옥탑방은 식당 으로 쓰고 그랬죠. 연극해 가지고는 운영비가 안 나왔으니까. 오픈하면서 상주하는 단원들만 해도 꽤 됐는데 거기서 밥 끓여먹고 그랬지. 출연료를 제대로 줄 수 없었으니까. … 상주하는 스텝들이 꽤 많았지. 사무실을 관리하 거나 공연을 할 적에 스텝들이라든가. 객석을 신발 벗고 들어오는 걸로 하는 거야. 실내화 마련해 놓고 했는데 이게 양탄자니까 돈이 많이 들었는데 양탄 자를 깔아놔도 겨울에는 이게 찬 거야. 훈풍기 난방을 틀어놓으면 뜨겁다고 이거 빨리 끄라고 그냥 날리고 끄고 공연을 하면은 한 중간쯤 가면은 발이 시려운 거야. 뭐 이런 고민도 하고 그랬어요. … 우리는 공연 막 올라 가면은 극장 문을 안 열었거든, 출입을 안 시켰거든. … 중간에 저 뭐 워크숍 한다고 신인 단원들 모집하게 되지. 무료강좌니까 더러들 오지. 돈 내고 배우는 게 아니지만, 그래가지고 쓸 만하면 우리 단원으로 흡수하고. 그 몇 명 거기서 그렇게 해서 같이 또 연극하고. … 대관을 해도 대관료를 안줬어. 연출은 나중에 김일부씨라고 지금은 죽었는데 그 사람한테 극작간데 연출도 하고 그랬어 그 사람한테 맡기고 그랬었지. … 막판에는 몰라. 내 저기 극장 지키는 사람들한테 맡겨놔서 나중에 어떻게 되는지는 몰라. 자꾸 돈만 보내라고 해서 '아이, 돈 보내느니 문 닫자.' 그래가지고 문 닫아버렸지. 내가 거기서 상주하다시피 하다가 막판에는 상주를 못했지."

- 인천문화재단, 정진 구술채록문 2010 中, 2014, pp.116~125.

(정진 대표의 동의로 인용함)

경동예술극장 정진 대표 구술 채록문

일시	2015년 5월 27일 11시
장소	파주 롯데리아
참여자	정진, 장구보, 최혜정

1. 경동예술극장의 시작

장구보 : 선생님 〈경동예술극장〉 처음 오픈하던 날 기억나세요?

정진 : 글쎄 그게 언젠가 84년 일건데.

장구보 : 그런데 왜 이름을 〈경동예술극장〉이라고 하셨어요? 경동이라? 경동에 사셨어요?

정진 : 거기에 소극장을 만들고 극단 이름을 그렇게 만든 거야.

장구보 : 극장 먼저 만드시고 극단이 생긴 거예요?

정진 : 탤런트로 활동하다가 돈이 생겨서 극장을 거기다 만든 거잖아.

장구보 : 그러면 만드신 이유가 단순히 돈이 생겨서?

정진 : 연극을 좋아하니까. 텔레비전에 출연해서 용돈이 좀 생겼거든. 극단을 하는 연극하는 조건이 인천에는 열악했어. 지금은 그래도 지원금이라도 받아서 공연을 할 수 있게 해주는데 그 당시에는 지원금이라고 연극협회를 통해서 나오는 것을 보면 품값도 안 돼. 나는 신청도 안하고 또 후배들이 극단들을 하니까. 한 번 견뎌보겠다고 했는데 술값보다 더 들더라고.

장구보 : 술을 좋아하신 거 아니에요?(웃음) 그러면 극장하실 때 혼자 만드신 거예요?

정진 : 그렇지.

2. 경동예술극장의 구조 및 운영

장구보 : 몇 석 정도 됐어요? 객석이?

정진 : 말로는 70석이라고 그랬는데 한 백석 정도는 수용이 되지. 이게 뭐냐면 극장이 가운데에 기둥이 있는 거야. 그러니까 사분의 일 공간은 무대 만들고 사분의 일 공간은 기둥에 가려서 안 보이는 거야. 무대가. 사분의 2공간이 사이드에서 보는 거지. 무대가 특이했지 뭐(그림으로 그려주신다) 조정실 분장실도 있고. 조금 특이한 공연장 구조가 됐지. 내가 디자인하고.

장구보 : 계단식 의자예요?

정진 : 응.

장구보 : 많을 때는 백 명씩 들어갔었어요?

정진 : 의자가 계단식으로 이런 의자니까.

장구보 : 막 끼어 앉았구나.

정진 : 계단에도 앉고 앞에도 앉고 서서도 보고.

장구보 : 이게 몇 평정도 됐었어요?

정진 : 그게 내가 이층을 썼으니까?

장구보 : 2층에도 객석이 있었어요?

정진 : 2층은 극장이고 1층은 사무실로 쓰고.

장구보 : 돈이 많으셨네요.

정진 : 내가 세 주기로 하고서는 얻었는데 그 건물을 그런데 우리 매부건물이거든. 우리 세 안주고 그냥 썼지. 그러니까 견뎌나갔지.

최혜정 : 오랫동안 운영 하시지 않았어요?

정진 : 돈 벌면 돈 주겠다고 했는데 '어떻게 돌아 가냐' 그러면 '적자에요' '세도 안되겠구나' '그렇죠.'

장구보 : 매부 되시는 분이 부자셨나 봐요.

정진 : 그럼 부자지.

3. 경동예술극장의 폐관

최혜정 : 경동은 몇 년간 운영하신 거예요?

정진 : 4년인가 5년인가 했어.

장구보 : 왜 그만두셨어요?

정진 : 경제난이지 뭐. 내가 월급을 4명은 줬으니까. 많지는 않아도.

최혜정 : 많네요.

장구보 : 뭐로 그걸 주셨어요? 공연 티켓 수익으로?

정진 : 그건 노상 적자니까 안 돼. 내 주머니에서 나가니까. 맨날 부부싸움이나 나고. 나는 평생 돈 잘 벌줄 알았지. 거 있을 때 쓰는 거지 뭐. 낙천적인 게 아니라 계산을 못한 거지. 월급 주는 것도 백만 원 줘도. 안 되겠다 오십만 원도 주고 어느 때는 없다 그러니까. 나가도 돈 줄 데가 없잖아. 아르바이트 하는 건 내가 막는 건 아니니까.

4. 경동예술극장의 레퍼토리

장구보 : 이때 무슨 작품 하셨어요? 번역극?

정진 : 주로 번역극을 많이 한 걸로 기억해.

장구보 : 제일 기억에 남는 작품 없으세요?

정진 : 그때 맡겨놓은 사람이 있었어. 일 있으면 나는 나가야 하니까. 뭐 이런 거 하겠다고 하면 그러라고 하고. 소극장에서 하는 거 뻔한 거잖아. 〈데미안〉도 하고 〈젊은 베르테르의 슬픔〉은 극장하기 십여 년 전에 서울에서 시공관에서 연출해서 했던 적이 있었거든. 대관도 하고 4~5년 동안 했으니까 레퍼토리는 꽤 많지. 나는 그런 거를 자료를 수집하고 그렇지 않고 열심히 해서 하면 하는 거고 안 되면 안 되는 거고 그렇지. 인터뷰 할 때는 이렇게 불성실해. 몰라.

장구보 : 벌써 몇 십 년인데 기억이 안 나죠. 그때 극장 있으셨을 때 혼자 있으셨어요? 주변에 다른 소극장 없었어요?

5. 당시 소극장들과의 연계 및 분위기

정진 : 돌체 있었지.

장구보 : 돌체 유용호 선생님하고 안 친하셨었어요?

정진 : 몰라 그때는 시스템이 어떻게 됐는지 몰라도 그 왜 저기 누구야.

장구보 : 최규호?

정진 : 응. 규호가 거기서 연극하고 그랬잖아. 팬터마임하고. 그래서 내가 기웃거렸지. 라이벌은 아니지만 소극장을 운영했으니까 자주 들여다보게 된 거지. 일 때문에 왕래하고 그러지는 않았지. 그 이후로는 이름만 듣고 얼굴은 봤을 텐데….

장구보 : 그때는 관객이 많으셨어요?

정진 : 다른 데는 어땠는지 몰라도 우린 많았어. 그런데 거의 공짜야. 99% 공짜야.

장구보 : 아휴 어떻게 운영하셨어요?

정진 : 그러니까 힘이 들었지. 욕은 혼자 다 먹고. 초대권 갖고 있는 사람들이 늦게 와서 안 들여 보내주면 소리 지르고 난리를 쳤다. 우리는 막 끝나면 문 잠그고 안 들여보내주고 그랬거든. '아 우리 초대권 들고 왔는데 왜 안 들여보내주고 그러는 거야' 소리 지르고. 그러면서 야 이게 우리가 연극 활동을 통해서 인성이라든지 예술을 감상하는 문화가 없는 거야. 틀이 안 돼 있잖아. 학교에서도 가르치질 않고. 지금도 그래.

6. 경동예술극장의 단원들

장구보 : 맞아요. 아직도 멀었어요. 그러니까 계속 연극하셔야죠.
        서울에서 공연하는 팀들이 자주 내려오셨겠네요?

정진 : 그러진 못했지.

장구보 : 돈을 못주니까?

정진 : 그 사람들이 와도 성과가 없지. 출연료 받고 그래야 하는데.

장구보 : 그럼 누구 데리고 한 거예요?

정진 : 팬터마임 이런 거 간단한 거. 배우들이 와서 허자고 해서 한 거지.

장구보 : 배우들을 지역에서 구하신거에요?

정진 : 거의 모 최종욱이.

장구보 : 한무대?

정진 : 그리고 또 시립극단에 김세경이. 지금 배우지. 시립극단에.

경동예술극단의 공연연보[28)]

年月日	場所	公演名	作品名	演出者
1984.11.23~12.5	경동예술극장	창단공연	어린왕자	김영민
1985.2.2~2.28	〃	제2회 공연	데미안	김일부
1985.5.10~14	〃	제3회 공연	벙어리 마누라를 얻은 판사	최종욱
1985.7.19~8.4	〃	제4회 공연	티타임의 정사	이완호
1985.10.20~30	〃	제5회 공연	어느 폴란드 유태인 학살의 회상	정진
1986.5.1~31	〃	제6회 공연	일주일 간의 외박	〃
1987.1.19	〃	제7회 공연	용감한 사형수	〃
1987.1.21~3.2	〃	제8회 공연	콜렉너	〃
1988.2.27~3.7	〃	제9회 공연	야만의 결혼	최종욱

---

28) 인천예총, 『인천예술50년사』, 1992, p.1798.

5. 신포동 중심가에 자리했던 신포아트홀

극장명 : 신포아트홀

주소지 : 신포동 외환은행 뒤

개관일자 : 1987년 6월 10일

폐관일자 : 1992년

극장대표 : 권용성

　세 번째 연극전용 소극장은 1987년 6월에 젊은 부부연극인 이진성과 권선빈이 신포동에 개관한 "신포아트홀"이다. 건평 48평에 2백석의 객석과 무대를 만들고 조명실 분장실 등 부대시설을 규모 있게 갖춘 아담한 소극장이다. 개관공연으로는 "사랑세일"을 시작으로 해서 "꿈 먹고 물마시고" "토끼와 포수" "사람의 아들" "우리들의 일그러진 영웅" 등을 공연했다. 신포아트홀 역시 누적된 재정난으로 인하여 폐관을 하는 비운을 92년도에 갖게 되므로 단명을 하고 만다. 신포아트홀은 지역연극계에 흥행연극의 틀을 세운 소극장으로 기록될만하다.[29]

　"연극에 관심은 없었지만 우리가 3남매인데, 여동생이 아주 훌륭한 배우였어요. 노래도 잘하고 권선빈이라고 연극을 너무 좋아해서 소극장을 갖고 싶다고 해서. 50평정도 됐나? 그 당시 인천에서는 신포동이라면 (외환은행 뒤) 서울 명동이었지. 최고의 자리였지. 그 당시는 제일 전성기이고 제일 활동도 많이 한 시절이었는데도 힘들었지. 공연한 번 하면 적자가 얼마가 생기고 예술이라는 게 돈으로 따지면 안 되겠지만 또 예술이 돈이 없으면 안 되는 거잖아요. 동생이 극단 〈중앙〉으로 활동도 해서 그런지 우리극장

29) 이영유, 「연극공연장을 중심으로 본 지역연극」, 『인천예술50년사』, 1992, p.1778.

에는 사람들이 많이 몰렸었어요. 지방 공연을 다니고 나는 〈예술무대〉라고 극단을 따로 운영했지요. 87년도 6월 10일에 개관공연을 하고 극단 창단공연을 9월에 했고 그때 서울에서 활동하는 사람들이 많이 내려왔지. 동생이 드라마센터에 있다 보니까 주변에 아름아름 다들 어려우니까 와서 막걸리 한 잔에 인맥이나 정으로 공연하기도 하던 시절이었죠. 그 당시 극장이 노는 날 없이 돌아가도 운영하는데 힘들었지요."

신포동(당시 인천의 명동이라 불릴 만큼 인천 최고의 거리)에 위치한 신포아트홀은 여동생인 권선빈(서울예전 출신 배우)[30]씨가 상설 적으로 공연을 할 수 있는 연극 전용소극장을 갖고 싶어 했던 바람에 시작이 되어 연극을 전공하지는 않았지만 오빠인 권용성씨가 신포아트홀이라는 소극장을 개관하기에 이른다. 50평이 조금 넘는 공간 3층 건물에 계단식으로 객석을 만들어 개관을 하였는데 권선빈과 남편 이진성(중앙대 출신 배우)은 연극작품 활동에 주력했고 권용성씨는 극장경영에 힘쓰는 이원적 구조를 가졌다고 볼 수 있겠다. 그 당시는 연극의 제일 전성기였음에도 불구하고 여러 가지 힘든 면이 많았는데 특히 공연을 한 번하고 나면 많게는 적자가 몇 백만 원씩 발생하기도 하였다. 동생 내외가 만든 극단 〈중앙〉은 주로 지방공연을 많이 다녔고 후에 권용성씨는 별개의 〈예술무대〉라는 극단을 다시 만들어서 운영을 했었다. 그 당시에는 서울에서 활동하던 사람들이 많이 내려와서 개런티 보다는 인맥이나 정으로 막걸리 한 잔에도 같이 작업할 수 있는 분위기가 있었다고 한다. 밤에는 단원들이 풀 통을 메고 포스터를 붙이고 다니면서 홍보 활동을 하고 다닐 만큼 어려운 시절이여서 계약관계가 아닌 정과 의리로 작품을 하던 시절이었다고 회상한다.

---

30) 신포동에서 대박집이라는 갈비집을 운영했다고 함.

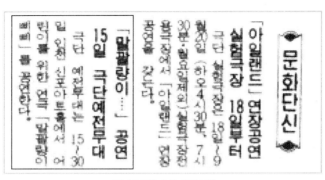

1987년 8월 12일 경향신문

1988년 2월 26일 경향신문

1988년 2월 5일 매일경제

당시 신포아트홀은 거의 극장이 쉬는 날이 없을 정도로 흥행을 이루었지만 동생네의 극단 〈중앙〉은 지방공연에 힘쓰고 권대표도 다른 사업에도 관여하다 보니 극장을 대관을 통해서 활성화시키는데 미약했었다. 그 당시에는 문화인프라도 약했고 시립극단[31]을 만들기 위해 연극인들이 많이 애를 썼음에도 불구하고 정작 힘써온 연극인들은 배제되고 시너지효과보다는 오히려 역효과가 발생되기도 했으며 시의 문예 진흥기금이 점차 많아지기는 했지만 작품에 투자해서 좋은 작품을 만들기에는 커다란 힘이 되지는 못했다. 대표 주머니에서 제작비가 충당되었던 시절과는 달리 진흥기금을 받게 되면서부터 끈끈한 의리들은 사라지고 나름대로의 노조가 생기게 되면서 이런 것이 대립으로 이어지게 되었다. 또한 지원금을 신청해서 되면 공연을 하고 안 되면 쉬는 등, 일 년에 이십 편씩 공연했던 예전과는 달리 보조금 시대에선 일 년에 한두 번, 혹은 서너 번, 네댓 번씩으로 줄어들게 되는 것이 관객을 우롱하는 것 같단 생각에 더욱 작품에 몰입하

---

31) 1990년 6월 인천시립극단이 창단이 되면서 극작가였던 윤조병씨가 제1대 시립극단 감독으로 취임되었고 창단공연 〈춘향전〉을 시작으로 꾸준한 레퍼토리를 이어가고 있다. (인천시예술단 홈페이지 참조) 창단 이후 시민들의 문화향유를 위해 대형공연도 무료로 관람이 가능하다보니 기존에 있었던 소극장들이 관객이 줄어 운영이 어렵게 되어 문을 닫게 되었다.

는 데에서 멀어져 연극 활동을 그만하게 된다. 신포아트홀 경영시절에는 단원도 모집하고 관극회원도 모집하고 포스터를 인천 각지를 안 돌아다닌 곳이 없을 정도로 발품팔면서 거리 홍보에 나섰다고 한다. 당시 동인천 지하상가[32)]에 할인권을 단원들이 들고 나와서 홍보활동을 지하상가에서 나눠주고 포스터를 붙이면서 서로 그 당시 극장의 극단들을 다 마주치면서 홍보하느라 경쟁이 치열했다고 회상한다. 돌체 소극장만 있었을 때는 자유롭게 극장을 대관하는데 다소 어려움이 있었던 터라 하나둘씩 자기들만의 소극장을 갖기 시작했던 개관배경으로 신포아트홀은 비교적 좋은 시설로 쿠션이 있는 객석에 원형식 무대로 그 시대에 신포동 한복판에 자리하고 있었기에 '신포동 한복판에 있는 신포아트홀'이라는 슬로건을 사용하였다. 권 대표는 초대권으로 처음에 관객몰이를 했던 것이 나름 잠정적으로 관객 유치에 실패를 본 것이라고 회상한다. 폐관되기 전까지 유지하기 위해 대관도 하였고 대부분 번역극[33)]을 많이 했었다.

---

32) 1977년 9월 15일 동인천역에서 용동까지 잇는 지하상가가 개장되었고 사업비 8억 3천만 원, 총 면적 1,258평, 점포 163개 및 종합점포 1개소, 4개의 출입구로 지하도 겸 상가가 건설 되었다.
33) 〈명동 매화전〉, 〈방자전〉, 〈사람의 아들〉, 〈우리들의 일그러진 영웅〉 등이 있다.

신포아트홀 권용성 대표 구술 채록문		
	일시	2015년 5월 27일 2시
	장소	한국라이온스 클럽 인천지부 사무실
	참여자	권용성, 장구보, 최혜정

1. 신포아트홀 운영계기

장구보 : 〈신포아트홀〉은 신포동에 있어서 그냥 〈신포아트홀〉이라고 하신 거예요?

권용성 : 네.

장구보 : 신포동에. 지금도 이 극장은 남아있어요?

권용성 : 건물은 남아있지.

장구보 : 대표님이 연극에 관심 많았나 봐요?

권용성 : 아니 관심 없었어. 관심 없었어. 진짜(웃음).

최혜정 : 그러면 어떻게 시작하시게 된 거예요?

권용성 : 아니 우리가 삼남매예요. 형 있고 여동생 있는데. 여동생이 권선빈이라고 훌륭한 배우예요. 이진성이 남편 중대 나왔고. 동생은 서울예전 드라마센터 나왔는데 연극을 너무 좋아해갖고 동생을 위해 해 준거지.

2. 신포아트홀 소개

권용성 : 그래서 소극장을 자기가 갖고 싶다고 해서 한 50평 좀 넘었나. 3층에.

장구보 : 이게 계단식이었어요?

권용성 : 그렇지. 그래도 뭐 인천에서는 그 당시 신포농이면 서울 명농 최고거리지 인천에서.

장구보 : 위치가 어디셨어요?

권용성 : 신포동 외환은행 뒤.

최혜정 : 아. 그쪽에 다 모여 있었네요.

권용성 : 신포동 잘 모를 거 아니야? 신포동 알아? 신포만두 알아?

최혜정 : 네 알아요.

권용성 : 거기 그쪽 바로 골목 인데 하여간 그때는 최고의 자리지. 건물도 비싸고

장구보 : 오라버니께서 능력이 있으셨나 봐요?

권용성 : 능력이라기보다는 다만 꼭 갖고 싶어 하드라고. 나는 연극 쪽에 관심이 없고

동생이 유능한 배우였지. 노래도 잘하고.

장구보 : 지금도 활동하고 있나요?

권용성 : 안하지. 그나마 본인이 길을 쭉 갔으면 어떤 배우보다 훌륭했을텐데. 뭐 결혼하고 지방공연 다니고 그래서 그런지 그쪽으로 하다보니까 연극계 평생 종사를 못한 거지. 극장 운영이라는 게 극단 운영이라는 게 지금도 물론 힘들겠지만 그래도 지금은 날수도 있지만 지금도 어렵지만 그 당시는 제일 전성기고 제일 활동도 그 시절인데도 힘들었어. 공연한 번 하면 적자가 얼마고 뭐 극장 같은 경우도 그 뭐 공연 쉽게 얘기해도 예술이라는 게 돈으로 받을 수 없지만 또 돈이 없으면 안되는 게 예술이에요.

3. 당시 극장 운영 및 에피소드

권용성 : 어려울 때였는데.

장구보 : 적자운영하시고?

권용성 : 네. 사실 그러고 나니까 저도 그런 쪽에 전혀 관여를 안 하려고 그랬었는데 계속 마이너스가 되는 거야. 공연 한 번 하면 몇 백만 원씩 그 당시 몇 백만 원이면 엄청 크거든. 우리 그 당시 보면 동생네가 있는 극단이 〈중앙〉이라고.

장구보 : 극단 이름은 〈중앙〉이었어요?

권용성 : 아니 처음에 걔네들이 있던 극단 이름이 〈중앙〉이야. 중앙대를 나와서 그랬는지. 그런데 하다가 보니까는 우리 극장에는 사람들이 엄청 많이 몰렸었어요. 모르겠어. 성격이 우리 같은 경우는 막 퍼주는 성격이어서. 사람들 막 퍼주고 그냥 뭐 쉽게 얘기해서 그 당시하고 지금하고 비교해서 하면 뭐하지만 그래도 뭐 우리 종파티가면 돼지갈비 시키고 편하게 술도 마시고 맘껏 먹을 수 있게 그렇게 그런 부분은 잘해줬지. 배고픈 시절 이었으니까. 그러다보니까 우리 종파티하면 5~60명씩 신포갈비 같은데 2층에 전세내서 기억에 나는 하도 사람이 끝까지 앉아있어서 나는 안 먹어도 배부르더라고. 그러다가 아 운영을 이렇게 하다 보면 안 되겠다 해서 운영에 뛰어들었지. 그러다보니 자연스럽게 극장운영부터 해서 극단을 따로 만들어서 그렇게 운영을 했지. 그때부터 동생내외는 지방공연을 다니고 나는 인제 〈예술무대〉라는 극단을 만들고 운영을 하면서 했지. 그러면서 상당히 힘들었어. 기억이. 오래돼서 그걸 지금까지 계속 명맥을 이어왔다면 여러 가지 자료가 있었을 텐데. 87년도 6월 10일인가 개관공연하고 극단 창단공연은 9월 달인가 정확한 기억은 아니에요. 정확한 기억을 원하면 자료를 찾아볼게요. 그렇게 해서 서울에서 활동하는 사람들이 많이 찾아왔었어요.

장구보 : 그건 다 누구 인맥이셨어요?

권용성 : 다 알잖아 끼리끼리 서로. 동생이 드라마센터에 있다 보니까 동기들하고 많이

하다 보니까 많이 있었지. 그 당시에 보면 다들 어려우니까 공연 한 작품 하자 그러면 막걸리 한 잔에 어떤 개런티 보다는 인맥이나 정으로 다했지. 옛날에 뭐 보면 우리가 뭐 보통 작업하면 포스터 붙이고 풀통 메고 나가서 도배해 놓으면 다음날 구청에서 전화 와서 난리가 나고 쫓아가서 뗄 쓰고 그러던 시절이니까 걔네들 걸어서 인천 시내를 다 돌아 댕겼다고.

장구보 : 배우들이?

권용성 : 배우들이. 그러고 나서 저녁에는 공연하고. 그런 어려운 시절들이 다 있었지. 그러다보니까 그 당시는 어떤 계약이나 이런 걸 떠나서 정과 의리로 하는 거야. 전화해서 '야 뭐 하나 인천에 와라 새 작품 하는데' '얼마 주는데' '그건 뭐 나중에 되는대로 해서' 그렇게 통하던 시절이니까. 우리는 하여간 극장이 거의 노는 날이 없었으니까. 그래도 힘들었어요. 어떤 때는 뭐 잘될 때는 층계 아래까지 줄 선적이 있었고 또 어떤 때는 뭐 진짜 그 네댓 명 앉아갖고 배우보다 적은 관객 앞에서 공연하기도 하고.

4. 신포아트홀의 폐관하게 된 계기와 분위기

권용성 : 그러다가 하여간 뭐 모르겠어. 92년도인가 닫았던 거 같은데. 여러 가지 힘들다 보니까 나중에 한계가 있더라고. 나의 다른 기획 쪽 이런 쪽에 신경을 쓰다 보니까 등한시 하게 되고 또 동생네 극단이 주로 주 무대를 많이 썼는데 지방공연을 많이 가다보니까 자연적으로 그렇다고 해서 뭐 대관해서 공연 하는 것도 예전처럼 활성화도 안 되고 그러다 보니까 그때부터 다 없어졌을 거야. 경동부터 해서. 우리가 더 나중인데. 배다리부터해서.

장구보 : 그때 시립극단 창단하고 영향을 많이 받았다고 하더라고요.

권용성 : 그것도 영향을 많이 받았지. 좋은 배우들 그리로 많이 가고. 일단 지금도 문화 인프라 쪽으로는 상당히 약하지만은 물론 지금도 그렇지만 그 당시는 더했겠지만 시립생기면서. 우리는 시립 만들기 위해서 사람들이 정말 애썼거든. 사실 시립극단이 생기고 나니까 이 진짜 그 오리지널 쉽게 얘기해서 인천 연극을 끌고 왔던 사람들이 배제되고 그냥 계속 언더그라운드에서 힘들게 살아왔거든. 그렇게 활동했던 사람들의 터전. 아까 얘기했던 것대로 의리와 이런 걸로 공연을 했지만은 사람들이 시립이 생기면서 하다보면 예술이라는 것도 편하게 하지 않을까 우리도 같이 거기 시립에 같이 그런 걸로 인해서 시너지로 인해서 다시 재도약할 수 있는 길이 되지 않을까 했는데 반대로. 처음 시립 감독이 윤조병씨가 했는데 그 하여간 어쨌든 반전이 돼서 상당히 많이 싸웠었지. 그러면서 아마 점점 힘들어졌고 그러면서 아마 소극장들도 하나하나 문닫게 되고 그 당시에 시에서 문예 진흥기금이 조금씩 많아지기 시작해서 사실 그 문예 진흥기금이 됐고 뭐가 됐든 간에 작품에 투자해서 좋은 작품이 돼야

제1부 _ 인천 민간소극장의 시작 **77**

하는데 뭐 그거로 또 그게 반대급부가 또 있어요. 예를 들어 시 같은데서 보조금이 나오면 이제는 배우들이 돈을 받았기 때문에 옛날에는 없이 대표주머니에서 정말 뭐 천 원짜리 하나 꺼내서라도 포스터 만들고 만들었을 때는 다 이해를 했는데 뭐 시에서 문광부에서 기금을 받게 되면 인제 그 배우들이 다 알아요. 많은 돈도 아니야. 받았는데 왜 안주냐 식이지. 그러다보니 그 끈끈한 의리까지도 깨져버리는 거지. 그러다 보니 더 힘들어졌고 쉽게 얘기해서 나름대로의 노조가 생긴 거지. 극단 대표나 배우들하고 대립이 되고. 어떤 때는 뭐 쉽게 얘기해서 안 좋은 소리도 서로 오갈 수 있는 거고. 결국에는 인간적인 면까지 힘들어졌지. 우리도 극장 운영보다는 진흥원이나 시에다가 예산신청해서 되면 하고 안 되면 또 쉬고. 그래서 87년도 당시에는 거의 뭐 일 년에 한 번 열편에서 이십 편 공연을 하니까 보조금 받고 이후부터는 기획공연해서 일 년에 몇 번으로 횟수가 줄어드는 거지. 우리보다는 이정환이나 진정하는 꾸준히 하더라고. 나도 처음에 연극을 전문적으로 한 게 아니었고 나름 쉽게 생각해서 했지만 그런 부분에서 이건 아니다 하는 생각이 많이 들지. 이거는 사실은 시민과 관객을 우롱하는 것밖에 안 되거든. 정말 제대로 된 작품을 올리지 않으면 안 되거든. 그러면서 더 안하게 되고. 그러면서 그쪽을 떠났지. 그런데 아쉬운 것도 많고 여러 가지 내가 못하고 그런 게 나라 탓이고 우리 현실 탓으로 돌리기에는 한계도 있지만 사람들이 타성에 젖더라고. 뭐 예를 들어서 그쪽 종사하는 사람들이 다 똑같을 거야. 예를 들어서 자영업하는 사람들, 소규모 하는 사람들은 중소기업 대기업 다 똑같은 거야. 우리 같은 경우도 뭐 시에서 시립극단한테 일 년에 뭐 몇 억씩 뭐 어느 정도인지는 잘 모르겠지만 내가 알기로는 거의 쉽게 얘기해서 5~6억 투자해서 인건비 주고 하는데 이런 부분들이 정말 옛날부터 장인 정신들을 갖고 해온 사람들한테는 독이됐다는 거지. 그래서 그 이제 어떤 우리 문화도 사실은 그 전반적으로 문화뿐만 아니라 사회전체가 기업도 대기업이 문어발식으로 장악하고 문화도 그렇고 예를 들어서 내가 강원도에 별장을 지어서 왔다 갔다 하는데 옛날에 느꼈던 향수 같은 게 없어요. 그렇듯이 예술도 힘들게 하고 '야 정말 수고했다'내려가서 신포시장 좌판 가서 막걸리 먹고 어깨 툭툭 두드리면 눈물 질질 흘리고 '대표님 고맙습니다' 그런 시절이 재밌는 거야. 지금처럼 계약서 쓰고. 90년대는 분위기가 그랬다니까. 그때부터는 변하기 시작했어. 그 이후로는 계약서 쓰자는 얘기가 나왔어. 안 주면 뭐 속상해서 뭐 선배한테 대들고. 우리야 그런 적이 없었지만 다른 데는 비일비재했어.

5. 당시 단원모집

장구보 : 단원들은 다 어디서 구성하셨어요?

권용성 : 우리가 포스터를 붙이고 공연 보러 오는 사람들 관극회원도 모집하고 단원들
　　　 도 모집하고 극장 입구에 붙이고 포스터 하단에다 붙여서 하면 정말 많이 왔어.
장구보 : 어떻게 오죠?
권용성 : 그때는 많이 왔어.
최혜정 : 중심지였으니까. 신포동이.
권용성 : 어쨌든 배우 하다가 종합문화회관이든 시립에 많이 들어가 있고 기능직으로
　　　 해서 무대감독 조명 음향으로 다 들어갔지.
장구보 : 이때 자료 같은 건 없으세요?
권용성 : 있어. 있긴 있는데. 좀 찾아봐야해.

중앙극단(신포아트홀 상주극단)의 연보[34]

年月日	場所	公演名	作品名	演出者
1984.12.	신포아트홀	창단 공연	양심이 피곤해요	최상진
1985.2.	〃	제1회 공연	토끼와 길수	이진성
1985.8.	〃	제2회 공연	꿈먹고 물마시고	〃
1985.9.	〃	제3회 공연	사랑세일	〃
방문공연	제일제당	제4회 공연	〃	〃
앙코오르공연	신포아트홀	제5회 공연	양심이 피곤해요	최상진
1986.6.	〃	제6회 공연	아파트 열쇠를 주세요	김영민
1986.8.	〃	제7회 공연	병사와 숙녀	이진성
1987.6.	〃	제8회 공연	코미디 소나타	권선빈
1988.9.	〃	제9회 공연	방자전	이진성
1988.10.	〃	제10회 공연	사람의 아들	유상희
1989.9.	〃	제11회 공연	방자전	이진성
1989.12.	〃	제12회 공연	우리들의 일그러진 영웅	한명철
1990.5.	신포아트홀	제13회 공연	배비장전	한호선

34) 인천예총, 『인천예술50년사』, 1992, p.1796.

1990.6.	〃	제14회 공연	동작 그만	윤광선
1990.12.	〃	제15회 공연	이수일전	이진성
1991.1.	〃	제16회 공연	배비장전	〃
1991.10.	〃	제17회 공연	등신과 머저리	〃
1992.3.	〃	제18회 공연	로맨틱 러브	〃
1992.12.	〃	제19회 공연	꿈먹고 물마시고	〃

6. 지역에 세워진 다섯 번째 소극장, 미추홀

극장명 : 미추홀 소극장

주소지 : 인천광역시 중구 내동

개관일자 : 1988년 1월

폐관일자 : 1990년 11월

극장대표 : 김종원

네 번째 소극장은 중견연극인 김종원(金鍾遠)이 내동에 40평 지하공간을 세내어 개관한 1백석 규모의 "미추홀 전용극장"이다. 1988년 1월에 개관했다. 무대 조명실 사무실 분장실 휴게실까지 갖추고 연극은 물론 음악과 무용까지도 유치하는 등 활발하게 소극장운동을 벌여왔다. 개관 기념 공연으로 〈홍당무〉 〈맨발로 공원을〉 〈닭 잡아먹고 오리발 내밀기〉 등 3편을 연이어 무대에 올려 자체극장을 최대한 활용한 희망찬 출발을 하였다. 그러나 〈홍당무〉 〈정복되지 않는 여자〉 〈칠수와 만수〉가 예술적으로 성공하고 많은 관객이 찾아와 주었음에도 불구하고 경영은 어려웠다. 소극장의 한계가 무대의 크기, 그리고 객석의 좌석과 더불어

건물주의 임대료 인상 등으로 더 버티지 못하고 90년 11월에 문을 닫고
말았다.[35)

　김종원 대표는 81년 극단 〈미추홀〉을 창단하여 왕성한 활동을 하기
시작했고, 85년에 〈떼아뜨르 4막 5장〉(그때 나이가 45세였기에 붙여진 이름)
이라는 레스토랑식 극장을 운영하다가 88년에 중구 내동(홍예문을 올라가
는 길)에 100석 규모에 조명실 분장실은 물론 휴게실까지 갖춘 미추홀
소극장을 개관하게 된다. 81년에 창단된 극단 〈미추홀〉은 극장을 따로
갖기 전에는 돌체에서 〈이수일과 심순애〉, 〈약장사〉 등을 한참 하다가
〈홍당무〉라는 작품으로 개관 첫 공연을 하게 된다.

　남승연(2008)은 극단 〈미추홀〉이 〈홍당무〉(줄 르나르 작/정주희 연출),
〈정복되지 않는 여자〉(서머셋 모음 작/조홍래 연출), 〈칠수와 만수〉(오종우
작/김종원 연출) 등의 공연으로 예술적으로 성공했다는 평가를 받았으며,
관객들의 발길이 이어진 극장으로 동인천역 근처, 자유공원 입구 즈음에
위치하고 있었는데 주변에 인천여고, 제물포고, 인일여고를 비롯해 많은
초·중·고교가 위치하고 있어서 인근 학생들은 귀가 길 혹은 야간 자율
학습 이전 약간의 자유시간이면 연극을 보기 위해 길에 늘어서 있는 관객
들을 볼 수 있었고, 그들이 연극에 대한 호기심을 키워나가는데 일조한
극장이었다고 알려준다.

　　"경동예술극장이 있었어요. 정진은 내 친구에요. 인천예총 50년사에 보면
　　인천극단사도 있고 극단을 하다보면 극장사도 나오고 소극장사로 별도로
　　쓰진 않았지만 거기에 경동예술극단이거든, 이 극장을 개관하면서 예술극장

35) 이영유, 「연극공연장을 중심으로 본 지역연극」, 『인천예술50년사』, 1992, pp.1778~1779.

이 생겼으니까 그리고 배다리에 엘칸토예술극장이 있었어. 홍예문 올라가는
데 미추홀 소극장이 있었고, 신포동에 신포아트홀이 있었어요. 여기에는
이진성·권선빈 부부가 했지요. 여기에 돌체 소극장이 원조지. 나도 여기서
한참동안을 했지요. 80년대 초와 80년대에 아주 활발하게 활동을 했지요."

그 당시에는 연극 공연을 하기 위해 돌체에서 대관하다가 일정이 안
맞으면 경동예술극장에서 대관하여 공연을 했으나 대관을 통해서 작업
을 하는 것보다는 자기만의 상설공연장과 꾸준히 작업할 수 있는 필요성
이 생기면서 하나씩 소극장을 갖게 되었다고 한다. 그 당시 신포동이란
동네는 온통 사람들 왕래의 중심이었고 그 당시에는 다른 도시형성이
안 되어 있었으며 인천의 대학로라고 할 수 있는 동인천, 신포동, 위주로
모였기 때문에 그 주변에 극장을 내게 되었다고 한다. 공연을 한 번 하게
되면 한 달 혹은 스무날 공연을 하는 등 일 년 내내 아주 활발하게 80년대
를 주름잡았다.

"사람들이 다 그리로 모였지. 지금처럼 자가용이 범람할 때도 아니고 동
인천에서 대한서림에서 자유공원으로 올라가는 길 미추홀 소극장, 용동골
목 큰 길 넘어가는 데가 신포아트홀, 동인천에서 축구장 오는 쪽에가 배다
리예술극장, 경동예술극장은 동인천에서 길 병원 올라가는 길. 도시가 여
기가 중심지였지. 그때는 대관하면 한 달 스무날 공연을 했지. 그때는
자기 공연장이었으니까 가능하지만 지금은 지원금 받아서 공연하려면 대
관료를 감당을 할 수가 없지."

1988년 미추홀 소극장 개관기념 공연인 〈홍당무〉 공연을 마친 후 배우들이
기념사진을 찍고 있다. 어린아이는 김종원 대표의 아들이다.

그 당시에는 지금처럼 뮤지컬이나 다양한 TV채널, 아이돌 그룹 같은
볼거리가 없었고 극단 단원들을 모집하면 연극이 하고 싶어서 오는 사람
들이 모였기 때문에 자연스러운 단원체제를 유지하면서 연극 공연을 할
수 있었다. 지금은 연극에 대한 열정보다는 돈이 더 먼저인 시대가 되었
고 그 당시에는 호기심에 연극하러 왔다가 자연스럽게 화술도 공짜로
배우기까지 했었는데 이세는 사실상 단원들의 체제를 갖추면서 연극하
는 경우는 거의 없다고 한다. 현재는 볼거리도 다양해지고 대관료가 비
싸져서 장기 공연을 하기는 더더욱 어렵게 되었고 시대가 발전하면서
배우들의 경우 남자가 군대 가기 전에 처녀가 시집가기 전에 모일 수
있었지만 군대 갔다 오면 먹고 살아야 하고 그러다 보니 단원 형성이
해체가 되는 시대적 변화가 오기 시작하였고 더더군다나 과거 TV[36) 앞
에 모여 보던 시대가 있었지만 요즘은 TV는커녕 스마트 폰 시대로 전개

가 되면서 단원이 함께 무리를 지어서 연습을 해야 하는 연극의 경우는
많이 해체되어져 갔다고 한다. 현재는 한자 교육 및 연극 활동을 하고
계시며 60대 이상의 원로 연극관련 지부 및 협회장들의 모임인 〈애락
회〉[37]를 운영하고 있다. 현재 극단 〈경동〉은 없어지고, 봉두개 대표가
〈엘칸토〉, 〈미추홀〉은 김범수 대표가 이어가고 있다.

1988년 11월 4일 동아일보

---

36) 국내 TV는 54년 7월 30일 처음으로 유선방식 20인치 수상기를 공개하였고 1966년
8월 1일 기술제휴를 통해 국내 최초 TV수신기를 생산해냈으며 1980년 컬러TV가 국내에
처음 판매가 시작되었다. 이후 음성다중방식시대로 돌입, 1984년부터 음성다중 컬러TV
가 생산되었다.

37) 애락회는 '인천연극을 사랑하고 즐기는 회'라는 뜻으로 인천의 역대 지부장과 60대
이상의 원로들이 함께 두 달에 한 번씩 만나고 있다고 한다.

미추홀 소극장 김종원 대표 구술 채록문		
	일시	2015년 4월 24일 4시
	장소	연수동 나사렛 국제병원
	참여자	김종원, 장구보, 최혜정

1. 80년대 민간소극장 풍경

김종원 : 내가 넘긴지가 20년. 아니면 날 만나도 열쇠가 있으니까. 50년사 책에 보면 극단사도 있고 극단 하다보면 소극장 얘기가 나오니까. 소극장사로 별도로 쓰진 않았지만 거기에 〈경동예술극단〉이거든. 〈경동예술극장〉 얘기하려면 〈경동예술극단〉 얘기를 해야 하거든. 극장 개관하면서 생겼으니까. 그리고 〈배다리 엘칸토 예술극장〉이 있었어요.

장구보 : 그런데 왜 배다리라고 했죠?

김종원 : 거기 배가 닿았었어요. 그 철도 밑에 그 해수가 와갖고.

장구보 : 거기에 배가 왔어요? 그래서 사람들이 ….

김종원 : 홍예문 올라가는데 〈미추홀 소극장〉이 있었고. 소극장사를 쓰려면 1980년대 왕성한 인천연극의 중흥기를 이룰 때 극장이 이런 이런 게 있었다. 그런데 다 흥행부진으로 존속 되어 있는 거는 지금의 〈돌체 소극장〉이 있고 이렇다하고 써야 한눈에 보는 거지. 신포동에 〈신포아트홀〉이 있었어요. 여기는 지금은 그만두고 이진성이라고. 뭐 지금 연극협회도 관계하고 신포동에서 돼지 갈비집을 하고 있는데 대박집이에요. 이름이. 순서로 한다면 여기 인제 〈돌체 소극장〉이 원조지. 인천 소극장은. 나두 극단 〈미추홀〉도 81년도에 창단했는데 85년도에 갖기 전에 〈이수일과 심순애〉 〈약장사〉 나도 한참동안 여기서 했다가 〈홍당무〉 범수가 출연해서 개관기념 공연이 〈홍당무〉인데 인천예총 50년사에는 다 있다 말이죠. 이 극상들이 일 년 내내 활발하게 돌아갔어요. 80년대 초부터 80년대를 그래갖고 유용호씨가 이름지어 갖고 이게 최규호씨하고 박상숙씨가 하다가 학익동에 있는 〈작은 돌체〉가 여기서 새끼를 친 거야. 이래요. 이런데 왕성하다가 지금은 이름만 따가고 다 폐관하고 지금은 백재이가 하는 〈다락〉하고 ….

장구보 : 옛날 〈돌체〉자리 이름은 지금은 〈플레이캠퍼스〉.

김종원 : 그리고 요거 말고는 내가 떼아뜨르 4막 5장이라는 경양식 집을 하면서. 서울에 명동에 추송웅씨가 돌아가신 추송웅씨가 내가 마흔 다섯 살 때야. 내가 85년도 45세여서. 나이를 따서 4막 5장이라고 했어.

장구보 : 이건 어디였어요? 〈씨·아리〉?

제1부 _ 인천 민간소극장의 시작

김종원 : 동인천이었는데, 요 자리가 진정하 대표가 하다말았지. 내가 4막5장 했는데 2층 호프집에서 불나가지고 그 지하에다가 진정하가 그 위에 소극장을 몇 년 하다가 어디로 갔지.

장구보 : 그러면 4막5장을 하시고 뒤에 〈씨·아리〉가 온 거잖아요?

김종원 : 그렇지. 레스토랑 이름이야. 소극장사에서 빠져도 돼. 그 밑에 진정하가 했다는 얘기를 하려고 하는 거지. 이 자리에 진정하씨가 뭘 했었어. 젤 왕성한건 이때였어.

장구보 : 그런데 그때는 왜 그렇게 극장을 했었어요?

김종원 : 잘됐지.

2. 미추홀 소극장 운영하게 된 계기

장구보 : 대표님은 극장을 왜 하시게 됐어요?

김종원 : 연극을 〈돌체〉에서 하다가 〈경동예술극장〉에서 하다가 내가 쭉 연극을 빌려서 하느니 내 공간하고 싶고. 〈엘칸토〉도 〈돌체〉 빌려서 하다가 자기 꺼 짓고.

장구보 : 여기 있는 분들은 다 〈돌체〉에서 했었나 봐요.

김종원 : 그렇지. 다 했었지.

장구보 : 극단이 먼저 있다가 극장이 한참 있다가 생긴 거네요.

김종원 : 그렇지 나 같은 경우는 81년도에 창단했다가 85년도에 4막 5장 하다가 87년에 〈미추홀 소극장〉을 개관했으니까. 개관공연으로 〈홍당무〉를 했으니까 그걸 보면 언제 개관했는지를 알 수 있을 거야. 그 극장사 보면 알꺼고.

최혜정 : 유난히 좀 몰려져 있는 거 같아요. 극장들이.

김종원 : 80년대에는 연수구 이런 데가 없지. 거기가 아주 중심이었지. 거기는 사람이 많았어. 연수구는 신도시로 봐야지. 상전벽해야. 논 밭 참외 심어 먹고 농지야. 교통편도 그렇고 여기가 전부 이게 동인천 아니야. 이게 동인천에서 대한서림에서 자유공원 올라가는 쪽이 〈미추홀 소극장〉. 용동골목 아나? 넘어 가는 데가 〈신포아트홀〉. 여기 동인천에서 이짝 지금 축구장 오는 쪽에가 〈배다리 소극장〉. 〈경동예술극장〉은 동인천에서 길병원 올라가는 요기. 다 여기지 뭐.

장구보 : 그땐 도시가 여기밖에 없었네요.

김종원 : 주안 이런 데는 버스나 다녔지.

3. 미추홀 소극장의 운영

장구보 : 극장 하시면서 레퍼토리 많이 하셨어요?

김종원 : 그럼 많이 했지. 그때는 한 달씩 보통. 스무날. 그때는 왜 그랬냐면 티비가 범람을 안했었고 소녀시대나 아이돌이 없었고 연극이 볼거리가 됐었고. 극단

이 단원들을 모집하잖아. 공연한다고 하면 연극이 좋아서 하고 싶어서 왔어. 차비주고 먹을 것을 주니까 단원들이 형성됐어. 그런데 지금은 그게 없어지고 오로지 돈 가지고 하니까. 연극을 하고 싶어서 오고. 또 배우 된다고 하면 말 배우러 극단에. 요즘은 돈 내고 하잖아. 그때는 자연적으로 화술을 배우잖아. 그런 시스템이 됐었는데 각 극단에 단원들을 가지고 있는 경우가 없어. 단원들을 갖고 있을 수가 없어. 전부 섭외해서 돈을 주고 하기 때문에. 이 극단이 한 번하고 3년 동안 안할 수도 있는데 극단에 붙어 있을 수가 없지. 지금은 이런 시스템이 돼서 애정이 없어. 그때는 좋아서 했고 애정이 있어서 했고. 그리고 그때는 자기 꺼니까 대관료가 없었으니까 했지. 지금은 볼거리가 많아 가지고. 연극을 본다고 해도 조승우 나오는 뮤지컬을 보러가지 ….

최혜정 : 그러면 이 극장에서는 〈미추홀〉 공연만 하셨어요? 아니면 다른 것도 대관식으로 하셨어요?

김종원 : 대관할게 모 있어. 그때는 다 자기 꺼 갖고 있었는데. 누가 대관해.

장구보 : 많이 상시적으로 계속하셨겠네요.

김종원 : 그럼.

4. 미추홀 소극장의 폐관계기

장구보 : 잘 하셨는데 왜 나중에는 다 접었어요?

김종원 : 시대가 발전하면서 좋은 배우들이 예를 들어서 남자가 군대 가기 전에 처녀가 시집가기 전에는 부모한테 차비타고 와서 할 수 있는데 군대 갔다 오면 먹고 살아야하니까 빠져나오고 물가지수가 올라가고 임금이 비싸지고. 시대상이지.

최혜정 : 시대적 변화로 인해 어려워지고.

김종원 : 관객이 떨어지고.

장구보 : 이때는 관객이 많이 왔었어요?

김종원 : 그럼 많이 왔었지. 티비가 70몇 년이니까 티비가 없기도 했고. 지금은 뭐 지금은 티비도 안보고 전철타면 다 핸드폰이지. 책이나 신문 보는 사람도 없고.

장구보 : 이 극장이 중심이었잖아요. 주변에 시민이나 상권들하고 한 거 없으세요?

김종원 : 응 없어 작품으로만.

5. 80년대 주변 민간소극장과의 연계와 분위기

장구보 : 그러면 이분들은 다 인천 분들이에요?

김종원 : 그럼.

장구보 : 다 연극을 하시고?

김종원 : 그럼.

장구보 : 희한하네요. 연극하는 분들이 다 여기 옹기종기 모여 있죠? 인천의 대학로인가?

김종원 : 그렇지 인천에 대학로로 봐야지.

최혜정 : 다들 아시는 분이셨겠네요.

김종원 : 그럼.

장구보 : 유용호 아세요?

김종원 : 지금 만난 지 오래돼서. 유용호가 만들어서 최규호. 최규호씨 만나려면 예술
극장 옆에 토담이라고 돼지 갈비집을 해. 애락회라고 작년 10월에 결성했어.
인천 연극을 사랑하고 즐기는 회. 그냥 후배들 하는 거 구경하고 그러자고.

6. 현재 당시 극장대표들과의 교류

장구보 : 여기 애락회에 유용호대표도 나오세요?

김종원 : 안 나와. 인천에 지부장 했던 사람들 다 나오지. 엘칸토 최규호도 이정환대
표. 인천 역대 지부장 60대 이상은 다 나와. 두 달에 한 번. 그 사람들이 인천
연극사다.

최혜정 : 지금 다 극단들은 하고 계세요?

김종원 : 극단은 〈경동〉 없어지고 〈엘칸토〉는 지금은 봉두개가 할 걸. 지회장도 하고.
그리고 극단은 있고. 여기는 아예 접고. 여기는 진정하씨가.

장구보 : 〈돌체 소극장〉에 잠간 관여했다가 안하세요. 그러면 초대 유용호 이분은 어
떻게 만날 수 있을까요?

김종원 : 요새 뭐하는지 모르겠더라고.

장구보 : 〈인토 소극장〉 아세요?

김종원 : 아 한참 뒤 〈인토 소극장〉. 여기서 벗어나가지고. 구 송도. 상륙작전 기념관
앞에. 완전히 이 시대를 벗어난 후. 이광석이라고.

최혜정 : 〈학동예술회관〉? 차흥빈? 98년도 있었던 걸로 알고 있어요.

김종원 : 차흥빈은 지금 영종에 있는데. 차흥빈이는 기자였었지. 기자였었어. 기호일
보. 작품도 무슨 기자였으니까 이번에도 작품하나 쓴 거 연극제에 갖고 나왔
지. 차흥빈에 대해서는 이정환대표. 〈엘칸토예술극장〉에 대해서 잘 알지. 지
금은 〈피어나〉 대표야. 저기 다들 허다가 먹고살기 힘들어서 구 송도에서 바리
바리 김밥집을 해. 어저께도 만나서 얘기하고. 내 집이 바로 여기니까.

장구보 : 그럼 〈피어나〉도 하시면서 바리바리 김밥집도 하시고?

김종원 : 요새도 〈피어나〉인가?

최혜정 : 그런 걸로 알고 있어요.

김종원 : 〈돌체 소극장〉은 최규호 대표를 만나면 되고.

장구보 : 유용호 대표를 만나면 안되요?

최혜정 : 유용호 대표님을 만나고 싶은데.

김종원 : 그런데 역사는 최규호 대표가 많이 알고 있지. 유 대표는 조금하다가 말아서.
장구보 : 지금 최규호 대표는 〈작은 돌체〉는 관여 안하세요?
김종원 : 관여 안하지. 박상숙씨한테 넘겨주고. 본인은 돼지갈비를 하지 먹고 살아야
　　　　하니까. 둘이서가 살림하면서 그 극장에서 결혼식하고. 거기서 시집간 은비도
　　　　낳고. 최규호씨 만나면 돼.

미추홀 극단 연보38)

年月日	場所	公演名	作品名	演出者
1982.3.7~16	돌체 소극장	창단 공연	총각 파티	최영준
1981.5.10~15	〃	제2회 공연	약장사	고암
1981.7.16~20	〃	제3회 공연	날개	이영유
앙코으로공연	〃	제4회 공연	약장사	고암
1982.1.12~18	〃	제5회 공연	아빠의 딸	공동연출
1982.4.22~26	〃	제6회 공연	– 신파극 씨리즈 · 젖먹이 살인사건 / 월급날	최영준
1982.8.27~9.5	〃	제7회 공연	목소리	정주희
1983.5.13~22	〃	제8회 공연	루브	고암
1983.10.1~5	〃	제9회 공연	그놈이 그놈	최영준
1984.3.24~4.8	〃	제10회 공연	머저리 이중창	〃
초청공연	〃	제11회 공연	장사의 꿈	황석영 作
1984.10.1~10	경동예술극장	제12회 공연	연극	정진
1984.10.20~31	〃	제13회 공연	넥스트	고암
1984.12.22. 　~1985.1.3	돌체 소극장	제14회 공연	이수일과 심순애	최영준
1985.9.1~22	경동예술극장	제15회 공연	꿈먹고 물마시고	김종원
1986.1.24~2.24	4막 5장	제16회 공연	춤추는 허수아비	고암
1986.3.14~4.7	〃	제17회 공연	사랑을 내기에 걸고	양재성

---

38) 인천예총, 『인천예술50년사』, 1992, pp.1795~1796.

1986.5.17~21	4막 5장	제18회 공연	걸떡쇠타령	황병도
1986.9.	경동예술극장	제19회 공연	병사와 수녀	김영민
1986.10.1~21	〃	제20회 공연	허풍쟁이	박정숙
1987.8.	〃	제21회 공연	왔구나 왔어	장수동
1987.9.	〃	제22회 공연	카텐자	정주희
1988.1.	미추홀 소극장	제23회 공연	홍당무	정주희
1988.2.	〃	제24회 공연	맨발로 공원을	김병훈
1988.6.	〃	제25회 공연	닭 잡아먹고 오리발	김종원
1988.6.	시민회관	제26회 공연	모듬내 뜸부기	윤조병
1988.8.	미추홀 소극장	제27회 공연	잡히지않는 투명한 미소에 관하여	공동연출
1988.9.	〃	제28회 공연	열차를 기다리며	김종원
1988.10.	〃	제29회 공연	허풍쟁이	〃
1989.1.20.~2.5	〃	제30회 공연	독재자	〃
1989.10.	시민회관	제31회 공연	탈의 소리	조홍래
1989.11.	미추홀 소극장	제32회 공연	정복되지 않는 여자	〃
1990.1.	〃	제33회 공연	철수와 만수	김종원
1990.5.	춘천 문화회관	제34회 공연	아버지의 침묵	윤조병
1990.7.	미추홀 소극장	제35회 공연	가출기	
1990.8.29.	서울 문예회관	제36회 공연	아버지의 침묵	〃
1991.2.	돌체 소극장	제37회 공연	감마선은 달무늬 얼룩진 금잔화에 어떤 영향을 주었는가	정주희
1991.3.	미추홀 소극장	제38회 공연	돼지들의 산책	김종원
1991.9.	시민회관	제39회 공연	불타는 별들	김범수
앙코오르공연	〃	제40회 공연	〃	〃
1992.5.	〃	제41회 공연	봄날	이상일
1992.10.6~11	문화회관	제42회 공연	에바 스미스의 죽음	〃

7. 배다리에 세워진 가장 큰 소극장, 배다리예술극장

극장명 : 배다리예술극장
주소지 : 인천광역시 중구 율목동
개관일자 : 1988년 12월
폐관일자 : 1990년 10월
극장대표 : 이정환(이원석)

다섯 번째 소극장은 극단 엘칸토가 이문형 등 뜻있는 후원자와 단원의 힘을 모아 율목동에 70평 건물을 얻어 1백 50석 규모의 소극장 "배다리예술극장"을 88년 12월에 개관했다. 입구에 대기실과 사무실을 만들고 무대 뒤에 분장실, 그리고 객석 뒤에 조명실과 음향실 등 시설을 규모 있게 갖추었다. "낚시터 전쟁" "학자와 거지" "신의 아그네스" "아가씨 손길을 부드럽게" "나의 라임오렌지 나무" 등 많은 수작을 올렸다. 그러나 배다리예술극장 역시 지역 연극계에 많은 공헌을 했음에도 불구하고 재정난으로 "꿈길"을 고별공연으로 1990년 10월에 문을 닫고 말았다.[39)]

현재는 〈피어나〉극단 대표이신 이정환 대표가 1988년 배다리에 당시로써는 꽤 큰 100평 건물에 150석 객석과 무대 뒤에 분장실과 객석 뒤에 조명실과 음향실을 갖춘 가장 규모 있는 배다리예술극장(지명 이름을 그대로 살리고자 배다리라고 지음)을 개관하였다. 극단은 〈엘칸토〉극단이 같이 있었고(김기성씨와 함께 87년도쯤 운영을 했음) 그때 단원으로 있다가 지금은 고인이 된 이문형씨(전 연극지회장역임)와 같이 운영을 하게 된다. 현장의 뒷 무대에서 활동을 많이 하였고 극단과 극장은 별개로 운영하는 구조를

---

39) 이영유, 「연극공연장을 중심으로 본 지역연극」, 『인천예술50년사』, 1992, p.1779.

갖추었다. 현재 〈엘칸토〉 극단은 봉두개 대표가 계양구에 사무실을 두고
운영하고 있다. 그 당시에 누구나 그렇듯 소극장을 갖는 게 꿈이었고,
그때가 인천에 가장 전성기였다고 회상한다. 관객도 많았고 입장수익도
생겨서 〈신의 아그네스〉를 성공(2달간 월급제로 운영해 보기도 하였음)으로
극단 전용 자동차를 살 정도였으며 〈방황하는 별들〉, 〈블랙코미디〉 등의
기획으로 연이은 히트를 치기도 했다. 지금은 볼거리, 할 거리가 많아서
고루한 연극을 보러오는 관객들이 줄었지만 볼 때도 갈 때도 없었던 그
시절에, 특히 학생층 관객이 70% 일 정도로 두터웠다고 한다. 배다리라
는 이름은 소극장이 있는 곳이 예전에 배 대는 곳이었다고 해서 극장
이름을 배다리라고 이름을 지었다.

싸리재 쪽에서 내려다 본 배다리[40]

---

40) 화도진도서관, '최성연 선생 기증사진집 1960년대 인천풍경'

배다리 철교 쪽으로 조망한 항공사진[41]

"그 당시의 꿈이 연극하는 사람들이 꿈이 소극장 갖는 거였지요. 인천에 가장 전성기라고 볼 수 있지요. 이때는 관객도 많았고 이 당시에는 세 번에 입장수익도 있었고 엘칸토 극단에서는 〈신의 아그네스〉 공연을 통해서 자동차도 살 정도로 성공하기도 했지요. 그 정도로 〈신의 아그네스〉, 〈방황하는 별들〉, 〈블랙코미디〉 기획공연으로 돈을 벌었어요. 왜 잘되었냐면 그 당시에는 볼 것도 없었고 갈 데도 없었고 문화적으로도 볼거리가 없었고 학생관객이 많았고, 공부할 사람 빼고는 자유시간이 충분히 많았고 90년대 들어서 학교에서 학생들 잡아두면서 학생들이 밖으로 못나가니까 그 당시에는 학생층 관객이 70%로 많았습니다. 대학생들이 많았는데 지금은 워낙 볼거리들이 많아졌으니까 이제 이 고루한 생각하고 고민을 던져주는 연극을 누가 보러오겠어요. 어쨌든 연극은 뭔가를 던져주고 고민하게 하는 거니까 …"

---

41) 화도진도서관, '최성연 선생 기증사진집 1960년대 인천풍경'

1989년 11월 3일 경향신문

　연극의 르네상스였던 그 시기에는 각 극장의 극단들 모두가 중앙초등학교에서 다 같이 연합 체육대회도 열어서 친목을 도모할 정도로 서로의 의기투합이 잘 이루어졌던 시대였던 것으로 보인다. 2회까지 진행되다가 그쳤지만 축구대회도 하고 극단끼리의 경쟁이 치열했으며 포스터를 붙이는데 있어서도 자리다툼을 할 정도로 홍보와 경쟁이 치열했다고 볼 수 있다. 대관에 대한 불편함이 연유가 되어 극단들이 소극장을 갖기 시작했던 것이 배다리예술극장 또한 예외는 아니었고 유지가 어려워지자 하나둘씩 극장이 문 닫기 시작한 게 90년도에 모든 소극장들이 싹 사라지게 되었다. 폐관할 즈음에는 집세를 못 내서 집주인한테 멱살 잡힐 만큼 운영이 힘들어져 결국 문을 닫게 되었다. 극장 규모는 계단식 객석에 100명 정도가 여유 있게 들어갈 정도로 그 당시로서는 100평 정도로 아마 가장 큰 편이었음(의료상가 건물 3층)을 알 수 있다. 90년도 들면서 지원이 조금씩 생기면서 오히려 자생력을 잃어버리고 시립극단이 생기면서 배우들이 월급제로 공연하게 되고 방송이 생기면서 발송활동으로 나가게 되는 경우가 비일비재해지면서 팀워크가 자연스럽게 깨지고 오디션제로 바뀌게 되었다고 한다. 엘칸토 공연 외에, 처음으로 무용공연도 대관을 하였고 방통대 학생들 연극동아리 매년 2~3회 공연과 직장반, 학생반, 일반반을 두고 운영해서 70여명의 회원들로 구성될 만큼 워크숍 회원들이 많았다고 한다. (지금은 학교에서 교육하고 배우로 이어지지만 이 당시에는 이런 식으로 연극을 배웠음) 이때 입장료는 현재하고 별 차이가 없어 적자는 없었지만 지원도 거의 받은 적이 없고 회비나 스폰서로 유지하다가 폐관되기에 이른다. 한 작품이 길 때는 20일이나 보통 보름 정도 공연을 하였고 단원들은 주로 인천에 있는 사람들로 구성되었다. 현실적으로 대표가 단원들을 먹여 살릴 수 있는 구조가 안 되어 있고 단원들 역시 현재는 프리랜서를 원하기 때문에 공동체적 작업이 이루어지기가 참 어려운 실정으로 바뀌어 갔다. 후에 학동예술극장(80석)을 개관할 때 차흥빈[42] 대표를 도와 같이 운영하기도 하였다고 한다. 이때 〈어울림〉이라는 극단을 하게 되었고 극장이 폐관될 때 같이 그만 두게 된다.

---

[42] 경인일보 문화부 기자이자 연수구 예술인협회 부회장, 당시 이정환대표는 인천연극협회 회장.

배다리예술극장에서 공연을 준비하는 배우들과 분장실의 모습들[43]

"이게 극장이 문 닫기 시작한 게 90년대 들어서면서 싹 사라지기 시작했지. 운영난 이었죠. 그때 집주인한테 멱살 잡히고 집세를 못내 가지고 벽 돌르고 방음막한다고 한 거 다 뜯어내고 … 그때 극장 꽤 컸어요. 100평정도 되니까 3층에(의료상가 건물) 계단식으로 객석을 만들고 100명 정도는 가뿐히 들어갈 만큼 그 당시에는 꽤 큰 규모였지요. 극장 중에서는 아마 제일 컸지요. 그때부터 내리막길이었어요. 90년대 들면서부터 지원이 조금씩 생기고 시립이 생기면서 이들이 봉급받기 시작하면서 배우들이 경력들이 생기면서 생각들이 달라지고 방송도 하면서 극단 소속이 아니라 외부, 팀워크가 깨지고 오디션제로 가면서 무너지기 시작했다고 볼 수 있지요. 다른 대관, 무용도 공연을 했었고 일반 방통대 연극동아리 친구들도 공연하고 그랬지요."

---

43) 극단 〈피어나〉 인터넷 카페에 올려진 사진으로 당시 극단 〈엘칸토〉 멤버들의 모습이다.

劇團『엘칸토劇場』公演年譜

공연작품명	作·연출/역자	연출자	공연기간	공연장소
1 벙어리 삼년아	전 유 성	김기섭	1980.11~	인천제1공보관
2 블랙코메디	퍼시·퍼킨/신정옥	〃	1980.11~	〃
3 〃	〃	〃	1980.12.17~12.18	〃
4 수업을 들어주세요	프랑스·카빈스	〃	1991. 3~	인천제1공보관
5 족물료 살아난 여인	김 진 엽	김기섭	1981. 4~	청소년회관
6 너만 아는가	〃	〃	1981. 6~	〃
7 김복철흔	모야외/정범희	〃	1981.10.1~10.15	돌체소극장
8 인 선	전 유 성	〃	1981.10	인천시민회관
9 발을수없는 여자	W·사이만/성정옥	〃	1981.12.23~13.31	돌체소극장
10 자유의 몸여	박 승 으	〃	1982. 6.21~8.26	인천시민회관
11 내가 당신이라면	W·사이만/신정옥	〃	1984.10. 4~10.15	돌체소극장
12 참새와 기관차	용 조 병	〃	1985. 5.27~5.29	인천시민회관/청주예술문화회관
13 호텔보이는 무도움	M·오튼/박중흥	〃	1985.11. 1~12.자양성	돌체소극장
14 〃	〃	〃	1986. 3.14~3.16	인천시민회관
15 신체 아그네스	존·필시어/제시퍼·김	〃	1986. 6.1~7. 7	경실예술극장
16 상황/사랑알이하나이어	F·카빈스/홍승주	홍승희/한경훈	1986. 7.12~7.13	돌체소극장
17 수색에쯤 소풀	다리오·포	김기섭	1986.10.14~11.13	인천시민회관
18 인가여 구룸이	이 연 호	〃	1986.10~	돌체소극장
19 달빛판타	윤 나 천	이정희	1986.11.26~11.30	돌체소극장
20 취기에 여자	시무트·시·섬/손철수	김기섭	1987. 2. 7~2.28	〃
21 몸 집	김 한 영	〃	1987. 5.17~5.18	인천시민회관
22 알	이 강 백	이원식	1987. 7.15~7.26	신포아트홀
23 신혼 인간의 말을 위하나	박 찬 홍	김기섭	1987. 9. 4~9.26	〃
24 동화하는 물음	윤 지 요	〃	1988. 8.28~ 9. 1 / 1987.12. 6~12.10	인천시민회관
25 발들의 자유선언	송 민 화	송민화	1988. 1. 4~1.10	돌체소극장
26 신체 대홍	이 별 도	〃	1988. 3.13~6. 6	인천시민회관
27 침과 그룹타	이 언 화	박효숙	1988. 7.15~7.17	〃
28 여자가 돌보는 족소리	김 진 엽	김진엽	1988. 9~	〃
29 보석하천선/황치유 2개	이 근 삼	박효숙	1988.10.25~11.15	배다리예술극장
30 신체 아그네스	존·필시어/제니퍼·김	박효숙	1988.12.21~ / 1989. 1.23	〃
31 아가 손님은 무섭혀요	소옥·카타요	〃	1989. 3. 4~ 4. 3	〃
32 내 긴일 오행자.쿠	제이·데·마스트/셀류스/가정기	박효숙	1989. 6.9~ 6.25	〃
33 우리기의 서울들	이 강 백	안덕호	1989. 9.18~30 / 1989.10. 9	배다리예술극장 / 인천시민회관
34 아동알기	W·사이만/박 중 흥	〃	1989.12.20~12.30	배다리예술극장
35 취치나면 드렐짓요	조·오튼/박중흥	송민화	1990. 3. ~ 3.25	〃
36 아버지 아버지 우리아버지	김 주 영	이유석	1990. 6.11~ 6.20	〃
37 평화하는 물물	윤 나 요	이유석	1990. 9. 2~ 9. 4	인천시민회관
38 〃	김 집 회	강유석	1990.12.15~12.22	신부아트홀
39 여하나 오들지그	김 진 엽	이유석	1991. 6. 4~6.5 / 1991. 6	인천시민회관 / 신여예술문화회관
40 카민의 비극	홍 승 주	천유호	1991. 8.29~8.31	돌체소극장

　　〈엘칸토〉 극단의 연보의 36번을 보면 〈아버지 아버지 우리아버지〉 작품으로 배다리예술극장의 마지막(90년 6월 20일) 공연작이라는 걸 알 수 있다.

배다리예술극장 이정환 대표 구술 채록문		
	일시	2015년 4월 1일 1시
	장소	극단 피어나 연습실
	참여자	이정환, 장구보, 최혜정

1. 배다리예술극장과 극단 엘칸토

이정환 : 이게 〈배다리예술극장〉에 대해서 얘기하면 되나요?

장구보 : 네. 여기가 이름이 정확히는 〈배다리예술극장〉이에요? 엘칸토예술극장이에요?

이정환 : 〈배다리예술극장〉이에요.

장구보 : 왜 사람들이 그런데 혼용하죠?

최혜정 : 다들 엘칸토로 알고 계시더라고요.

이정환 : 〈엘칸토〉 극단이 있었는데 극장은 별도로 해서 배다리예술극장이에요.

장구보 : 처음에는 그럼?

이정환 : 극단이 같이 있었죠. 제가 〈엘칸토〉 극단 멤버에요.

장구보 : 처음에는 배다리라는 극장에 〈엘칸토〉가 있었다는 말씀이시죠?

이정환 : 그래서 극장, 극단 별개로 운영 한다 그래서 극단이 거기 안에 속해있었죠.

장구보 : 그 〈엘칸토〉는 어디 갔어요?

이정환 : 지금은 봉두개 대표가. 계양구에 사무실이 있어요.

장구보 : 그럼 그때도 〈엘칸토〉를 봉두개 선생님이?

이정환 : 아뇨. 그때는 김기성이라고 미국에 가 있는데 87년인가 년도는 정확히 모르
겠어. 미국가면서 극단은 우리가 운영했죠. 그때는 대표가 송인영이었나 내
가 했었나 ….

2. 배다리예술극장의 운영계기

장구보 : 〈배다리예술극장〉은 처음부터 운영하신 거였어요?

이정환 : 그렇죠. 저랑 친구 이문형이라고 있어요. 지금 고인이 됐지.

장구보 : 왜요?

이정환 : 사고사로 2년 전에. 연극회장도 했었고. 마당발이여서 뒤에서 하여튼. 현장의
뒷 무대에서.

장구보 : 원래 대표님은 인천분이세요?

이정환 : 네. 전 인천에서만 59년 살았어요(웃음).

장구보 : 60년을(웃음) 이때 극단 하신 건 아니신데 왜 〈배다리예술극장〉을. 원래 극장
        을 투자하고 만드신 거예요?

이정환 : 그 당시에 연극하는 사람들 꿈이. 다들 극장을 가졌어요. 〈신포아트홀〉도 극단
        이름이에요. 그런데 실제 극장주는 권용성이라고 따로 있어요. 권선빈 오빠.

최혜정 : 아. 이진성 대표님이랑 부부셨는데 극단을 운영하시고.

이정환 : 이 두 친구들이 오빠를 후원으로 끌어들인 거죠.

3. 배다리예술극장의 운영

장구보 : 이 시대의 소극장이 많이 생긴 특징이 있었나요?

이정환 : 인천에 사실은 가장 전성기라 볼 수 있죠. 이때 관객도 많았고 이 당시에 입장
        수익이 공연하면서. 3번 정도 성공. 입장수익이 생겨가지고 〈신의 아그네스〉
        작품으로 자동차도 샀어요. 기획공연하기 위해서 차가 필요해서. 〈신의 아그
        네스〉, 〈방황하는 별들〉, 〈블랙코미디〉.

장구보 : 다 레퍼토리시죠?

이정환 : 이런 공연은 기획공연으로 돈을 벌었어요. 속된 말로 그 당시 6~700이면 큰
        돈 인데.

장구보 : 관객이 그렇게 많았어요? 몇 석이길래.

이정환 : 그때 관객이 왜 많았냐면 볼 게 없었어요. 갈 데도 별로 없고 문화적인 게 많
        지 않았어요. 특히 학생관객이 많았는데 공부할 사람들 빼고는 자유시간이 충
        분히 있었어요. 90년대 들면서 학교에서 학생을 잡아두면서 밖에 못 빠져나갔
        지. 그때 학생층 관객이 70%. 고등학생이 많았죠. 대학생들도. 그러나 지금은
        워낙 할 거리 볼거리 많으니까 이 고루한 연극을 누가 보겠냐고.

4. 80년대 극장들과의 교류

장구보 : 이 극장 이름이 왜 배다리에요?

이정환 : 거기가 배다리에요. 그 지명을 살리자 그래서. 배다리 유명하죠. 거기가 배
        닿는 물이 거기까지 들어와서. 그 당시에 인천의 중심인데 극장이 5개가 몰려
        있어서 대학로 같았죠. 경쟁도 상당히 심했죠. 서로가. 지금은 배우가 프리랜
        서지만 극단에 속해있지 않지만 이때는 어디 한군데 가면 갈 수가 없었어요.
        나가면 배신자고. 똘똘 뭉쳐서 체육대회도 하고. 원수 같은 단체들이지만.

장구보 : 다 같이 체육대회도 하셨어요?

이정환 : 네. 운동대회도 하고 그랬어요. 중앙초등학교에서.

장구보 : 무슨 이름으로. 극장연합회??

이정환 : 아 그때 뭐 해서 2회까지 했어요.

장구보 : 이런 건 자료 없어요?

이정환 : 네.

장구보 : 신문에 안 나왔을까요?

이정환 : 그때 우리끼리 친목회로 했었죠. 지금 왜 〈미추홀 소극장〉 회장님 김종원 대
　　　　표님 살아계시는데 이분이.

장구보 : 주선해서?

이정환 : 주선은 우리가 했지만 요새 가장 선배이시니까. 축구대회도 하고 경쟁이 치열했
　　　　어요. 이때는 포스터 붙이면 서로 뜯고 위에다 붙이고. 그 당시에는 〈돌체 소극
　　　　장〉이 제일 부러웠죠. 〈돌체 소극장〉에서 최규호나 박상숙 대표가 극장대관해
　　　　서 대관료 … 그런 거 짜증스러워서 극장가지려고 노력해서 하나씩 갖게 된 거에
　　　　요. 미추홀 갖고 신포 갖고 비슷한 년도잖아요.

장구보 : 여기서 다 했겠네요?

이정환 : 여기서 다했죠. 메카죠. 사실은. 없어서는 안 될 공간인데 사실은. 지금도 작
　　　　년까지 원삼이라는 친구가 그 극장을 주인한테서 운영하려고 했어요. 그런데
　　　　천장이 주저앉아서 결국 포기했죠. 여기서 문 닫았다가 한 작년 재작년 3회
　　　　정도 공연했어요. 3~4작품정도. 문 닫고 지금은 장한섬씨가 연습실 겸.

장구보 : 그러면 〈돌체〉 건물은 누구 거에요?

이정환 : 그 위에 약국. 원래 그 주인은 유용호 선배. 얼음 공장했던 그분이.

5. 배다리예술극장의 폐관

최혜정 : 몇 년이나 하신 거예요?

이정환 : 90년도 하나둘씩 동시에 싹 다 없어졌어요. 자료는 〈엘칸토〉부터 있긴 한데.
　　　　제가 협회장 할 때 사진. 90년도 6월 20일 날이 마지막 공연인거 같아요. 그
　　　　다음부터 다른 극장에서 한 거보면.

최혜정 : 약 2년 정도 운영을 하신 거네요?

장구보 : 90년 6월 20일.

이정환 : 네 이때 여기서 끊긴 거 보면 문 닫은 거예요.

장구보 : 왜 문 닫은 거예요?

이정환 : 운영난이죠. 그때 집주인한테 멱살 잡히고. 집세 못 내 가지고 (웃음) 기억이
　　　　생생해요 우리가 벽돌로 방음한다고 다 해 놓은 거 뜯어내고. 생각하면 아우
　　　　… 그때 극장이 꽤 컸어요. 한 100평정도 되니까.

장구보 : 여기 지하는 아니었어요?

이정환 : 3층이었어요. 여기가 의류상가여서 넓었어요. 층계 올라오는 것도 괜찮았고.

최혜정 : 계단식으로 객석을?

이정환 : 네. 그 사진이 있긴 있을 거예요.

장구보 : 그게 중요한데.

이정환 : 있어요. 옛날사진들.

장구보 : 한 100명 정도 들어갔나요?

이정환 : 객석요? 네 들어갔죠.

장구보 : 그 중에 제일 크셨나 봐요?

이정환 : 네. 제일 컸죠.

장구보 : 운영비가 참. 그놈의 운영비가 웬수죠.

이정환 : 그때부터 내리막 길이었어요.

장구보 : 입장수익도 좋으셨는데 갑자기 안와요?

이정환 : 90년도 들어서면서 지원이 조금씩. 지원금이 쥐약이에요. 지금 돌이켜보면 없을 때 자생력 키우고 죽기 살기로 했는데 90년 초반부터 지원받기 시작하고 시립이 생겨서 봉급받기 시작하고 배우들도 생각이 달라진 거죠.

장구보 : 힘든 생활 안하려 했겠죠.

이정환 : 그러면서 방송도 하고 이때부터 이제 극단 소속이 아니라 외부. 자연스럽게 팀워크가. 사실 연극은 팀워크가 중요한데 깨지기 시작한 거 같아요. 그러면서 PD 시스템제로 진행하면서 오디션제 특히 서울은 100% 오디션이고. 그러면서 거의 다 무너진 거죠. 그래서 연극, 영화, 방송 같은 장르 같지만 명확하게는 나눠져야 되는데 지금은 아우러져서 이것도 저것도 아니다 보니까 이 판이 더 힘들어지지 않았나 싶어요.

6. 배다리예술극장의 레퍼토리

최혜정 : 그러면 〈엘칸토〉 작품 위주로 하셨겠네요?

이정환 : 어 그렇죠. 그땐 〈엘칸토〉에요.

장구보 : 다른 건 안하시고?

이정환 : 무용도 했었고 일반 공연도. 그때 방통대 애들 연극동아리 있어요. 열심히 했었는데 매년 2~3회 공연하고 했었어요. 항상 열심히 하는 진+인데….

장구보 : 대관은 수익에 도움이 안 되겠네요?

이정환 : 그럼요. 수익에 뭔 돈이 되겠어요. 다 힘든 거 아니까.
그 당시에는 저희 〈엘칸토〉 극단 단원이 직장반 학생반 일반반해서 한 70여 명 됐어요. 그 당시 문화가 별로 많지 않아서. 워크숍 공연 같은 거 하면 많이 들 왔어요. 단원들이 꽤 많았어요. 그때 뭐냐면 단원들이 티켓 팔고 해서 그걸 운영비로 다 유지하고 그랬죠.

장구보 : 공연은 잘해도 답이 없어.

이정환 : 왜 답이 없냐면 다른 건 그렇잖아요. 한번 투자하면 그 투자에서 1년, 2년, 10년 우려먹는데 연극은 한 작품하고 끝나면 다시 원점이에요. 그러니까 계속

재투자가 되니까. 제 개인적으로는 예술은 윤활유 역할은 하는 거 같아요. 있는 업체. 있는 사람 돈 끌어다가 재투자하고. 돈이라는 건 돌아야 되는 거거든요. 그런데 왜 어려워요. 있는 놈들이 안 써서 그렇거든요. 그런데 예전에는 우리가 찾아다니면 스폰서 많이 붙었어요. 그런데 국가에서 지원하면서 다 끊어졌어요. 그게 정확하게 돌아오는 게 얼마겠어요. 지금은 나라에서 하는 것보다 기업에서 후원하는 게 도움이 되요. 그런데 딱 끊어지면서 다 무너진 거죠. 실제로는.

장구보 : 이때 입장료는 많이 받으셨어요?

이정환 : 지금 뭐 만원, 7~8천원. 별 차이 없어요.

장구보 : 꽤 비싸게 받으셨네요(웃음).

이정환 : 그렇게 해야. 그 당시 적자는 없었어요. 하면 몇 백은 들어와서 재공연. 십년씩 하는 거 보면. 지원받는 거 아무것도 없어요. 지원받은 게 연극제 한번 나간 꿈길 뭐 이런 거. 세 번 정도는 지원받는 거지 나머지는 전부 저희들이 회비, 스폰서로 운영되거든요. 많이 했어요.

장구보 : 그러고 나서 바꾸셨다 그러셨죠?

이정환 : 네. 92년도에 서로 의견차가 있어가지고.

장구보 : 뭐로 바꾸셨다고요?

이정환 : 〈어울림〉.

최혜정 : 또 바꾸시지 않으셨어요?

이정환 : 2000년에 〈피어나〉로.

7. 배다리예술극장의 운영 에피소드

최혜정 : 제일 큰 극장이었다는 거 배다리는(웃음).

이정환 : 어쨌든 그 당시에는 각 극단들이 극장 한 번 편안하게 공연하고 싶다 했는데 사실은 그게 올무였어요. 그 운영이라는 것이 또 현실이라서 그걸 몰랐던 거죠.

장구보 : 길면 얼마나 장기공연 하셨어요?

이정환 : 20일정도 했어요. 지금이야 짧게 했지. 그때는 보름이상.

장구보 : 배우들 챙겨주기 힘드셨을텐데.

이정환 : 그때는 페이가 없어요.

최혜정 : 열정.

이정환 : 그럼요. 잘됐을 때.

장구보 : 차비.

이정환 : 저희가 〈신의 아그네스〉 돈을 벌어서 두 달간 월급제를 했어요. 두 달 만에 다 털리고(웃음).

장구보 : 그래도 시도 하셨네요.

이정환 : 네. 나름대로 시도했었죠. 그때 김기성이라는 친구가 대표로 있었고 저는 그 때 기획. 둘이 죽이 잘 맞아서. 그런데 이 친구가 미국 가서 공부해서 다시 오기로 했는데 주저앉았어요.

장구보 : 대표님은 왜 연극하셨어요?

이정환 : 좋아서요. 그 판 자체가. 그때만 해도 순수했어. 라면 하나 먹으면서 뭔가 힘 든 상황에서 계획을 가지고 펼쳐나가는 그림들이 재밌었어요.

장구보 : 그때는 연극하시는 분들이 많긴 했었나 봐요?

이정환 : 나름대로 로망이 있었어요.

장구보 : 다 그런데 단원들이 인천 분들이셨어요?

이정환 : 그때는 다 ….

장구보 : 많았네요. 인천에서 연극하시는 분들이.

이정환 : 많았죠. 오래 못가서 그렇지. 그 당시에 극단마다 20여 명씩은 있었어요.

장구보 : 꽤 많았네요. 여기 직장반이나 학생반이나 일반반은 연극 안했어요?

이정환 : 했죠.

장구보 : 이분들도 연극했어요? 만들어서? 발표회식으로?

이정환 : 그게 뭐냐면 극단에서 연극을 통해서 배우가 됐다면, 지금은 학교가 생겼잖아 요. 그런데 학교에서 우후죽순 생기는 바람에 학교에서 이론적으로 짧게 배워 서 그게 무리였어요. 지금 연영과 졸업한 애들 8~90%가 이직률이 … 졸업해 서 대학로 가보면 대접받나? 절대. 그러니까 다들 ….

8. 현재 배다리예술극장의 모습

장구보 : 그럼 지금 이 〈배다리예술극장〉 있는 곳엔 뭐가 있어요?

이정환 : 그게 뭐가 들어왔는지 모르겠네, 3층에.

최혜정 : 여기가 어디인거예요?

이정환 : 돌체 쪽 내려가다 보면 철교하나 있잖아요. 거기가 배다리에요. 중앙초등학 교 아세요? 도원동 가는 쪽으로 보면 긴 3층 빌딩 있어요. 옆으로 긴 거. 거기가 의류판매였었어요. 거기 3층 이었어요.

9. 학동예술회관의 공동대표

장구보 : 이분은 잘 아세요?

최혜정 : 차흥빈 대표님.

이정환 : 이거는 같이 한 거예요.

최혜정 : 아 학동을 같이 하셨어요?

장구보 : 여기서 이리로 넘어가신 거예요?

이정환 : 접고. 여기는 예술인. 연수구 예술인연합회가 있어요. 부회장까지 하고 지금 경인일보 기자에요. 작가. 요번 작품 하는 게 차기자 작품 하는 거고 그래서 사실은 ….

장구보 : 여기는 어떻게 만드셨어요?

이정환 : 이 차흥빈 기자가 경인일보 문화부 기자였어요. 그때 제가 연극협회 회장이었고. 그때 만났는데 문학청년이에요. 작품도 쓰면서 연극에 관심이 많았어요. 기자하면서. 상당히 많이 도와주면서 돈독한 관계를 맺었죠. 중간에 힘들 때 꼬셨죠. 그래서 이 친구 와이프한테 사실 욕 좀 많이(웃음) 2년 만에 3~4천 말아먹었어요.

장구보 : 그때면 꽤 큰돈인데.

이정환 : 크죠. 그때 기자 그만두면서 시의원 출마 하려고.

장구보 : 다재 다능하셨네요.

이정환 : 재주가 많아요. 그때 내가 상황이 어려우니까 이 친구가 관심도 많고 해서 꼬셨죠. 같이 하면 어떠냐. 내가 후원을 할 테니까. 그때 제가 회원들한테 300만 원을 얻었어요. 도와 달라 해서 몇만 원씩. 그걸 바탕으로 너가 좀 … 그래서 시작을 해서 대표라고 했죠. 운영권을 주고 나는 극단을.

장구보 : 이때 극단 이름은 뭐였어요?

이정환 : 이때가 〈어울림〉.

장구보 : 그럼 기자 그만두셨다가 지금은 다시.

이정환 : 네. 다시 들어갔어요. 공항에서. 인천공항에서 기자들 하나씩 다 있잖아요.

장구보 : 그럼 이건 몇 년 정도 하셨어요? 같이 하셨다가 같이 그만두셨어요?

이정환 : 이것도 아마 97년도. 연보가 … 아 이때 뭐냐면 〈학동예술극장〉해서 주로 아동극을 많이 했어요.

최혜정 : 아 아동극으로요?

장구보 : 갑자기 바꾸신 거예요?

이정환 : 내 생각하고 차 대표 생각하고 차이가 있었죠. 돈 투자한 거니까. 그쪽이 대표니까. 거의 아동 극했어. 성인극은 거의 없었어. 그래서 우리 연보에는 올라있지 않아요.

장구보 : 아동극위주로. 그럼 여기서는 수익이 잘 안 나셨어요?

이정환 : 네. 생각보단 많이 안 났는데 그래도 뭐 이때 보면 〈인토 소극장〉 친구한테 인수하라고 했는데 송도 가서 했는데.

장구보 : 그럼 〈학동예술회관〉 다음에 〈인토 소극장〉이네요?

이정환 : 연수구에 2개 극장이.

장구보 : 이게 둘 다 연수구에 있었어요?

이정환 : 네. 둘 다. 이 친구도 송도유원지 앞에서 1년 하다가.

장구보 : 네? 그건 또 뭐에요?

이정환 : 세 군데를 옮겼어요. 극장을. 연수구에서만.

장구보 : 같은 인토이름으로?

이정환 : 네. 옮기면서 점점 크게 했는데.

최혜정 : 그거 다 개조하고 그러는데 세 번이나.

이정환 : 이때는 아동극이 좀 됐어요. 유지는 됐는데 전체적으로는 마이너스죠.

장구보 : 그럼 〈학동예술회관〉은 97년도 문 닫으신 거예요?

이정환 : 97년도 시작. 97년도 시절에 첫 공연이 뭐였냐면 이정석이, 신형원이 세 사람 불러다가 콘서트했어요. 그 당시에. 아 첫 공연을 콘서트했어요. 이름 있는 사람으로 알리려고.

최혜정 : 그 개관공연을 얼핏 본거 같아요.

이정환 : 그래요? 그게 포스터랑 다 어디 있는지. 사무실을 하도 옮겨서 그런 자료들이. 아니 어딘가에는 있을 거예요 찾으면. 그런데 그 옛날 자료나 40년을 한 건데 하도 뭐 많이 이사 다녀서.

장구보 : 다 여기로 다니신 거죠?

이정환 : 연수구에서 한 10년 정도. 제가 지금 연수구에서 활동해요. 사무실은 여기 있고, 〈학동예술회관〉이 97년 11월에 해서 99년도 9월에 문 닫았어요. 연수구 문화공원 건너편 나이스빌딩 2층에서 2년간. 주로 〈스크루지〉, 〈알리바바 40인의 도둑〉, 〈개똥이〉, 가족극. 그리고 연수 주부극단 창단해서 공연도.

장구보 : 연수구에 주부극단도 하셨어요?

이정환 : 그때 2년? 그렇게만 올라가도.

장구보 : 〈학동예술회관〉은 몇 석 정도였어요?

이정환 : 한 80석? 위치도 좋았고 빌딩도 깨끗했고.

장구보 : 지금도 있겠네요?

이정환 : 건물은 있어요. 그 위에 문화공원이 있어서 연수구 예술인회가 발족돼서 극장도 하면서 야외공연도 하고. 그때부터 연수구에서 많이 활동했죠. 사진은 몇 장은 있을 거예요.

장구보 : 그런데 왜 또 안됐을까요?

이정환 : 경영난이죠.

장구보 : 어린이극인데 안와요?

이정환 : 중요한 게 객석의 한계가 있으니까요. 또 중요한 거는 아동극이 좀 된다니까 우후죽순 생기면서 입장료 경쟁에 의해서 또 그때 유치원이 많이 생기면서 많이 왔었어요. 붐 이었어요.

극단 피어나(구 어울림)의 연혁44)

회수	공연작품	작가 및 연출자	연출자	공연시일	공연장소
1	봇물 터졌네	천승세	김기성	1980.11~	인천 제1공보관
2	블랙코미디	피터. 쉐퍼 / 신정옥	〃	1980.11~	인천 시민회관
3	〃	〃	〃	1980.12.17~12.18	인천 시민회관
4	수업료를 올려주세요	프란츠. 카린시	송인혁	1980.11~	인천 제1공보관
5	죽음으로 살아난 여인	김진엽	김기성	1981.4~	인천 시민회관
6	너는 아는가	〃	〃	1981.6~	인천 시민회관
7	강제 결혼	모리에르 / 정병희	〃	1981.10.1~10.15	돌체 소극장
8	만선	천승세	〃	1981.10.	인천 시민회관
9	별을 수놓은 여자	닐·사이먼 / 신정옥	〃	1981.12.23~1.31	돌체 소극장
10	자유의 품에	박승인	〃	1982.6.21~6.26	인천 시민회관
11	내가 당신이라면	닐·사이먼 / 신정옥	〃	1984.10.4~10.25	돌체 소극장 인천 시민회관
12	참새와 기관차	윤조명	〃	1985.5.27~5.29	충북예술 문화회관
13	호텔보이는 무엇을 보았나요	존·오튼 / 박준용	〃	1985.11.1~11.20	돌체 소극장
14	호텔보이는 무엇을 보았나요	〃	〃	1986.6.14~7.7	인천 시민회관
15	신의 아그네스	존·필미어 / 제시퍼·김	〃	1986.6.14~7.7	경동예술극장
16	상환 / 나운명이란 사나이	F. 카린츠 / 윤승주	송인혁 / 한경용	1986.7.12~7.17	돌체 소극장
17	슈퍼마켓 소동	다리오·포	김기성 / 한경용	1986.10.14~11.13	〃
18	안개야 구름아	이언호	〃	1986.10.	인천 시민회관
19	알렉트라	강나현	이원석	1986.11.26~11.30	돌체 소극장

44) 인천예총, 『인천예술50년사』, 1992, pp.1793~1794.

20	위기의 여자	시몬느·드· 보봐르 / 손장순	김기성	1987.2.7~2.28	돌체 소극장
21	꿈길	김한영	″	1987.5.17~5.18	인천 시민회관 전북 예술회관
22	알	이강백	이원석	1987.7.15~7.26	신포아트홀
23	신은 인간의 땅을 떠나라	박찬홍	김기성	1987.9.4~9.28	″
24	방황하는 별들	윤대성	″	1987.8.28.~9.1 1987.12.6~12.10	인천 시민회관
25	별들의 자유선언	송인혁	송인혁	1988.1.4~1.10	돌체 소극장
26	신의 외출	이병도	″	1988.5.13~6.6	″
27	탑과 그림자	이만희	박희숙	1988.7.15~7.17	인천 시민회관
28	여자가 울리는 북소리	김진엽	김진엽	1988.9.	″
29	낙시터 전쟁 / 학자와 거지	이근삼	최용길	1988.10.16~11.15	배다리예술극장
30	신의 아그네스	죤·필미어 / 제시퍼·김	박희숙	1988.12.21. ~1989.1.23	″
31	아가씨 손길을 부드럽게	소피·카타라	최용길	1989.3.4~4.3	″
32	나의 라임 오렌지 나무	셀로스·이창기	박희숙	1989.6.25	″
33	쥬라기의 사람들	이강백	안덕호	1989.9.18~9.30	″
34	악동 일기	닐·사이먼 / 박준용	″	1989.12.20~12.30	″
35	원하시면 드릴께요	죠·오튼 / 박준용	송인혁	1990.3.20~3.26	″
36	아버지, 아버지, 우리아버지	김한영	이원석	1990.6.11~6.20	″
37	방황하는 별들	윤대성	″	1990.9.2~9.4	인천 시민회관
38	우리는 아무것도 하지 않았다	남정희	정환석	1990.12.15~12.22	신포아트홀
39	에헤라 모를지고	김진엽	이원석	1991.6.4.~6.5 1991.6.	인천 시민회관 경남 예술문화회관
40	카인의 비극	홍승주	안덕호	1991.8.29~8.31	돌체 소극장

41	네가 한 일은 네게로 돌아간다	홍승주	안덕호	1991.10	인천 시민회관 인천상륙작전 기념관
42	떠돌이 김삿갓	안덕호	〃	1991.10.18~10.27	신포아트홀
43	한씨 연대기	황석영·김석만	이원석	1992.1.21~1.23	인천 시민회관
44	한씨 연대기 특별공연 (아라비안 나이트)	〃 봉원웅	〃 안덕호	1992.3.6~3.13 1992.6.26~6.28	인천 시민회관 부평 천주교 제1 성당 교육관
45	리타 길들이기	윌리암·마틴· 러셀	박준용 / 이원석	1992.7.20~7.25	문화회관 소극장

제2부

시립극단의 출현과
아동극 전문극장의 번창

제1장

신포동에서 구월동 중심으로

노윤갑(2007)은 경제가 급속도로 발전하면서 서울의 경우 충무로, 명동 일대가 상권의 중심지로 부상하게 되어 소극장들이 하나둘 문을 닫게 되자, 연극인들이 1970년대 후반부터 신촌의 대학가 주변에 터전을 잡기 시작하였고, 1980년대에 들어서자 신촌의 소극장들도 상권에 밀려나기 시작하고 대학로에 소극장들이 계속적으로 들어서게 되면서 밀집지역으로 자리 잡으며 공연예술의 주요 거점이 되면서 2004년 5월에는 문화지구로 지정, 공연예술의 메카가 되었다고 하였다. 하지만 현재의 대학로의 소극장들도 지역 상권에 밀려나고 있고 매년 극장 임대료가 상승하는 등 소극장 공연문화가 대학로마저도 여의치 못한 실정이다(이원현, 2005 재인용). 이와 유사하게 80년대까지 소극장과 연극의 르네상스를 이루던 신포동은 인천의 굵직한 공공기관의 이전과 인천종합문화예술회관의 건립으로 인해 경제와 문화의 중심이 구월동으로 이동되는 현상을 낳게 된다.

1980년대부터는 서울과 수도권에 집중되어 있는 문화시설 편중현상을 극복하고 각 지방에 특색 있는 문화예술을 육성하기 위해 직할시·도 단위로 최소 1개소 이상의 종합문예회관 건립계획을 수립하고 1983년부터 종합문예회관 건립을 추진하게 된다. 당시 정부는 문화시설 인프라

구축을 위하여 지방자치단체에 문화예술회관 설립을 적극적으로 지원함으로써 문화예술회관은 각 지방의 문화예술을 이끌어가는 중추적인 문화시설로 자리 잡게 되었다(정혜원, 2005 재인용). 게다가 90년대 초 실시된 지방선거와 맞물려 도서관, 박물관, 문화예술회관, 문화의집 등 이른바 문화기반시설이 각 지역에서 경쟁적으로 건립되었고(문종태, 2008; 이철운, 2006 재인용) 광역지방자치단체를 중심으로 대형 종합문화예술회관을 설립하게 되면서 인천에도 1994년 인천광역시종합문화예술회관[1]이 설립되었다. 아래 내용은 신포동에서 본격적으로 구월동으로 중심지가 이전되었음을 가늠해 볼 수 있는 기사의 일부분이다.

'1980년대 중반까지만 해도 번창했던 신포동은 인천시청이 구월동으로 이전하면서 남동구와 연수구 등지 상권에 자꾸만 밀려났다. 그야말로 내리막길 끝에 서 있었다. 손님이 별로 없어 시장과 상가는 주저앉는 분위기였다.'
        - 인천일보 진정 '신포동의 부활'을 노래하려면, 2013.10.01.

'유흥수 회장은 "시청이 이곳에 있을 때만 하더라도 지금의 중구청 앞쪽으로는 음식점들과 다방 등 많은 점포가 성행했으나 시청이 구월동으로 옮겨가며 상권이 죽은 상태"라며 "당시에는 유동인구가 많았지만 지금은 젊은 사람들이 대거 빠져나가서 나이든 사람들만 거주하는 동네로 아주 작아져 안타깝다"고 말했다. 유 회장의 말처럼 지금 관동지역에는 관광객들만 지나다닐 정도로 한적한 곳으로 변모했다.'
        - 인천in '인천 역사의 명맥을 지켜오다' 김도연, 2010.01.10.

---

1) 인천종합문예회관은 1987년 건립 기본계획을 수립하여 1990년 3월 1일 착공, 4년 뒤인 1994년 1월 13일 준공되어 같은 해 4월 8일 개관하였다. 주요 시설로는 1,524석을 갖춘 대 공연장(1,833평), 524석의 소 공연장(480평), 440석의 야외공연장(288평)이 있다(인천발전연구원, 2003, p.13.).

'인천시 남동구는 인천시청과 인천시교육청, 인천경찰청, 인천종합문화
예술회관, 인천터미널 등 인천 주요시설이 자리한 심장부다. 1980년대 초
배 밭과 과수원이 전부였던 허허벌판이 구획정리사업이 마무리되면서 상
전벽해를 이뤘다. 1985년 12월 중구 관동 시대를 마감하고 구월동 시대를
열면서 남동구 도시문화가 급물살을 탔다.'
    – 기호일보 '인천시 원도심 개발 선택과 개발' 이재훈, 2013.04.04.

인천종합문화예술회관2)

---

2) 출처 : 인천관광공사(http://itour.incheon.go.kr/TK_20000/TK_2G000/Read.jsp? ntt_
   id=39791#none)

제2장

시립극단과 백화점 문화센터[3]의 등장

    1990년대는 정부가 문화 향수권과 참여권의 신장을 문화정책의 기본적인 이념으로 삼고 국민의 일상생활 속에 문화적 감성을 심고자 하였다. 80년대 전국적인 대규모 문화시설 조성과 지방문화의 육성으로 다져놓은 기반을 바탕으로 국민의 생활문화정책에 중점을 두었는데 특히 90년대는 경제성장과 국민소득수준의 향상, 가치관의 변화 등으로 국민의 여가수요가 크게 늘어났으며, 그 결과 1994년에 건립된 인천종합문화예술회관은 인천광역시 최초의 대형 공연장으로 연간 30만 명의 인천시민들이 이용하고 있는 인천시의 중요한 문화시설로 자리잡았다. 시민들에게 질 높은 문화예술서비스를 제공하고 지역 문화예술의 창달이라는 목표 아래 수준 높은 합창단, 무용단이 1981년에 그리고 시립극단이 1990년 창단되면서 규모와 활동 면에서 시민들의 다양한 문화적 욕구를 수용할 수 있는

---

3) 1980년대 이후 경제성장으로 문화예술에 관심을 가지며 평생교육의 필요성을 인식하여 생겨난 문화센터는 교회, 유통업체, 출판사, 대형 백화점을 중심으로 생겨나게 되었다. 우리나라에서 백화점 문화센터가 처음 생긴 것은 1984년 동방플라자 문화센터에서였다. 사회교육법에 의거하여 최초로 일반 사회교육시설로 교육청에 등록된 백화점은 롯데 문화센터가 최초이다. 사회교육법과 그 시행령이 통과되면서 백화점 문화센터는 설치과 정이 간편해졌고 평생교육시설로서 등록이 가능했다(박정희, 2000).

예술단체로 성장하였다(김유미, 2012 재인용).

　"… 이렇게 시작된 시립극단과 문예회관이 소극장을 폐관으로 몰고 간
장본인 중 하나라는 사실은 어찌 보면 아이러니컬한 일이다. 시립극단은
처음 창단 후 몇 회 동안 무료공연을 실시한다. 관객의 저변확대라는 목적
에서였고, 한 편으로는 시민의 세금으로 운영되는 극단이 시민에게서 돈을
받는다는 사실 또한 뭔가 껄끄러웠기 때문이다. 하지만 자본과 고급 인력
이 집약된 시립의 무료공연은(곧 입장료를 받았지만 타 극단보다는 적은
금액이었다.) 극단과 소극장의 경영난을 심화시켰고 이런 여파는 소극장들
의 잇단 폐단으로 이어졌다. 먼저 경동예술극장이 문을 닫더니 이어 다른
소극장들도 연이어 문을 닫았다. 그리고는 처음으로 돌체 소극장 하나만이
남게 되었다. 따지고 보면 6개의 소극장이 문을 여는 데는 십 년이 넘게
걸렸지만 다시 처음으로 돌아가는 데는 채 3년이 걸리지 않은 셈이다."[4]

　"1980년대부터 활성화가 됐고 르네상스였죠. 그런데 1990년도 들어서면
서 사라지기 시작했지요. 시립극단 창단이 되고 배우들이 시립극단으로 들
어갔고 재정문제도 있고 그 다음에 또 한 가지는 소극장의 운영이라는 것이
배우들의 부재에요. 인천이라는 곳이 내가 1979년도에 삼일로 창고극장에
있다가 내려왔는데(여태까지는 거의) 다 서울로 가요. 지금은 또 바뀐 게
역귀향이야. 대학로에서 연극 설 수 있는 게 없어. 다시 고향으로 가는 거
지. 이제 다시 소극장문화를 꽃 피울 때도 되지 않았나 싶네, 대학로나 몽
마르뜨 언덕처럼 …"

- 극단 〈엘칸토〉 봉두개 대표 인터뷰 中

　"그런 원망들은 인천지역에서 많았지요. 옛날에 시립극단 같은 경우는
초대공연이 너무 많은 거예요. 그리고 할인권 … 지역에 있는 극단 이런데서

4) 이재상, 「인천 연극의 도약을 꿈꾸며」, 『소금밭』 제3호, 2004, p.17.

얘기가 많았지요. 왜냐하면 작은 소극장, 100석 짜리 지하에 있는 소극장이
최소 만 원에서 만 오천 원 받았는데(애들 연습하면서 먹인 짜장면 값도
얼마인데)그때 예술회관이 오천 원 할인하고 그랬지요. 어느 날은 관객 한
분이 항의를 하더라고요. '시설도 좋고 다 좋은 예술회관에서도 오천 원하는
데 너희는 무슨 통 배짱으로 만 오천 원씩 받냐' 하는 그런 얘기도 많았고요."
                              - 〈가온누리〉 김병균 대표 인터뷰 中

또 다른 특징으로 한은숙(2005)은 1980년대 중후반부터 강남의 소극장
들은 주로 백화점과 함께 즉, 현대, 뉴코아 등 다수의 백화점이 어린이
공연을 주로 유치하는 전문공연장을 갖추면서 이후 전국적으로 확산되
어 어린이 연극공연을 위한 주요 공연장의 역할을 하게 되었고 이러한
소극장의 증가가 어린이연극 제작의 활성화에 많은 영향을 미쳤다고 한
다. 이러한 어린이 연극이 구가한 성과 중 가장 큰 것으로 무엇보다 외적
물량의 증가를 꼽을 수 있으며 1980년대가 진행되면서 정치·사회적으로
불안하고 경직되었으나 경제적으로 호황을 누리게 되면서 자연스럽게
2세에 대한 관심이 높아졌고, 그 영향의 일부가 어린이연극의 수적 성장
을 위한 토양을 조성했다고 보았다. 더구나 백화점 쇼핑센터들이 고객유
치의 일환으로 구내에 개설한 소극장들도 어린이연극의 환경조성에 큰
몫을 했다고 할 수 있다고 하였다. 이 당시에 키즈마케팅5) 개념이 크게
호황을 누리게 되면서 아동과 소비가 문화시장에 확산 파급되는 형상을
가져오게 된다.

---

5) 백화점과 대형마트 등에서 어린이연극 전용공연장을 설립, 운영하는 것은 매장 이용자
들에게 보다 다양한 서비스를 제공하여 매출 증대를 촉진하려는 상업적인 의도와 좋은
연극 체험으로 기업의 이미지를 심으려는 키즈마케팅 전략의 일환이라고 볼 수도 있지
만, 저렴한 비용으로 좋은 어린이연극을 관람할 기회를 제공하는 긍정적인 효과도 높다
(김영래, 「한국 어린이 연극의 개선방향 연구」, 한양대학교 석사학위논문, 2014, p.47).

"… 그러던 중 2000년 접어들면서 2001아울렛이 생기고 롯데백화점이 막 우후죽순처럼 생겨요. 그러면서 걔네들이 전용소극장을 갖기 시작을 합니다. 그래서 2001아울렛(이랜드계열)에서는 그 당시에는 모든 소극장이 있었어요. 그러면 상대적으로 영세하고 소규모한 우리들은 시장에서 밀려나는 거지요. 부모들이 애들을 거기다 맡겨놓고 쇼핑을 하는 소비문화가 활성화되고 또 백화점 측은 극단에다 돈을 주고(주당 150이나 200을 줘)사와서 공연을 자체적으로 하게 되니까 결국 이런 시장 때문에 뺏기고 꿈나무 소극장도 문을 닫을 수밖에 없었지요."

– 꿈나무 어린이소극장 김태용 대표 인터뷰 中

1986년 5월 6일 매일경제

백화점의 고객전략으로 소극장을 만들어 아이들이 공연을 볼 동안 부모가 쇼핑을 할 수 있도록 하는 마케팅이 성하였음.

1990년대 이후 문화센터가 백화점에서 할인마트로 확산되면서 평생교육에 대한 관심과 역할이 대두되었다. 개인 삶의 질을 향상시키고 언제어디서나 개인이 원하는 학습을 받을 수 있도록 열린교육 평생학습을지향하는 문화센터는 평생교육 기관으로서 여가선용, 지역주민의 생활문화 향상, 성인재교육, 개인의 소질 개발, 여성평생교육 실현과 자아개발, 기업홍보와 이익창출, 사회 환원 등의 기능6)까지 하는 이제 백화점에서는 못할 것이 없는 문화소비의 중심이 되었다고 해도 과언이 아닐 것이다.

위의 시대적 변화 속에서 공간을 운영하기 위한 고민의 시작이었을까? 지역민의 질적 향유 증대를 위해 생겨난 시립예술단, 특히 시립극단은 아이러니하게도 민간소극장에 직간접적인 영향을 주게 되고 신포동르네상스 시대 이후와 2000년 사이에 상업적으로 흥행한다고(통상적인사회 분위기) 볼 수 있었던 어린이를 대상으로 하는 어린이 전용소극장이늘어나게 된다. 사실상 이 시기의 소극장은 거의 모두가 어린이극장으로운영되어졌음을 보아 미루어 짐작할 수 있을 것이다. 1989~90년도에 생긴 꿈나무 어린이소극장은 1대 개그맨 김창준 대표와 바로 이어서 2대김태용 대표에 의해 처음으로 신포동을 벗어나 부평에 문을 열게 되고, 대학로를 꿈꾸며 그 보다 5~6년 뒤인 1995년에 유인석 대표가 마루나소극장을 구월동 예술회관 가까이에 개관하게 된다. 1997년에는 전직기자 출신인 차홍빈 대표가 어린이 전용극장인 학동예술회관을 연수동에 마련하고 1988년에 이광석 대표가 인토 소극장을 옛 송도에 개관, 마찬가지로 어린이 전문소극장으로 1988년에 오영일 대표가 보물상자소극장을 선학동에, 같은 해에 안순동 대표가 동쪽나라 연극실험실을

---

6) 이화준, 「백화점문화센터이용이 백화점에 대한 고객의 만족도와 충성도에 미치는 영향연구」, 중앙대학교 석사학위논문, 2013, p.7.

남구 주안에 개관하게 된다. 이렇듯 이 시기는 대부분의 민간소극장들이
어린이 전용극장을 표방했으며 과거 신포동에 밀집해 있던 것과는 달리
점차 지역이 확산되는 현상을 보였다. 인터뷰 과정에서 신길 아트홀, 동
방 아트홀, 에스더 소극장이 있었다는 것을 알게 되었지만 당시 소극장
을 운영했던 대표를 만날 수가 없었다. 따라서 그 소극장이 존재했었던
흔적들을 찾아서 넣거나 인터뷰의 일부를 담아보았다. 또한 이 시기에는
본격적인 소비문화가 주류를 이루기 시작했던 영향인지 문화계에도 영
향을 미쳐서 처음으로 예술경영적인 관점에서 소극장을 운영하려고 했
던 시도들이 엿보이는 것을 알 수 있다.

> "사동(답동 로타리)에 에스더 소극장이라는 게 있었어요. 일 년인가 이
> 년 정도 했었던 걸로 기억이 납니다. 인토 소극장은 최종적으로 송도 쪽
> 상륙작전기념관 밑에 거기였는데 워낙이 외지니까 손님들이 없어지고
> 문 닫은 거지요. 거기도 극장 조건은 그리 나쁘진 않았거든요. 객석하고
> 뭐 이런 것들이 거기도 뭐 소극장이라고 해서 기존에 있었던 건물을 개조를
> 해가지고 한거기 때문에 … 다들 그래요.
> － 극단 〈한무대〉 최종욱 대표 인터뷰 中

이 밖에도 4막 5장 극장이 있었는데, 1986년에 6개월가량 기록이 남아
있으며, 미추홀이 대관하여 3작품 공연했다. 그러나 그 후 정확한 기록
은 찾을 수 없다. 1987년에는 극단 泰가 중심이 되어 신포동에 에스더
소극장을 개관했다. 그러나 泰가 〈폴리스의 자존심〉 한 공연을 올리고
1년도 못가 폐관하였고, 1988년에는 신길 아트홀이 개관하여 극단 예술
무대의 주요 무대로 사용되었으나 1988년 1월부터 1992년 7월까지 6회
공연만 올렸을 뿐 이후 자취 감추었다.[7]

인천 연극계가 내년(1989)에 개최될 제7회 전국 연극제 예선전을 앞두고 신포아트홀 소속 극단 〈중앙〉의 참가자격 유무를 놓고 난항을 거듭하고 있다. 현재 예선전에는 시내 극단 중 연극협회 인천지부에 등록돼 있는 돌체 소극장 소속 〈마임〉과 미추홀 소극장의 〈미추홀〉, 〈엘칸토〉등 3개 극단의 참가만이 확정된 상태고, 〈중앙〉과 에스더소극장의 「泰」의 경우는 협회에 등록돼 있지 않다는 이유로 참가 자격이 주어지지 않고 있다. 〈泰〉의 경우는 최근 창단한 신생 극단이라 그렇다 치고 창단 이후 5년이나 된 극단 〈중앙〉의 경우 당초에는 등록돼 있었는데 지난 해 10월 경 협회로부터 제명조치를 당했던 것이다.[8]

"… 롯데백화점 근처에 소극장이 있었어요. 동방 소극장이라고 나중에는 동아아트홀이라고 바뀌었어요. 꿈나무 어린이소극장이 생기고 있다가 동방이 생기고 동아아트홀로 바뀌었지. 그래서 어린이 연극교실을 거기서 만들었지. 그 당시 우리는 그런 걸 할 시간이 없었고. 여기는 했었어. 왜 그러냐면 백화점에서 가깝고 그 문화센터를 어린이 연극교실을 했었지. 어린이 연극교실이 그 당시에 여기가 처음이었을 거예요. 그리고 그게 생기고 그 후에 신세계 건너편에 있는 거 뉴코아에서도 소극장이 생겼지."

– 김태용 대표 인터뷰 中

7) 남승연, 「1980년대 인천 소극장 운동사」, 『드라마연구』 제29호, 2008, p.29.
8) 인천예총, 『인천예술50년사』, 1992, p.1775.

제3장

90년대 6개 소극장

1. 우리나라 최초의 어린이 전용극장인 꿈나무 어린이소극장

극장명 : 꿈나무 어린이소극장

주소지 : 인천광역시 부평구 마장로 24

개관일자 : 1989년~1990년

폐관일자 : 2000년

극장대표 : 1대 김창준, 2대 김태용

"인천 살면서 인천 사람이니까 뿌리를 내려 보겠다 하고 시도를 했는데 연극할 사람이 없고 투자할 사람도 찾지 못해서 결국 시작한 게 청소년적십 자회관 강당에서 오태석 선생님의 〈약장사〉를 혼자 했지요(서울예전 연극 과 재학 중) 그때가 처음이었죠. 그리고 카톨릭회관에서 공연 〈마지막테이 프〉라는 작품을 공연해서 나름 대학생들한테 센세이션을 일으켰지요. 그 때 극단 〈객석〉을 최초로 등록했지요. 그때가 학교 다닐 때였으니까 아마 76년도 77년도쯤으로 기억합니다. 이 때 정진 선생님(고등학교 선배)을 만 나서 대학교 동기들과(탤런트 이경영과 동기 이명수) 함께 경동예술극장에 서 〈아일랜드〉라는 작품으로 개관공연을 했지요. 그것이 대박이 났지요."

김창준 대표[9]는 꿈나무 어린이소극장이 개관되기 전까지 인천에서 연극을 뿌리내려 보겠다고 동국대 연극영화과 나온 선배하고 몇 명이서 연습과 공연을 올리려고 작업을 했지만 여러 가지로 배우를 구하기도 힘들고 제작비가 없다보니 결국 혼자 (경동예술극장에서 85년도까지 인천에서 활동) 모노드라마를 처음으로 도화동에 있는 청소년적십자회관 강당에서 오태석 선생님의 〈약장사〉를 하게 된다. 그러고 나서 카톨릭회관 (데모를 많이 하던 시절)에서 〈마지막테이프〉를 공연하게 되면서 지역의 젊은 대학생들한테 새로운 붐을 일으키게 된다. 77년도 경에는 중구청에 극단 〈객석〉을 처음으로 등록하게 되고 〈약장사〉 공연을 본 박상원(동산고, 서울예대)은 향후 배우가 되는 계기를 얻는다. 또한 당시 정진 선배(고등학교선배인 것 같음)를 만나 이경영, 이명수 탤런트 등과 함께 경동예술극장 개관공연을 하였다. 애들을 위한 어린이 전용공연을 위해 꿈나무 어린이소극장을 개관했다가 방송활동에 주력하게 되고 한 작품만 공연한 후 당시 김태용 후배한테 넘기게 된다.

"우리나라에 최초로 어린이소극장이었어요. 어린이극만 하는 데가 이게 1호야. 89년도인가에 개관을 했어요. 90년에 옛날 개그맨 김창준 선배가 개관을 했어요. 김창준 선배의 권유로 내가 거기에 극장장으로 있게 됐어요. 그래서 내가 맡아서 하다가 2년 후에 다 인수를 했지요. 그 당시에 이복행(현 인천종합문화예술회관 음악감독)씨가 조명감독으로 있었지요. 조명 음향을 하고 보통 2주에 한 번씩 작품을 바꿨어요. 서울에 있는 극단도 여기에 와서 로테이션으로 공연을 했지요. 그 당시에 저희 극장에서 가장 공연을 많이 했던 게 대학로에 김대한 선배라고 인형극 전문극단이에요. 하

---

9) 당시 서울예대 연극과를 다니고 있었음.

여튼 아동극을 한다는 사람들은 저희 극장을 안 거쳐 가면 안됐었어요. 저도 자체적으로 공연을 제작해서 하고 저는 마당극 스타일을 좋아했지요. 관객하고 호흡하는 게 그 당시에는 드물었어요. 제일 처음에 〈도깨비와 혹부리영감〉을 했어요. 그 작품이 96년에 미국 한인의 날에 초청을 받아서 최초로 해외공연을 하게 됩니다."

꿈나무 어린이소극장은 89년(혹은 90년) 우리나라 최초의 어린이 소극장 1호이다. 김창준 선배가 개관한 2년 후에 인수를 하게 된다. 당시 극장에 상주하는 조명감독[10]이 따로 있을 정도로 전문성과 활발한 활동을 한 것으로 보인다. 보통은 2주에 한 번씩 작품을 바꿔서 공연을 하고 서울에 있는 어린이극 팀이 오면 2주씩 하는 등 아동극을 한다는 단체는 안 거쳐 가면 안 될 정도였고 대게가 관객과 즉흥적으로 교감하거나 소통할 수 있는 마당극 스타일공연을 제작하였다. 당시 연극의 분위기는 정극을 주로 한지라 관객하고 호흡 하는 것이 드물었다.

그래서 제일 처음에 〈도깨비와 혹부리영감〉이라는 작품이 96년에 미국 LA한인의 날에 초청을 받아 최초 어린이극이 해외공연을 하게 된다. 그 당시 연극을 매일 보러 오던 아이가 있었는데 탤런트 구혜선이다. 그 당시 유치원 다녔고 집이 소극장 건너편에 살아서 꿈나무 어린이소극장 단골이었다고 한다. 슈퍼 가게에 초대권을 주면 그걸 받아서 오게 되었고 연기의 꿈을 키워 주게 되는 계기가 되었다. 건물 뒤편에는 굴포천[11]으로 이어지는 하천이 있었고 그 당시 꿈나무 어린이소극장에서 왔다가 발을

---

10) 현재는 인천종합문화예술회관 음향감독으로 근무하는 이복행감독.
11) 1994년까지만 하여도 부평역 앞은 인천의 대표적인 역세권 역으로 부평극장 주변 및 시장로터리를 축으로 형성된 재래시장과 굴포천쪽 동아시티백화점, 현대백화점 등 이곳이 상권의 중심을 이루고 있어 사람이 줄곧 찾아 올 수 있었음.

담그면서 놀기도 했던, 연극이 불모지였던 시대에 보통 어린이 관람객들이 한 번에 200명씩 들어갔고 계단식으로 된 객석에 쿠션을 깔아놓고 무대와 조명도 다 설치되어 있었으며 벽 전체를 그림으로 꾸미고 당시 티켓 가격이 3천 원으로 단체는 1,500원~2,000원으로, 단체는 유치원을 섭외하여 365일 단체관람 공연을 진행하는 어린이 전용극장으로서의 면모를 발휘했다. 당시 분위기는 유치원에서 공연을 보러 간다는 것이 특별했던 경험이었고 부모들이 연극 보러가는 것을 선호했다고 한다. 1년 365일 풀로 가동될 만큼 성황을 이룬 것을 추측할 수 있다. 그러나 김 대표는 1996년 계산동 임학동에 패밀리 코아라고 6층짜리 건물 6층에 〈패밀리 코아극장〉이라는 어린이 소극장 하나를 더 개관하게 된다. 개관 첫 작품으로는 〈아기공룡 둘리〉가 공연되어졌으며 판권이 그 당시에는 만화가 선생님하고 얘기를 하면 오히려 자기 작품을 알려주는 계기로 생각하여 양해만 구해도 되는 시기이고 환영을 받거나 오히려 고마워했다고 한다. 미국 공연에서 〈도깨비와 혹부리영감〉이 LA 한국일보 문화센터에서 공연을 하게 되는데 공연의 관객들이 다 할머니였고 그 향수를 불러일으켜서 눈물을 흘리는 마당극이 대 히트를 치게 되자 해마다 96년 97년 98년을 연이어 초청 공연을 하게 된다. 하지만 이내 아동극이 하향세를 걷기 시작한다. 2001 아울렛[12]과 롯데백화점이 우후죽순 생기면서 소위 말해 대기업의 경쟁 속에서 밀려나는 시기가 오게 된다.

이들은 주로 자체 극단을 갖고 있기 보다는 계약금을 주고 다양한 어린이 공연을 사서 유통시키는 형태를 띠었고 이러면서 꿈나무 어린이소극장의 관람객을 많이 뺏기게 되고 2000년 접어들면서는 소극장을 닫을

---

12) 2001 아울렛(이랜드계열)에는 모든 소극장이 있다.

수밖에 없게 된다.[13] 당시 꿈나무 어린이소극장이 십년 이상 장수할 수 있었던 것은 마당극의 형태를 통해 관객과의 직접적인 호흡을 이끌어냈다는 점을 들 수 있을 것이다. 당시 정통연극이 주류로 연출선생님이 몇 발자국 가서 시선을 어디로 하고 자로 재듯이 모든 연출들이 그런 로봇 스타일처럼 해야 하고 배우가 애드리브를 쳤다가는 난리가 나는 분위기였는데 반해 아동극만큼은 안 그랬기 때문에 장기간 인기를 끌 수 있었다고 회상한다. 당시 서울 극단인 〈마당세실〉, 〈손가락〉 등과의 유대관계를 통해 아동극공연을 초청을 하는 등의 활발한 교류를 통해 극장을 운영하였다. 그 외에도 어린이뮤지컬〈임금님 귀는 당나귀 귀〉, 어린이뮤지컬 〈개구쟁이 피터와 늑대〉, 〈톰과 제리〉, 〈콩쥐팥쥐〉 전래동화를 위주로 제작[14]하였다. 당시 인천에 살고 인천 사람과 살림을 꾸리다 보니 자연스럽게 인천에서 소극장을 오래도록 운영하였다고 말한다. 매일 공연을 올리고 저녁때는 포스터 붙이러 다니고 유치원에 공문발송하고 쫓아가서 인사하고 그렇게 홍보하는 것이 지금의 공연 기획이라고 볼 수 있을 것이라고 말하며 당시 김 대표는 직접 을지로로 쫓아다니면서 인쇄하던 시절을 떠올린다. 그러면서도 사회공헌을 실천하기도 하였는데 여의도 성모병원과 자매결연 하여 백혈병에 걸린 어린이 친구들에게 무료로 공연을 해주었고 신명보육원에 한 달에 한 번씩 무료공연을 하는 등 지역사회 속에서 꿈나무 어린이소극장을 꾸려나갔다.

---

13) 이후 가구점이 들어서고 그 자리에 현재의 국악 전용극장 잔치마당이 들어서게 된다.
14) 극단 이름이 〈지킴이〉.

꿈나무 어린이소극장 1대 김창준 대표 구술 채록문

일시	2015년 7월 6일 1시
장소	고양시 연극협회 회장 사무실
참여자	김창준, 장구보, 최혜정

1. 꿈나무 어린이소극장 운영하게 된 계기

장구보 : 늦게까지 인천에 있지 않으셨어요?

김창준 : 아니요. 나는 그러니까는 83년도, 84년도인가? 85년도까지는 있었어요. 인천에. 집이 인천이고 그래서 〈꿈나무 어린이소극장〉도 좀 부평 쪽에서 조금 하다가 ….

장구보 : 왜 거기다가 하셨어요? 소극장을?

김창준 : 거 애들 때문에. 그 전보다는 사실은 〈경동예술극장〉에서 내가 인천에 살면서 인천사람이니까 인천에 연극을 뿌리내려보겠다 그래가지고선 그 연극을 처음에 시도를 했는데 연극할 사람이 없는 거야. 그렇다고 돈 대는 사람도 없고 그래서 내가 몇 푼 안 되지만 제작비를 대가지고 그 연극을 하겠다, 그래가지고선 처음에 하려고 했던 게 동국대학교 연극영화과 나온 선배가 있어요. 그 형하고 나하고 또 이제 몇 명 하겠다고 하는 사람들하고 모여서 했는데 이게 안 되는 거야. 몇 명 모여서 연습은 했는데 그때 헤롤드 빈테의 〈홈커밍〉이란 작품을 했는데 연습은 좀 됐는데 공연이 안 되고 전문배우가 아니다 보니까 연극영화과 나온 형이 연출을 했는데 잘 안 되가지고 내가 짜증나서 혼자 해야겠다, 하고 모노드라마를 겁도 없이. 그래갖고 그래서 처음에 한 게 인천에 도화동쪽에 청소년 적십자회관이 있었어요. 내가 고등학교 때 청소년 RCY에 있어서 거기서 강당이 있어서 빌려달라고 해서 거기서 내가 오태석 선생님의 〈약장사〉를 혼자 해야겠다, 여러 명 하니까 짜증나고 나 혼자 해야겠다. 내가 그때 서울예대 다닐 때거든요. 연극과.

장구보 : 다니면서 하신 거예요?

김창준 : 네. 다닐 땐데. 내 친구를 연출 전공한 친구를 '야 네가 연출해라'하고 둘이서 한 거예요. 둘이서 하니까 돈 들어갈게 없잖아 모노드라마니까 극장은 다 빌렸고. 거기서 내가 처음 연극을 했던 거야. 〈약장사〉를. 그때는 연극이 불모지였고. 그러고 나서 거기 인천에 카톨릭회관이 있어요. 인천에. 카톨릭회관

이 우리 때 데모를 많이 할 때 아니에요. 거기서도 내가 혼자 해야겠다. 헤롤드빈텐가 누구 꺼야. 그거 〈마지막 테이프〉를 했어요. 내 친구가 연출을 하고. 그래갖고 젊은 대학생들한테 연극해서 나름 센세이션을 일으켰어. 대학생들한테. 그렇게 했던 거야. 그러니까 내가 인천에서 아마 그 전에는 연극을 누가 했을지는 모르겠지만. 내가 처음으로. 그래서 그때 극단이라고 그래서 극단을 구청에다 신고를 해야 한다고 해서 중구청에다가 내가 극단 〈객석〉해서 등록을 했어요. 내가 최초야 그거. 그렇게 처음으로 인천에서는 극단을 내가 처음 만들고 처음으로 아마 내가.

2. 인천 최초의 극단 '객석'

장구보 : 이게 몇 년도인지 기억나세요? 〈객석〉을 구청에 등록한 게?

김창준 : 〈객석〉한 게 그러니까 고등학교 졸업하고 대학교 갓 다닐 때니까 76년도 77년도 됐겠죠 뭐. 77년도.

장구보 : 중구청에?

김창준 : 네 중구청. 거기에 내가 극단 〈객석〉을 등록하고 해야 된다고 해서 뭣 모르고 했어요. 그래서 내가 〈마지막테이프〉, 〈약장사〉 하는데 〈약장사〉를 그때 탤런트 박상원이가 내가 인천 동산고등학교 서울예대 후배야. 그런데 내가 약장사를 하는 것을 와서 보고선 뭐 멋있어서 배우가 된거야. 인터뷰에 다 나왔던 건데. 나뿐만 아니라 상원이가 항상 나 때문에 배우가 됐다고 얘기를 해. 인터뷰에서. 인터넷에도 나와 있어요. 상원이가 내 얘기한 것도 있고. 라디오에도 있고. 그때 나를 보고선 배우가 되겠다하고 날 찾아왔어.

3. 꿈나무 어린이소극장의 운영

김창준 : 〈꿈나무 어린이소극장〉도 그때 부평에다가 애들을 위해서 아동들을 위해 채려놨다가 그것도 얼마 안 있다가 그만두고 넘기고 그렇게 별로 그건 없고 〈꿈나무 어린이소극장〉은 이렇게 한 게 없었어요.

장구보 : 그래도 그 김태용씨한테 넘기셨잖아요?

김창준 : 네.

장구보 : 넘기기 전까지 얘기해주시면 됩니다(웃음).

김창준 : 그때 작품을 하나인가 하고 안했어요.

장구보 : 만드신 계기가 인천에 어린이들을 위해서?

김창준 : 어린이들을 위해서 하려고 만들었는데 그러다가 내가 마지막에 한 거는 서울인데. 서울얘기는 할 거 없고. 서울 피카디리 밑에다가 소극장을 해가지고.

장구보 : 아 ….

4. 김창준 대표의 80년대 인천에서의 활동

장구보 : 단체 등록은 있을 텐데 ….

김창준 : 중구청에 한 번 물어보고. 제가 그때가 77년도 정도 됐을 거예요 아마. 서울예대 다닐 때고 고등학교 졸업하고 했으니까 76, 77, 78년 ….

장구보 : 그때 단체 등록하는 게 있었어요?

김창준 : 그때 내가 연극을 한다고 하니까 누가 그러더라고. 등록을 그때 당시는 구청이나 해야지 아니면 못한다고 그래서 내가 극단 〈객석〉을 중구청에 신고해서 만들었어요. 내가.

장구보 : 그냥 신고만 하면 되는 거였어요?

김창준 : 그렇죠. 그래서 내가 정식으로 이 사람은 극단 객석의 대표구나라고 인정을 받아가지고 카톨릭회관 이런데서 연극을 했던 거지.

장구보 : 아 그렇구나. 단체 등록하는 게 옛날부터 있었네.

김창준 : 그때 당시에 그러더라고. 그런데 지금은 뭐 사업자.

장구보 : 정진 선생님은 왜 얘기 안하셨을까? 공연하신 거.

김창준 : 〈경동예술극장〉 창단 공연을 내가 했는데.

최혜정 : 창단 얘기는 하셨던 거 같아요.

김창준 : 하도 오래돼서 기억을 못하는 거지. 나는 정확히 기억하지. 내가 했으니까.

장구보 : 자료도 안 갖고 계시기도 하고.

김창준 : 극장 그만두고 2~3년 뒤엔 극장 팔았다는 얘기를 들어가지고서는. 흐지부지 다 넘어갔을 거야 아마.

최혜정 : 맞아요. 그때 그랬던 거 같아요.

김창준 : 그런데 어떻게 보면 정진 선생님도 인천사람이기 때문에 인천에다 뿌리를 내리려고 했던 건데 그때 당시에는 쉽지가 않아가지고 극장까지 낸 건데 안 된거지. 나름대로 의욕은 좋았지. 지금도 있어요? 〈경동예술극장이〉?

장구보 : 아니요. 다 없어요. 창고로 되어있거나 하는데 허물지는 않았어요. 다 있긴 있어요.

최혜정 : 장소는 아직 남아있어서.

김창준 : 〈돌체 소극장〉하고 지금 남아있는 건 꿈나무 자리하고.

장구보 : 신포동에 다락이요. 〈떼아뜨르 다락〉이라고요.

김창준 : 뭐 백석 정도는 되는 거예요?

최혜정 : 네.

장구보 : 세 개요.

김창준 : 인천치고는 없는 건데 그래도 그렇게라도 ….

최혜정 : 그게 활성화가 돼야 되는데 거기도 언제 문 닫을지 모르는 이런 식이라.

김창준 : 그렇죠. 그런데 연극은 고정 수입이 안 되니까요.

최혜정 : 아무래도 좀 그런 건 있죠.

장구보 : 하여간 감사합니다.

꿈나무 어린이소극장 2대 김태용 대표 구술 채록문		
	일시	2015년 6월 11일 5시
	장소	부평아트센터 카페
	참여자	김태용, 장구보, 최혜정

1. 꿈나무 어린이소극장의 시작

장구보 : 명칭이 〈꿈나무 어린이소극장〉이에요?

김태용 : 그렇죠. 〈꿈나무 어린이소극장〉이었어요. 그게. 에 ⋯ 그게 우리나라에 최초로 어린이 전용 소극장이었었어요. 아동극만. 어린이극만 하는 데가 여기 1호에요.

장구보 : 이게 몇 년도인데요?

김태용 : 그게 90년 후반에 개관을 했어요.

장구보 : 90년?

김태용 : 에 그러니까. 〈마루나 소극장〉이 아마 90 ⋯ 한 7,8년? 2000년 가까이 아마.

최혜정 : 〈마루나 소극장〉이 ⋯.

장구보 : 95년.

김태용 : 우리보다 한참 뒤에요.

장구보 : 아 진짜요?

김태용 : 그럼요.

장구보 : 〈마루나 소극장〉이 95년이라고 하는데.

김태용 : 95년 이후야. 내가 알기론. 그래서 90년에 이게 원래 내가 설립을 한 게 아니라 그 옛날 개그맨 김창준 선배라고 있었어요. 김창준 선배가 개관을 하고 내가 거기에 같은 선배다 보니까 극장장으로 오게 됐어요.

최혜정 : 음 ⋯.

장구보 : 그분은 개관만 하시고 극장장으로 가셨어요?

김태용 : 그래서 이제 내가 거기서 맡아서 하다가 내가 그걸 2년 후에는 다 인수를 했지요.

장구보 : 인수하는 과정에는 몰 인수하는 거죠?

김태용 : 극장 전체를 돈으로 주고 샀죠.

장구보 : 돈으로 투자해서 한 거만큼.

김태용 : 그렇죠. 그 돈을 다 주고 인수를 했죠. 그 당시에 누가 있었냐면 지금도 어
   ⋯ 문화예술회관에 지금 아마 조명 보는 친구가 있어요. 이복행이라고 그 친
   구가 여기서 조명을 봤어요.

장구보 : 이복행 선생님(웃음) 거기서 조명을 하셨다고요?

김태용 : 그렇죠. 여기서 하다가 문화예술회관이 생기면서 그리로 갔죠.

장구보 : 잠깐만요. 종합문화예술회관이 몇 년도에 생겼지? 그럼 1980년대 후반 아니
   세요? 꿈나무 소극장이?

김태용 : 아 그럼 80년대 후반이겠다.

최혜정 : 엄청 오래됐네요.

김태용 : 89년인가 ⋯.

장구보 : 80년대 후반이신 거예요. 그래야 얘기가 맞지.

김태용 : 89년 아니면 90년이야 하여튼. 복행이가 나하고 여기서 같이 있었지.

2. 꿈나무 어린이소극장의 운영

장구보 : 여기에 조명 감독이 있을 정도로 전문적으로 하신 거예요?

김태용 : 왜 그러냐면 조명, 음향을 하고 보통 2주에 한 번씩 작품을 바꿨어요.

장구보 : 런으로 도셨어요? 2주를?

김태용 : 그렇지. 그리고 서울에 있는 극단 애들도 여기 내려와서 공연을 2주에 한 번
   씩 로테이션으로 돌아가면서 했지.

장구보 : 서울에 있는 어린이극이요?

김태용 : 응 그래서. 이 그 당시에는 돈이 없다 보니까 나눠먹기야. 극장 수입에 6대
   4 뭐 이렇게 극장이 4, 극단이 6. 7대 3 뭐 이렇게 하던 시절이에요. 그러니까
   이제 그 당시에 저희 극장에서 공연을 가장 많이 했던 게 대학로에 김태환 선배
   라고 그 극단 이름이 뭐더라 ⋯ 그 인형극 전문 극단이에요. 지금도 아마 할
   거야. 이원승씨 옆에 그 소극장 조그많게 거기가 그 선배가. 그 대표가 그 당시
   에 김태환 ⋯ 아 김대한인가 보다. 김대한 선배가 이쪽에서 했고. 하여튼 우리
   나라에서 이 아동극을 한다는 사람들은 저희 극장을 안 거쳐 가면 안됐어요.

3. 꿈나무 어린이소극장의 레퍼토리

김태용 : 저도 이제 자체적으로 공연을 제작을 해서 하고.

최혜정 : 자체적으로 하고?

김태용 : 그럼요 자체적으로 해서. 저는 이제 그 마당극 스타일을 되게 좋아해요.

장구보 : 어린이극인데 마당극을?

김태용 : 관객하고 호흡하는 게 그 당시에는 드물어요. 그 정극 무슨 신데렐라니 뭐 이런 것만 했지.

장구보 : 이 마당극 형태는 없었다는 거죠?

김태용 : 그래서 내가 제일 처음에 뭐를 했냐면 〈도깨비와 혹부리 영감〉을 만들었어요. 그런데 그 작품이 지금도 사람들이 그 작품을 보면 까무러칠 정도였어요. 그래서 그 작품이 96년 미국 LA한인의 날에 초청을 받아서 해외 공연을 갑니다. 우리나라 최초로 아동극을 가지고 미국에 공연 간 게 저희 극단이에요.

4. 꿈나무 어린이소극장의 활동과 흥행에 대한 이유

김태용 : 하튼 우리 이 소극장을 거쳐 간 배우들이 상당히 많아요.

장구보 : 다 서울 배우들이었나요?

김태용 : 그렇죠. 인천에 배우는 거의 없었어요. 인천에는 그 당시에는 〈돌체 소극장〉에 마임 대표하는 그 최규호. 최규호 선배가 인천에서는 아 최고였었고.

장구보 : 그 분도 서울 사람을 쓰지 않았을까?

김태용 : 서울에서 활동을 했죠. 그리고 이제 인천의 시립극단에 지금 있는지 모르겠는데 이세경씨라고 있어요. 세경이 형도 우리 극장에서 공연을 하고 그랬어요.

최혜정 : 아 … 많이 거쳐 가셨네요.

김태용 : 아이 뭐 거의 다 거쳐 갔지. 〈꿈나무 어린이소극장〉을. 지금은 지나가면서 보니까 뭐 국악 소극장?

최혜정 : 네~ 국악 전용극장이요.

장구보 : 〈잔치마당〉으로 바뀌었어요. 그래서 그거 수소문하느라고 힘들었어요.

김태용 : 그 당시에는 사실 거기 불모지였어요. 89년인가 그래요. 그게 개관한 게.

장구보 : 역하나 딸랑 있었겠네요.

김태용 : 그렇죠. 그리고 거기에 사람도 없었어요. 그리고 그 앞에 주차장이 있잖아요. 이게 하천이었어요. 그게 굴 포천으로 이어지는 거야. 그 당시에는 〈꿈나무 어린이소극장〉으로 이렇게 내려와서 물에 발 담그고 그랬어요. 그 당시에는 물이 깨끗했었어요. 그리고 그 당시 아동극이 장점이 뭐냐면 일찍 끝났었어요. 왜냐하면 단체 공연이 오전 11시니까. 소극장 규모가 작다보니까 단체가 밀릴 때는 오전 10시 11시 풀로 공연을 했지요.

5. 꿈나무 어린이소극장의 구조

장구보 : 몇 명이나 들어갔어요?

김태용 : 그 당시에는 애들 200명씩은 무조건 들어갔지요.

최혜정 : 그 안에요?

김태용 : 그럼요.

김태용 : 왜냐면 그때는 막 많이 넣어야 하니까. 그때 단체가 … 그 계단식으로 해서
      이 쿠션으로 그냥 깔아 놓은 거야.

장구보 : 방석으로? 그러니까 그렇게 많이 앉지.

김태용 : 그렇게 해서 계단식으로 해놨지요.

최혜정 : 무대도 이렇게 만드시구요?

김태용 : 그럼. 무대는 정식으로 조명기 다해서. 지금 대학로 같은 데는 계단으로 해서
      되어 있잖아요? 그걸로 한 거예요.

최혜정 : 무대 단 되어있고?

김태용 : 그렇죠. 다 되어있죠. 그래가지고 애들 전용소극장이라고 해서 이 벽화를 애
      들 그림으로 해서 벽 전체를 그림으로 다 위에서부터는 〈꿈나무 어린이소극
      장〉이라고 붙이는 그런 걸로 했었죠. 아 … 거기가 좀 사연이 많죠. 정이 많지.

6. 꿈나무 어린이소극장에서의 에피소드

최혜정 : 그 동기가 궁금해요.

김태용 : 아 그 창준이 선배가 '꼭 네가 좀 왔으면 좋겠다' 해서 여기에. 그래서 처음에
      딱 왔는데 불모지지 불모지.

최혜정 : 그때 공연을 하기는 했었어요? 오시기 전에 그 김창준 대표님이 하실 때
      도? 공연이 진행 중이었었어요?

김태용 : 그때 막 진행을 하고 시작을 했을 때지.

최혜정 : 하고 있을 때?

김태용 : 그렇지. 그러니까 내가 원년 멤버지. 그래가지고 거기에는 창준 선배가 서울예전
      출신들이 많아. 그러니까 이제 그 동기들이 김창준선배, 김창현선배, 이배국씨,
      그리고 그 〈서울의 달〉 보면 그 기타 잘 치는 사람 있어. 키 큰 형 있어. 기타
      잘 치는. 있었어요. 그 형들. 그래가지고 이 장점이 뭐냐면 이 아동극이 끝나면
      오후 4시면 끝나요. 그러면 이 서울에 출퇴근이니까 해가 넘으니까 안 가. 이
      막걸리를 먹는 기야.

최혜정 : 판을 벌렸군요.

장구보 : 여기 먹을 데나 있었을까요?

김태용 : 아. 그 앞에 조그마한 함바집이 있었어요. 지금 그 소극장 앞에 보면 무슨 식
      당이 하나 있어요. 바로 이렇게 보면 지금 뭐 고기집인가 하나 있어요. 옛날
      에는 그 집에서 밥을 다 먹었죠. 끝나면 막걸리를 먹는 거야. 그런데 그 막걸
      리를 워낙 잘 먹잖아. 매일 막걸리를 2~30병은 기본이지.

7. 꿈나무 어린이소극장의 마케팅

김태용 : 그래서 하여튼 좋은 추억이 많아요. 거기는. 인천에 그 당시에 가격을 얘기하

면 티켓 가격이 삼천 원이었어요.

최혜정 : 아이들 기준으로?

김태용 : 어. 그리고 단체가 1,500원이었어. 1,500원하고 2,000원 모 이렇게. 기억이 왔다갔다.

장구보 : 단체는 어떻게 섭외하셨어요?

김태용 : 그 유치원. 그 당시에 단체는 거의 365일 단체가 있었어요.

장구보 : 유치원 잘 잡으셨네요?

김태용 : 그럼.

최혜정 : 어떻게 뚫으셨어요?

김태용 : 이 당시에는 공연을 보러간다는 게 이게 사실 특이했어요. 연극을 본다고 하면 부모들이 되게 좋아했어요. 그러니까 이게 멀리 안가고 가까운데 소극장이 있으니까 다 소극장으로 그래서 거의 1년 365일 풀이었어요.

장구보 : 거래처가 많으셨는데요.

김태용 : 네. 그러다 보니까 배우들도 상당히 우리 극장에 많이 왔다갔죠. 인석이 형도 거기서 아마 공연을 몇 번 했을 거야. 인석이 형이 그래서 하고 그 다음에 인석이 형이 잘되니까 저쪽에 마루나라고 사거리에.

장구보 : 그래서 〈마루나 소극장〉을 했구나.

김태용 : 그리고 내가 이거를 하다가 하나를 더 내 가지고 계산동에.

8. 또 다른 소극장의 운영

장구보 : 또 있었어요?

김태용 : 임학동에 패밀리 마트라고 있었어요. 패밀리 코아라고. 그 건물에. 6층 건물인데 6층에 내가 그걸 또 냈지. 그래갖고 내리막길을 타기 시작하는 거야.

최혜정 : 이건 이름이 뭐였어요?

김태용 : 그건 〈패밀리코아 극장〉이라고 했지요. 그래서 그렇게 두 개를 했었어요.

장구보 : 요거는 몇 년도였어요?

김태용 : 그게 96년이야.

장구보 : 그럼 그때까지 〈꿈나무 어린이소극장〉이 잘 됐다는 거네요?

김태용 : 하튼 그 소극장 같은 경우에는 인천에서 한 획을 그었죠.

장구보 : 아니 그렇게 따지면 인천뿐만이 아니죠.

최혜정 : 맞어. 최초로 어린이극장이니까.

9. 꿈나무 어린이소극장의 대상 선정이유

장구보 : 그런데 왜 어린이 전용극장을 하시려고 하셨던 거예요?

최혜정 : 네. 대상을 잡고.

김태용 : 아 … 왜냐하면 최초였으니까. 다들 번역극하거나 이랬을 때니까. 우리 극장
　　　　에 최초에 우리 극장에 첫 공연이 뭐냐면 둘리였어요. 〈아기공룡 둘리〉가 우
　　　　리 개관공연 이었었어요.

장구보 : 인기 정말 많았겠군요.

김태용 : 그렇죠. 그때는 둘리가 머리에 탈 쓰고 그러면 다 넘어갔죠.

장구보 : 애들이 많이 오긴 했겠다.

최혜정 : 그런데 이게 판권이 있을 거 아니에요.

김태용 : 그 당시에 판권하고 만화가 선생님하고 다 얘기가 됐었지요. 그 당시에는 공
　　　　연을 한다고 그러면 만화가 선생님들이 되게 좋아했었어요. 자기꺼를 알리니
　　　　까. 그러니까 뭐 이거는 돈을 주는 게 아니고 양해만 구하면 되는 시대였으니
　　　　까. 저작권이고 뭐 이런 거야 오히려 그 사람들이 야 고맙다지.

장구보 : 고맙다 그럴 수 있죠.

10. 레퍼토리의 해외진출

김태용 : 그래서 아 이제 되겠다. 해가지고 96년에 아까도 얘기를 했지만 〈패밀리코아
　　　　극장〉하고. 미국에 초청을 받아서 가게 된 거야.

장구보 : LA한인의 날에.

김태용 : 〈도깨비와 혹부리 영감〉으로 가서 또 대박을 쳤죠. 그런데 미국에서는 〈도깨
　　　　비와 혹부리영감〉 공연을 했는데 그게 공연장소가 LA에 한국일보에서 하는
　　　　그 문화센터인가가 있었어요. 그 공연의 관객들이 다 할머니들이었어요.

장구보 : 아 정말요? 어린이가 아니고?

김태용 : 응. 애들이 아니라. 그 향수를 애들이 아니고 할머니들이 눈물을 흘리고 한복
　　　　입고, 도깨비 나오니까.

장구보 : 그것도 잘 맞았네요?

김태용 : 맞았지. 그러니까 거기서는 아동극이 아니야. 그때는 마당극이지 진짜. 마당극
　　　　이야. 마당놀이었어. 지금 뭐 뭐 윤문식 선배가 관객들하고. 그렇게 했었지.
　　　　그래서 해마다 96년 갔다 오고 97년 갔다 오고 98년 갔다 오고 세 번을 갔다
　　　　왔어요.

장구보 : 완전히 진짜 성공하셨네요.

11. 꿈나무 어린이소극장의 폐관

김태용 : 그렇지. 그러니까 〈패밀리코아 극장〉은 문을 닫게 돼. 관객이 안 들어와.

최혜정 : 아 거기는요?

김태용 : 내가 신경을 안 쓰니. 그래서 그거를 문을 닫게 되는 거야.

최혜정 : 얼마 만에요?

김태용 : 한 이삼 년도 안됐지. 그냥 모 그리고서는 아동극이 인천에서는 점점 떨어지 게 됩니다. 그러다가 한 2000년 접어들면서 2001 아울렛이 생기고 롯데백화 점이 우후죽순처럼 생겨요. 그러면서 걔네들이 전용 소극장을 만들기 시작합 니다. 그래서 2001 아울렛에서는 그 당시 일을 해가지고 모든 곳에는 소극장 이 다 있어요.

장구보 : 2001아울렛 특히?

김태용 : 네. 그게 이랜드 계열인데. 그래서 2001 아울렛에서는 모든 곳에 소극장이 다 있어요.

장구보 : 그 분위기가 한참 그랬나 봐요.

김태용 : 그러니까 그때부터 영세적으로 소규모적으로 떨어지는 거야.

최혜정 : 그렇죠. 쇼핑도 하고 공연도 보고.

김태용 : 애들 거기다 맡겨 놓고.

최혜정 : 쇼핑하니까 ….

김태용 : 그렇지 그렇게 되는 거야. 여기서는 어떻게 되냐면. 극단에다 돈을 줍니다. 주당 150이면 150, 200이면 200.

최혜정 : 작품거래 비용 뭐 이런 식으로 하는군요.

김태용 : 그렇지.

장구보 : 자기네들은 편했겠네요.

김태용 : 그렇지.

최혜정 : 공연만 뛰어주고 오면 되니까.

김태용 : 그렇지. 이 극단에서는 관객이 들든 안 들든.

최혜정 : 그냥 하는 거니까.

장구보 : 많이 뺏겼겠네요.

김태용 : 많이 뺏겼지. 그러면서 점점점 ….

장구보 : 하향세를 ….

김태용 : 〈꿈나무 어린이소극장〉이 하향세를 타게 되죠. 그래서 그게 아마 2000년 접 어들면서 거의 문을 닫게 되죠.

12. 현재 꿈나무 어린이소극장

장구보 : 2000년 초에?

김태용 : 그래서 이제 어느 날 이제 내가 그만두고 비어났다가.

장구보 : 가구점이 있었다고 그러더라고요.

김태용 : 가구점 있었지.

장구보 : 그러다 다시 국악 하는 〈잔치마당〉이 들어오고.

김태용 : 맞어. 가구점 있었어. 가구점 있었고. 지금은 국악마당이 오게 된 거죠.

장구보 : 거기 나오실 때 어떻게 나오셨어요? 나오실 때 보증금은?

김태용 : 그런 거 없지. 망해서 나오는데 뭐.

장구보 : 그러면 뭐. 세라도 받고 나오셨어요?

김태용 : 그런 것도 없고.

장구보 : 그러면 몇 년 하신 거예요?

김태용 : 십 년 했지.

장구보 : 소극장 십 년이면.

김태용 : 소극장만 십 년 했지. 그러니까 십 년 동안 거쳐 간 배우들이 어마어마하게 많지.

최혜정 : 엄청나네요. 제일 오래된 거 같아요.

김태용 : 소극장 같은 경우에는 제일 오래했지. 인석이형 〈마루나 소극장〉같은 경우에는 명함도 못 내밀지. 인천에서는 소극장하면 나를 빼놓고는 얘기를 하면 안 되지. 산 증인이죠.

장구보 : 그러니까요.

김태용 : 부평일대에서 〈꿈나무 어린이소극장〉을 모르는 사람이 없었어요. 택시 기사들도 〈꿈나무 어린이소극장〉 그러면 딱 가는 거야.

장구보 : 아 … 그렇게까지 … 나는 왜 그렇게 가까이 사는데 몰랐지.

13. 꿈나무 어린이소극장의 아동극만 했던 이유

장구보 : (웃음) 하필 연극하는 소극장 하시는데 왜 어린이 장르였어요? 어린이소극장이 잘 된다고 생각하신 거예요?

김태용 : 그때는 돈하고는 개념이 없었고. 아 … 관객하고의 어떤 호흡. 그 당시에는 연극이 뭐냐면 정통극이에요. 왜냐면 연출선생님이 무대에서는 몇 발자국 가서 시선을 어디로 하고. 자로 쟀었어요. 그 당시 연출들이 김수현 작가처럼 그렇게 했었어요. 이 모든 연출들이 거의 그런 스타일이야. 로봇이지 로봇. 그래서 무대에서 공연을 하다보면 아, 우리가 애드리브라는 게 있잖아요. 그 당시에는 정통극에서 애드리브를 쳤다가는.

장구보 : 잘려요?

김태용 : 그럼. 선배들이고 뭐고. '이 새끼가 이게.' 그런데 이 아동극만큼은 안 그래. 반응이 애들은 바로야.

최혜정 : 즉각 즉각.

김태용 : 그렇지 그러면 그 당시 보통 아동극이 50분 공연이야. 이 아동극이 지루하면 싫증을 내요.

장구보 : 금방 나오죠.

김태용 : 금방 나오지. 그러니까 배우들도 애들한테 미쳐야 돼. 작품에 빠져가지고 그
        렇게 해야 이게 그렇게 되면 가장 길게 했던 게 한 시간 20분도 가요.
장구보 : 50분 작품인데 그렇게까지 가요?
김태용 : 왜냐면 애들하고 마당극스타일로 가면 호흡하면 막.
장구보 : 굉장히 짜임새 있게 하셨나보다.
최혜정 : 반응이 또 좋으면 맞춰서 조금씩 늘어가고.
김태용 : 그렇지. 그러다보니까 부모들도 재밌는 거야. 엄마가 같이 봐야 대화가 돼.
        그런데 처음에는 엄마들도 연극을 보는 사람들이 별로 없었어요.
장구보 : 그랬을 것 같은데요.
김태용 : 애들은 자꾸 들어가. '재밌어, 재밌어'하고 보니까 본인도 재밌거든. 그러니까
        점점점. 그리고 이제 단점이 뭐냐면 〈꿈나무 어린이소극장〉 주변에는 편의시
        설이 전혀 없어요. 편의시설이 없다보니까 부모가 아이를 맡기고 현대백화점
        까지는 와. 그 당시 현대백화점. 그 다음부터는 연극. 아동극이라고 굳이 표
        현하기 보다는 연극. 관객하고 호흡하는 연극이 많이 나타나게 된 거죠.

14. 극단 '지킴이'

장구보 : 극단 이름이 꿈나무에요?
김태용 : 극단 이름이 〈지킴이〉였어요.
최혜정 : 이거는 극장 하시면서 같이?
김태용 : 그렇죠. 극단 이름은 〈지킴이〉였어. 극단을 지켜보자 해서 지킴이라고. 그런
        데 어느 순간부터 보니까 지킴이라는 말이 많더라고. 우리가 한 다음에 나와
        서. 이 로고도 아이자 비슷하게 해서 사람이 요렇게 한 마크인데 아이티비 쪽
        에서 비슷하게. 이게 그 당시에는 상표등록 이런 거 전혀 모르거든. 그래서
        극단 〈지킴이〉였죠. 그래서 이 어느 정도 되다보면 이 극단도 서로 시기를 하
        게 됩니다. 경쟁 상대잖아요. 우리 초창기 때는 안 그랬는데 나중에는 이거
        (돈)하고 연관이 되다보니까. 우후죽순처럼 많이 생기면서 견제를 서로 많이
        하지. 그래서 그런 일화가 많죠.

15. 운영당시 에피소드

김태용 : 지금 이렇게 뒤돌아보면 정말 쉽지 않죠. 그러니까 매일 공연 연습하고 공연
        올려야 하고 저녁때는 포스터 붙이러 다녀야 하고.
최혜정 : 정말 발품 파셨네요.
김태용 : 그렇죠.
장구보 : 유치원 그 다 방문하셨어요?
김태용 : 유치원에다 공문발송하고 또 다 쫓아다녀서 인사하고 그렇게 많이 했죠. 그때
        는 공연 기획이라는 게 가서 인사하고 포스터 붙이는 게 다야.

최혜정 : 지금 봐서는 실장님이죠.
김태용 : 그 당시에는 포스터고 뭐고 다 극단 대표가 다 손수 디자인해서 을지로 쫓아다
        니면서 다 그렇게 했지. 지금 인쇄물에 대해서는 다 아는 거야. 꿈같은 일이지.
장구보 : 그래도 잘하셨네요. 꽤. 그 친구들이 어린친구들이. 왜냐면 다른 어린이 소극
        장 하셨던 분들을 보면 그렇게까지는 못하셨던 거 같아요.

2. 대학로를 꿈꾸며 구월동에 개관한 마루나 소극장

    극장명 : 마루나 소극장
    주소지 : 인천광역시 남동구 구월3동 1123-5 지하
    개관일자 : 1995년
    폐관일자 : 1998년
    극장대표 : 유인석

"마루나라고 유인석이라는 사람이 하면서 그때 당시에 인천 정무부시장
을 잘 알아가지고 도와줘서 극장을 만들고 손수 만들고 그때 극장 만들 때
내가 같이 만들었지요. 그리고 창단공연을 제가 했고요. 그게 어디 있던
거냐면 종합문화예술회관 지금 신사복 미켈란젤로 지하에 있어요. 지금도
마루나라고 흔적은 있어요. 지금도 가면 철거를 안 하고 그대로 있더라고
요. 그런데 거기는 아마 그쪽으로는 들락날락하지는 않을 거예요. 그때 당
시는 주 출입문을 그쪽으로 했지만 지금은 아마 비상구로 쓸 거예요."

                              – 극단 〈한무대〉 최종욱 대표 인터뷰 中

현재 마루나 소극장은 닫혀있으나 아직 그 터가 남아 간판이 걸어져 있다.
가운데 네모난 작은 간판이 마루나 소극장의 간판이다.

유인석 대표는 국립극장 연수원에서 공부를 했었고 후에 영화사에 들어가서 공부를 하다가 연극에 대한 열정이 싹터서 83년부터 연극을 하기 시작하였다. 당시에 부천에 거주하고 있어 87년부터 부천에서 활동하였고 93년도에 시흥시와 인연이 되어 몇 번 공연하다가 지인의 도움으로 인천시 구월동의 문화예술회관이 있는 근처에 서울시 대학로의 꿈을 품고 소극장을 개관하게 된다.

"원래는 서울에서 국립극장 무대예술연수원에서 공부하고 영화사에서 공부하다가 83년도부터 연극을 했는데 87년부터 부천에서 활동을 했었어요. 93년도에 시흥시에 초청돼서 공연도 몇 번 하였고 민선 초기 시장 때 당시 정무부시장의 도움을 받아 장소를 알아본 다음 마침 인천종합문화예술회관이 구월동에 있으니까 그 근처에다 하면 대학로처럼 어우러지는 분위기가 형성되지 않을까 싶어서 건설회관사거리 미켈란젤로 건물 지하에 약 50평 정도의 소극장을 만들게 되었지요. 당시가 95년도였습니다."

당시 소극장 공간은 50평. 천만 원에 월 50이었고 안에 내부시설 비용 이천만 원도 투자를 받고 개관하게 된다. 한 달 가량에 걸쳐서 꾸미기 시작하는데 계단식으로 150석 규모였고 소극장 대관으로 당시 신촌블루스도 공연을 오고 락밴드 공연을 할 때는 200명도 수용하였다.

대중음악

◇ 한정희 피아노 콘서트＝23일 오후 7시30분 라이브극장 2관. (02) 766-5417.

◇ 임지훈 콘서트＝23일 오후 7시30분 학전 블루. (02) 950-2830.

◇ 임현정 콘서트＝23~24일 오후 7시30분 라이브극장 벗. (02) 393-8467.

◇ 신촌블루스 콘서트＝24~26일 오후 3시·6시 인천 마루나소극장. (032) 428-9442.

◇ 권진원 콘서트＝26일까지 라이브 1관. 평일 오후 7시30분, 토 오후 4시·7시30분, 일 오후 3시·6시30분.

◇ 조규찬 콘서트＝26일까지 연강홀. 평일 오후 7시30분, 토 오후 4시·7시,

일 오후 3시·6시. (02) 921-6371.

◇ 메탈 페스티벌＝24~26일 라이브 2관. 노이즈가든, 시나위 등 출연.

◇ 시비시비 2부＝25일 뮤지엄 바살. 아이69필름, 어어부밴드. (02) 3672-2962.

◇ 블랙 홀 콘서트＝25일 오후 6시 수원시민회관. (02) 3449-9437~9.

◇ 중국 조선족 돕기 작은 음악회＝25일 오후 8시 재즈클럽 야누스. 김상우씨와 신관웅 콰텟. (02) 312-7021.

◇ 김종서 콘서트＝28일~2월3일 연강홀. 평일 오후 7시30분, 토 오후 4시·7시, 일 오후 3시·6시.

◇ 할리퀸 콘서트＝28일~2월5일 학전 블루. 화~금 오후 7시30분, 토·일 오후 4시·7시.

◇ 패닉, 어릿광대 겨울나기＝29일~2월5일 라이브1관. 평일 오후 7시,

임현정씨.

토 오후 4시·7시, 일 오후 3시·6시.

◇ 김종환 라이브 콘서트＝29일~2월4일 라이브극장 벗. 평일 오후 7시30분, 토 오후 4시·7시, 일 오후 3시·6시.

1997년 1월 23일자 한겨레[15]

---

15) 1997년 1월 23일 한겨레신문.

"마루나는 '넓게 퍼져나가다'라는 의미로 지은것이구요, 그 당시에 미추
홀 소극장 김종원 선배님이 극장 근처 먹거리 골목에서 인쇄소를 하시고
계셨어서 조언을 많이 구했었고 마루나라는 이름이 괜찮다고 해서 그걸로
지었던 기억이 납니다. 당시에 단원들이 12명까지 있었고 월급은 못주더라
도 연습하는 동안 식대와 월세 등의 한 달에 들어가는 유지비가 많이 들어
가다 보니 외부활동을 할 수밖에 없었지요. 그래서 대관업을 하기도 했지
만 자금이 제대로 돌아가지 않아서 운영하기가 점점 힘들어져서 다른 사람
한테 넘기게 되었지요."

극단도 〈마루나〉16)로 극장과 같이 시작하였다. 95년 가을부터 해서
겨울에 개관을 하게 되는데 주로 단원들은 뽑고 수원에 있는 후배나 인맥
으로 섭외해서 공연 하였는데 오픈 개관으로 한 작품이 〈왕이 된 허수아
비〉로 모노드라마를 한 달가량 공연을 하였으나 관객이 없어서 상당히
고전을 면치 못했고 그러다가 5월 5일을 겨냥해 아동극 〈피노키오〉를
준비했으나 문화예술회관 대극장에서 같은 피노키오를 공연하는 공교로
움을 겪는 등의 고전을 겪기도 하였다. 점점 극장 운영이 어려워져서 소
극장 운영에 집중해야 하는데 우연히 〈경찰청 사람들〉에 범인 역을 맡아
달라고 제안이 들어왔고 그 방송 활동으로 극장 운영비를 대체하기도
하였다. 당시 극단 〈마루나〉는 12명의 단원이 활동을 했고 급여를 줄
수 있는 형편은 못되었지만 극장에서 잘 수 있는 공간과 연습 내내 끼니
를 챙겼어야 해서 이 돈을 해결 하려다 보니 당장 배우 생활을 계속 해서
나가게 되었다. 그렇게 소극장 3년을 운영하였다고 한다. 방송 출연과
청주에서 두 달 동안 〈왕이 된 허수아비〉를 공연하느라 비어있는 상황에
서 외부인에게 극장 운영을 맡기게 되었다가 서서히 폐관하기에 이르게

---

16) '넓게 나가다'라는 뜻으로 '마루'와 '나아가다'의 합성어로 마루나라 칭함.

된다. 인천은 문화예술을 개인이 투자해서 운영하기가 수익이 창출돼서 할 수 있는 시장성은 아니었다고 말하면서 인천시는 직할시, 광역시라 할지언정 문화적 수준은 낙후되어 있었고 인천은 60년대 산업화의 주도적 위치에 있던 공업도시의 대명사로 거점개발방식에 의한 국가의 개발전략 아래서 비약적인 성장을 한 곳이다. 공간적 입지의 특성으로 수출입이 용이하였기 때문에[17] 인천경제의 공업화가 빠르게 일어난 시기였다. 1965년 수출확대를 위해 인천의 부평과 주안에 각각 조성된 한국수출국가 산업단지는 총 면적 1,746천㎡ 중에서 산업시설 1,459천㎡ 공간에 조성되었고 2008년 기준으로 생산액 31,159억 원, 수출액은 960백만 불을 달성할 만큼[18] 공업의 도시로서 면모를 갖추었다. 그러다보니 각 지역에서 인천공업단지로 취직을 하러 온 유동인구가 많았기 때문에 정착문화가 아니었고 직장으로 인해 잠깐 거쳐 가는 곳으로 자산이 마련되면 도시를 떠나는 사람들이 많았다. 그로 인해 문화를 즐길 수 있는 분위기가 조성되지 않았고 결국 공연을 하면 망해서 가기가 일쑤였다. 또한 외부에서 끌고 올 비용도 없었고 역량조차 되지 않았다.

  90년대는 아동극이 돈을 벌어서 그런지 어린이 소극장이 흥행을 이루었고 탤런트 이낙훈씨가 국회의원일 때 연극하는 소극장을 활성화하기 위하여 규제[19]를 완화해야 한다는 주장을 하였고 그로인해 양성화가 되

17) 장호, 「도심 산업단지 노후화 특성 분석연구 : 인천광역시 남동 국가산업단지를 중심으로」, 서울시립대학교 일반대학원, 석사학위논문, 2011, p.40.
18) 장호, 「도심 산업단지 노후화 특성 분석연구 : 인천광역시 남동 국가산업단지를 중심으로」, 서울시립대학교 일반대학원 석사학위논문, 2011, p.62.
19) 1982년 공연법 시행령을 개정하여 3백석이하, 객석의 면적이 3백 평방㎡ 이하인 소극장은 공연장 설치허가대상에서 제외되어 일반 공연장의 범주에 포함되지 않아 건축법이나 소방법 등 관계 법규의 저촉을 받지 않게 되었음. 하지만 오히려 영화하는 소극장이 더 번창하는 부작용을 낳기도 하였다.

자 잘못 와전이 돼서 영화하는 소극장이 상당히 많이 생기기 시작한다. 서울, 부천, 인천에 16미리 비디오를 동시에 상연하는 소극장에는 오갈 곳이 없는 노숙자 등이 많아지는 아이러니한 현상들이 일어나고 연극을 활성화 하라고 한 것이지만 영화만을 하는 소극상들이 오히려 번창하게 된다. 당시 유 대표가 극장 운영하면서 한 작품으로는 〈왕이 된 허수아비〉, 〈아동극 피노키오〉 등이 있었고 소극장 뮤지컬과 대관도 하였고 96년 4월 25일부터 5월 9일까지 극단 〈피어나〉의 연출 이정환 〈돼지와 오토바이〉라는 공연도 진행한 적이 있었다.

마루나 소극장 유인석 대표 구술 채록문		
	일시	2015년 6월 3일 12시
	장소	월곶 할리스 카페
	참여자	유인석, 장구보, 최혜정

1. 마루나 소극장의 위치

유인석 : 원래 부천에서 활동을 하다가 제가 사는 곳은 인천이였어요.

장구보 : 인천 어디서 사셨어요?

유인석 : 구월동.

장구보 : 그래서 바로 〈마루나 소극장〉을 ….

유인석 : 네. 장소가 어디인지 아세요? 거기 건설회관 사거리라고 있어요. 예술회관역 있고 언덕 위로 약간 올라오잖아요. 거기 코너에 보면 미켈란젤로라고 양복 파는. 거기 어제 지나가다 보니까 리모델링을 하는데 지나가면서 생각나면서 봤더니 그 건물 지하에 있었거든요. 지하 따로 건물에서 들어가도 되고 밖에서 들어가도 되는데 따로 밖에서 아예 출입구를 만들어서 지하입구에 간판을 붙여놨는데 아직도 붙어 있더라고요. 20년이 지났는데.

장구보 : 지금 여긴 다른 데가 있겠죠?

유인석 : 무슨 창고로 쓰거나 그런 걸로 쓰지 않을까. 어디부터 말씀드리면 될까요? 제가 소극장을 만들게 된 동기부터 얘기할까요?

2. 마루나 소극장의 개관 계기

유인석 : 이게. 부천에서. 원래 서울에서 국립극장 무대예술연수원이라는 게 있었어요. 공부를 하면서 있다가 영화사 들어가서 공부하다가 연극을 계속 해야 되겠다 생각해서. 사실은 83년도부터 제가 연극을 했는데 87년부터 부천에서 연극을 하고 있었어요.

장구보 : 내려오신 거예요?

유인석 : 네. 그 당시 집이 부천이었고 유일하게 부천에 연극 전용소극장이 생겨서 연극을 마음 놓고 할 수 있겠다 해서 하다가 그 다음에 93년도에 시흥시를 알게 돼서 시흥시로 초청을 받아서 공연을 몇 번 하다가 거기 예총 회장님께서 차라리 시흥시에다가 연극을 활성화 시키면 어떻겠냐 해서 했어요. 잠깐. 시흥무대

라는 걸 할 때 그때 정치하시는 분이 연극 공연을 보러 오시고 하면서 연결고리가 됐었어요. 이분하고 어떻게 연결 관계가 되면서 제가 95년도에 처음 지방자치 시장이나 군수 선거가 있었잖아요. 그걸 선거운동을 도와드린 적 있었어요.

장구보 : 선거운동을?

유인석 : 네. 나를 인연으로 알게 되면서 돈은 많지 않지만 당신이 하고 싶어 하는 뭐가 있다면 조금은 도와주고 싶다고 말을 던지더라고요. 전 그 당시에는 나도 소극장을 좀 하고 싶다. 내 소극장을 갖고 싶다는 생각만 갖고 있었지 제가 할 수 있는 그건 없었거든요. 그런데 그 당시 그분이 그 말씀 딱 하시니까 제가 그랬죠. '사실은 소극장을 하나 차려서 운영을 해서 하고 싶은 연극을 하는 게 꿈입니다' 했더니 '그 부분을 도와주겠다' 그러시더라고요. 그런데 사실은 그걸 소극장을 시흥시에 내거나 제가 하던 부천에 냈어야 했는데 그게 사실 맞는 건데 가만히 나름 머리를 짠 거예요. 이 분이 인천에서 활동하시고 또 인천에 인구가 아무래도 훨씬 더 많고 그래서 인천에 소극장을 차리는 게 경제적인 면에서 이익이겠다 싶어서 '인천에 차리겠습니다'라고 한 거예요. 그래서 '장소를 알아봐라' 그렇게 말씀을 하시더라고요. '그걸 차릴 수 있는 거까진 도와주시겠다' 하시더라고요. 그러다가 알아보러 다니는 상황에서 문화예술회관이 구월동에 있으니까 그 근처에다가 하면 대학로처럼 어울려져서 할 수 있겠다 해서 알아보니까 건설회관 사거리 지하에 마침 50평정도의 극장이 나온 거예요. 그 당시에 천만 원에 50이었어요.

장구보 : 괜찮네요.

유인석 : 네. 월 50. 그래서 '나와서 하겠습니다' 했더니 '해라' 그래서 '안에 내부며 시설 비용이 얼마나 들겠냐' 해서 '2천만 원이면 되겠다'고 했더니 '알았다' 하면서 3천만 원을 내주셨는데 … 그래서 한 달 가량 걸쳐서 소극장 꾸미기를 시작했죠.

3. 마루나 소극장의 내부

장구보 : 계단식으로 만드셨어요?

유인석 : 네 계단식으로.

장구보 : 몇 석이나?

유인석 : 150석 규모정도요.

장구보 : 꽤 많네요. 생각보다.

유인석 : 네. 전에 소극장에서 신촌블루스가 공연을 하고.

최혜정 : 저 기사 봤어요.

유인석 : 보셨었어요? 그 다음에 락밴드 공연할 때는 200여명이 들어와서 관람을 했거든요.

장구보 : 음악 쪽으로 하셨어요?

유인석 : 그때는 소극장을 대관으로.

장구보 : 이분들을 유치하신 거예요?

유인석 : 찾아왔더라고요. 빌려달라고. 여기서 공연 좀 하게. 여기서 공연 없을 때 빌려주면서 대관도 했었죠.

장구보 : 그럼 공연 극단도 갖고 계셨던 거세요?

유인석 : 극단 〈마루나〉라고 있었죠.

4. 마루나 소극장의 극장명 에피소드

장구보 : 극장이름도 마루나. 극단도. 무슨 뜻인가요?

유인석 : 이게 저는 극단 이름을 뭐로 할까 고민을 하다가 책을 봤는데 순수 우리말로 좋은 이름 나온 게 몇 가지 있는 거예요. 거기에 보면 〈마루나〉가 마루라는 뜻이 넓다는 뜻이래요. 대청마루, 넓다는 산마루, 뭐 넓고. 나는 나가다 넓게 펴져 나가다는 뜻으로 마루나라는 이름이 있다는 거예요. 이 이름을 가지고 김종원 선배님이라고 〈4막 5장〉 소극장 하시던 원로 있어요.

최혜정 : 〈미추홀 소극장〉도 하시고. 〈4막 5장〉.

유인석 : 네. 레스토랑하시고. 그 선배님이 인쇄소를 그 앞에서 하셨어요. 김종원 선배님께 가서 소극장 차리는 걸, 그 분도 소극장을 하셨으니까 조언을 많이 구했죠. 그 분이 하시는 말씀이 꽃 이름 들어가는 건 절대 하지 말라는 거예요. 약한 이름은 하지 말라는 거예요. 왜냐 이게 왜 그러냐면 연극이 대가 세기 때문에. 무슨 처음에는 '예화 어때요?' 했더니 '예화에 꽃 화 자니?' 그래서 '네' 그랬더니 '그거 죽어'(웃음) 그러시더니 '거긴 지하잖니 지하에서 꽃피는 거 봤니?' 그러시더라고요. 그래서 그런 건 하지말래요. 그래서 〈마루나〉 어때요' 했더니 '그거 괜찮네' 그래서 마루나 이름으로 했어요. 그런데 문의 전화가 오는데 제가 이름을 잘 못 정했구나. 라는 게 마루타죠? 마누라죠? (웃음)

장구보 : 한 번에 못 알아듣는 군요.

유인석 : 〈마루나〉인데요. 그래서 와, 이름 잘 못 지었구나.

장구보 : 왜요 재밌는데요(웃음).

5. 마루나 소극장의 운영과 레퍼토리

장구보 : 그러면 이게 몇 년도 이시죠?

유인석 : 그게 95년도에요. 가을부터 해서 거의 겨울에 10월인가 ….

장구보 : 이때 시립의 영향은 안 받으셨나요? 단원들은 어떻게 하셨어요?

유인석 : 단원들은 뽑았죠. 뽑아서. 수원에서 같이 하던 후배 데려다가 하고 뽑았죠.

장구보 : 그러면 주로 번역극이셨나요?

유인석 : 제일 처음에 오픈개관으로 제 모노드라마 〈왕이 된 허수아비〉를 했어요. 한 달가량을.

장구보 : 한 달을 공연 하셨다고요?

유인석 : 한 달을 공연했고. 와, 진짜 관객이 없어요. 못하는 경우도 많았고, 관객이 없어서.

장구보 : 홍보를 어떻게?

유인석 : 홍보를 열심히 했는데도 잘 안 되더라고요.

장구보 : 유료로 하셨어요?

유인석 : 네 유료로.

장구보 : 한 달을 … 개관부터 힘드셨네요.

유인석 : 개관부터 힘들었죠. 그러다가 5월을 겨냥해서 아동극을 했어요. 〈피노키오〉를 했는데 하필 그때 문화예술회관 대극장에서 〈피노키오〉를 하는 거예요. 그러니 5월 5일 날 대극장을 가지 별로 안 오거든요. 그래서 또 말아먹었죠. 소극장 하면서 제 집은 없었는데 전세 살던 집을 빼서 월세로 가면서 투자했는데 그거 다 날리고 월세 보증금 빼가지고 처갓집으로 들어가고 투자했는데 그것도 다 날리고. 소극장 운영을 해야 되니까 진짜 힘들더라고요. 친구가 갑자기 경찰청사람들에 나가보라는 거예요. 범인 역을 하면 ….

장구보 : 범인 역을 하라고요? (웃음)

유인석 : 주인공이 범인이니까 (웃음) 한 2~3일 내로 찍으면 돈이 된다는 거예요. 운영비는 필요한데 한 달에 50만원 월세에 전기세, 수도세, 이런 거. 전화비 … 또 애들이 한 12명이 단원으로 있었는데 이 녀석들이 집에는 안가고 전부 자고 있는 거예요.

장구보 : 숙식제공까지 ….

유인석 : 네. 그랬죠. 얘네도 먹어야 될 거 아니에요. 그렇다고 어디 가서 아르바이트로 돈을 벌어서 먹는 것도 아니고. 월급을 줄 수도 없었고. 그러다 보니까 하루에 100여만 원 돈이 들어가는 거예요.

최혜정 : 고정적으로 ….

유인석 : 네. 해결하려니까 큰일난거예요. 경찰청에 나가보라고 꼬시더라구요. 한 번 나갔는데 그 돈이 들어온 거예요. 그래서 해결을 했어요. 그리고 뭐, 네 계속 나갔죠(웃음).

최혜정 : 그럼 거기서 버시고 소극장에 투자하시고?

유인석 : (웃음) 네, 그랬죠.

6. 마루나 소극장의 폐관된 이유

유인석 : 그렇죠. 제가 하고나서 그러면서 한 3년을 했는데 없어지게 된 동기가 뭐냐면

그 집사람한테 다 맡겼어요. 너가 대표하라고 다 맡기고 하니까, 전 경찰청사람 들하고 청주에 가서 한 달 공연, 한 달 연습. 그래서 제 작품 〈왕이 된 허수아비〉 를 가지고 혼자 내려가서 거기 현지에 있는 사람들 데리고 공연을 해야 되기 때문에 두 달을 비어두는 상태에서 와이프에게 맡겼죠. 내가 돈을 보내줄 테니까 우선 운영을 하고 있어라. 그러면서 하는데도 여자 혼자서 힘들죠. 그래서 안 되서 그래서 서울에서 기획 공연하는 사람이 아동극을 낮에 위주로 하겠다고 대관한 거예요. 그게 처음에는 몇 개 갖다놔서 하는 거 같더니 반 사기꾼인거에요. 소극장을 하겠다고 해놓고 일부 줄 것처럼 하면서 안주고. 띄엄띄엄 조금씩 주고. 나중에 하도 하다보니까 '너가 맡아서 해라. 단 돈 일부를 나한테 줘라'이 놈이 안주는 거예요. 운영을 하면서. 가면 없고. 그러면서 아예 손을 놓겠다고 했어요. 그러고 그 사람한테 넘어갔는데 하다가 흐지부지 말게 된 거죠. 한 3년? 정도 한 거 같아요. 하면서 진짜 느낀 건 인천은 문화예술을 하기가 개인이 투자해서 수익을 창출할 수 있는 여건의 시장성은 아니었다는 거죠. 낙후되어있는. 말로만 직할시고 광역시지 문화적 수준이 상당히 떨어져있다고 느꼈어요. 왜 그러냐 했더니 인천이 가만히 보니 공업도시였던 거예요. 공단이 그 남동 공단 있죠. 공단을 끼고 이쪽이 생활권을 갖고 있는 사람들이 많았다는 거예요. 그러다보니까 그쪽 사람들은 하루 벌어서 하루 먹고 먹어서 쓸 돈은 술이나 뭐 돈을 쓰면 썼지 문화에 대해서 뭐 연극을 보거나 음악회를 보거나 하는 수준은 정말 떨어져있더라. 솔직히 말씀드리면 저도 인천 본적 저기 원래는 서울이지만 결혼하면서 인천에서 생활했고 본적지도 인천으로 되어있고 인천에 꽤 오래 살고 있고 살려 그래도 인천에 뿌리를 내리고 살고 싶다는 건 없었거든요. 왜냐, 많은 사람들이 인천은 거쳐 가는 도시로 생각하고 있어요.

7. 인천지역에서의 문화향유에 대한 개인적 입장

장구보 : 왜 그럴까요?

유인석 : 돈이 없어서. 이게 뭐냐면 집세나 이런 면에서 싸요. 지방에서 올라오면 서울 이나 경기도 인근 위성도시에는 살 수 있는 금액이 안 나온대요. 그래서 인천 에 많이 온다, 그러더라고요.

최혜정 : 그래도 인천은 대도시기도 하잖아요.

유인석 : 네네. 대도시이고 집세나 이런 것도 싸고 살면서 출퇴근도 용이하고 '돈 벌면 떠날 거야'라는 의식이 많이 들어있더라고요.

장구보 : 그럴 거예요.

유인석 : 그 당시에는 더했죠. 그런데 지금은 뭐 이것저것 생겨서 많이 좋아지긴 했지만 그 당시는 그랬어요. 그래서 공연을 해서 웬만하면 다 망했어요. 진짜 유명한 누가 와서 히트 친 거다 외에는 거의 진짜 인천에서 뭐 했다 하면 망하고.

장구보 : 외부에서 끌고 오기도 하셨어요?

유인석 : 저는 안했죠. 그런 거는. 그런 돈도 없었고 영감도 없었고.

8. 마루나 소극장 비하인드 에피소드

유인석 : 진짜 뭐냐면 사실은 거기가 100평정도 되는 지하인데 이쪽이 소극장 이쪽
         이 단란주점이에요.

장구보 : 그 건물이?

유인석 : 지하에. 전 몰랐던 거예요. 계약을 하고 보니까.

최혜정 : 단란주점이에요?

유인석 : 항상 불꺼있고 그쪽으로 잘 안보여주고 밖으로 보여주고 하는 걸 봤더니 단란
         주점이에요. 밤마다 쿵쿵거리는 게 벽으로 오는 거예요. 제가 그 벽을 붙이고
         비닐 덮고 뭐 하고 했는데도 안 되는 거예요.

장구보 : 투자도 많이 하셨겠다. 방음에.

유인석 : 네. 그런데 안 되더라고요. 아주 밤마다 쿵쿵거리는데. 그런데 보통 단란주점
         보면 9시 이후에, 10시에 하는데 어떤 때는 7시, 6시에 손님이 오는 거예요.
         (웃음)

9. 인천에서의 연극계와의 공유

유인석 : 예전에 〈돌체 소극장〉은 싱어롱으로 하는 그런 곳이었어요. 기타 치면서 연
         인들 같이 오면 노래 부르는.

최혜정 : 같이 악보보고 노래 부르는. 가보셨어요?

유인석 : 네.

최혜정 : 다들 한 번 씩은 가보셨네요.

장구보 : 유대관계가 다른 쪽하고는 없으셨어요?

유인석 : 인천에서는 유대관계는 뭐.

장구보 : 이정환 선생님하고 김종원 선생님하고.

유인석 : 많이들 알았죠. 그 당시에는. 유대관계는. 더군다나 95년도 그게 전국연극제
         인천에서 할 때 제가 도와주기도 하고 그랬어요.

최혜정 : 그래서 알음알음알고.

유인석 : 권선빈씨라는 분 그 분이 운영하는 소극장이 있었어요.

최혜정 : 〈신포아트홀〉

유인석 : 신랑이 이진성인가? 대표 있고, 뭐 오빠 권용성. 지회장 했던. 알고, 저기 〈돌
         체 소극장〉.

장구보 : 혹시 이광석?

유인석 : 광석이는 친구고. 전화번호가 있는지 모르겠네.

장구보 : 그분은 〈인토 소극장〉이셨잖아요?

유인석 : 네. 〈인토 소극장〉 연수동쪽에다 했었죠.

장구보 : 세 번 옮기셨다던 데.

유인석 : 그랬을 거예요.

3. 어린이 전용극장 학동예술회관

극장명 : 학동예술회관

주소지 : 인천 연수구 연수동 태안빌딩 2층

개관일자 : 1997년 7월

폐관일자 : 1999년 9월

극장대표 : 차흥빈

"대학교 때 연극동아리를 한 인연도 있었고 기자 생활을 하다가 그만두고 인천 연극계의 선후배들도 잘 알고 연극 협회 부회장도 했었고 연극협회를 많이 도와주기도 하고 과거 문화부기자였을 때 문화회관소극장을 극장들 시(市)에 보도기사와 비판기사를 많이 쓰고 하면서 만들어 놓은 거지요. 당시 문화부기자로 인정을 좀 받았던 터라 소극장을 개관까지 하게 됐지요. 하지만 상황을 보니 일반 성인극 하면 굶어죽을 것 같아서 어린이전문 아동극장을 만들게 되었어요. 아동극으로 수익을 내고 성인극에 재투자하는 식으로 하려고 목표를 잡았었지요. 당시 연수구에서 가장 큰 빌딩이었고 천장이 4미터나 나와서 극장으로 만들기에 적당한 건물이었지요. 당시 극단을 따로 갖고 있었던 것이 아니라 보름에 한 번씩 다른 레퍼토리로 극장을 운영을 하려면 극단을 정기적으로 사와야 하는 어려움이 있었지요. 한 달에 오백만 원에서 칠백만 원은 줘야 불러올 수가 있었기 때문에 아무리 단체관람으로 관객을 채운다 해도 티켓 수익만으로는 감당할 수가 없어서 1년 6개월 만에 접고 말았지요."

학동예술회관 차홍빈[20] 대표는 당시 몸담고 있던 경인일보 기자를 그
만두고 나서 1997년 학동예술회관을 개관하여 상근직원 한 명을 두고
혼자서 운영을 하게 된다. 연수구 연수동 592번지 태안빌딩 갈매기가
크게 그려진 7층짜리 빌딩 2층에 위치하였으며 적십자병원에서 뒤쪽 수
협골목으로 가다보면 육교 넘어가기 전에 위치한 빌딩으로서 당시로는
새 건물에 천장이 4미터가 나와서 그 건물에 200석 규모의 소극장을 개
관하였다. 당시 어린이와 주부전용 극장의 콘셉트로 65평 넓이였으며
조명, 음향 시설도 갖추고 시작하였다. 당시에는 일반 성인극을 하면 굶
어죽기 십상이어서 어린이 전용 아동극장을 통해서 수익활동을 하고 그
수익금을 통해 성인극의 제작비로 투자하고자 하는 목표를 갖고 시작하
였다고 한다. 대부분이 유치원과 초등학교의 체험학습을 겨냥하였는데
한 학교가 단체관람을 오게 해야 하는 로비 등에 대한 어려움이 있었다.
유치원과 초등학교의 경우는 버스 대절을 통해서 관객을 유치하거나 자
체 극단을 갖고 있지 않음으로 인해서 아동극 전문극단[21]을 사와야 하는
입장이었기 때문에 이 때 극장운영 방식은 작품들을 외부 아동극 전문극
단에서 사갖고 와서 유치원이랑 초등학교에 홍보를 하였다. 1명의 상근
직원을 두고 임대료 관리비 등을 감당하면서 운영을 1년 6개월 정도하였
고 유일하게 극단을 가지고 있지 않은 극장이었으나 경영난의 문제로
인해 1999년 9월 폐관하기에 이른다.

---

20) 현재는 기자이자 극작가. 과거 부평구청 출입기자로 북구청 비리사건으로 특종상, 대한민
국 기자상(1995)을 받고 7년간의 신문기자 생활을 하다 은퇴한 후 본격적으로 극장을 개관
하여 활동하게 된다. 인천 연극계와 평소에 친분이 있었고 인천 연극협회 부회장 역임.
경인일보에 89년도에 입사해서 1993년까지는 문화부기자 95년까지는 사회부 기자로 활약.
21) 보통 한 달에 한 팀 섭외 시 500~700만원의 비용이 들어감.

극단 〈피어나〉의 학동예술회관에서 공연하는 모습(출처 : 극단 〈피어나〉 카페)

폐관 이후 2002년도에 연극협회 부회장을 하고 이후로 작품을 써서
활동하였고 현재는 공항전담 경제부 기자로 있다. 당시 연수동이 신도시
로써 92~93년도에 지역으로 입주해서 커뮤니티 형성을 보면 최정학 초
창기 연수신문22) 대표 최정학 사장하고 연수구문화예술인회 차홍빈(이
당시 연수구문화예술인회 부회장과 연수문화원 상임이사 출신), 연수구문화예술
인회 박영봉(서예), 태안빌딩 사장이 연수구 청년 예술회를 만들어서 신
포동 역사 이후의 신도시에 새로이 형성된 지역 문화커뮤니티라고 볼
수 있을 것이다. 이런 사람들이 모여서 연수구를 주도하여 문화를 이끌

22) 당시 구청장이 대주주로 있는 연수신문은 남해신문 다음으로 가장 활발하게 활동했던 지역
신문으로 평가받고 있다. 1995년 4월 25일 창간되었고 주로 주부들로 구성되어있는 사외기
자제도로 지역밀착형 기사를 발굴하여 유포시키는데 매우 큰 효과를 거두었다고 한다.

어가고 향후 연수구청에는 공연장이 가능하게 지어지는 공헌을 하게 된
다. 함께 작업했던 이정환(연수구 문화예술인회 위원장까지 했었음)대표하고
는 정신적인 교감이 있어서 함께 작품을 올리기도 하였고 그 중에 〈네
여자의 방〉이 있다. 당시 인토 소극장이 송도에 있었는데 극장마다 이념
을 다르게 가지고 있고 성향과 목적이 달라서 함께 운영하기가 어려웠다
고 한다. 1997년 개관당시 IMF와 겹쳐서 운영에 난관을 겪기도 했으며
처음 개관공연에는 당시 인기 있었던 일본영화제로 〈러브레터〉를 상영
하고 신형원, 윤형주 등을 초빙해서 기념공연을 했다.

〈학동예술회관 대표적 레퍼토리 연혁〉

날짜	장르	제목
1997년 10월	음악	개관기념공연 〈윤형주, 신형원 통기타 향연〉
1997년 12월	마임	최규호의 마임
1998년 6월	청소년극	선생님 동대문이 열렸어요.

1997년 11월 22일자 조선일보[23]

---

23) 1997년 11월 22일 조선일보 학동예술회관 차흥빈 대표 인터뷰 기사.

연수지구 공연전문관 개관

인천 연수택지지구에 공연전문극장인 학동예술회관(대표 차흥빈·車興彬)이 7일 문을 연다.

인천 연수구 연수동 태안빌딩 2층에 들어설 학동예술회관은 개관기념으로 △7~21일 아동극 「신기한 삐에로의 나라」 △23일 가수 신형원 이정석 초청 음악회 등을 공연한다. 032-821-0202

〈인천＝박희제기자〉

1997년 11월 5일자 동아일보[24]

〈네 여자의 방〉(차흥빈 작, 손민목 연출)[25]

---

24) 1997년 11월 5일 동아일보 학동예술회관 개관 기사.
25) 출처 : 인천일보, 2014.06.03. 김진국 기자.

학동예술회관 차흥빈 대표 구술 채록문		
	일시	2015년 5월 7일 5시
	장소	영종도 재우메스호텔 카페 1층
	참여자	차흥빈, 장구보, 최혜정

1. 학동예술회관 위치와 규모

장구보 : 이때도 경인일보 기자셨어요?

차흥빈 : 아니지. 경인일보 그만두고 나서 한 거지.

장구보 : 이정환 대표님하고 같이 하신 거예요?

차흥빈 : 아니지. 혼자 했지. 연수구 연수동 그 몇 번지야. 태안빌딩이야. 갈매기 그려
져 있는 빌딩 있어. 연수구에 큰 거. 연수구에서 가장 높은 빌딩 있어. 갈매기
그려져 있는 빌딩이야. 다 보여. 태안빌딩 사장이 인하대학교 나오고 나랑 학
번이 같아. 걔도 망했어.

장구보 : 그 분은 왜 망해요?

차흥빈 : 나 땜에 망한 거지. 거기 돈 버는 사람이 없었어. 거기 최정학 신문사도 거기
있었고, 극장도 있었고. 그 임대료 내는 것들이 아니잖아 맨날 까먹고 관리비도
안냈지.

장구보 : 몇 층짜리 건물이었는데요?

차흥빈 : 7층짜리야.

장구보 : 그러면 극장은 몇 층에 있었어요?

차흥빈 : 2층.

장구보 : 천장이 그렇게 나와요?

차흥빈 : 응 나와서 거길 얻은 거지.

장구보 : 옛날 건물이라 높았나?

차흥빈 : 아니 그 건물이 그렇게 높아.

장구보 : 얼마나 나와요? 한 4미터 나와요?

차흥빈 : 4미터 나와. 연수구에 제일 높은 건물이야 그게. 어디냐면 적십자 병원에서 저쪽
그 어 그 뒤쪽인데 수협 골목으로 가다보면 제일 높은 건물 있었어. 육교 넘어가
기 전에 … 내가 그 전에는 부평 경남아파트에 내가 부평에서 살았어요. 부평구
청 출입 기자였어. 북구청 비리사건을 취재해서 내가 특종 상을 받았어요. 그래

서 특종상을 받아서 대한민국 기자상을 받고나서 받을 상이 없잖아. 정말이
야. 그래서 신문사를 그만 둔거야. 그래서 극장 한 거야(웃음).

2. 학동예술회관 개관 배경과 운영

장구보 : 갑자기 그런데 왜 극장을 하셨어요? 원래 뭐 하셨어요?

차홍빈 : 원래 내가 극단사람들하고 친해요. 인천 연극계에 선후배들도 잘 알고 내가
연극협회 부회장까지 했어. 전에는 연극협회에 내가 연극협회를 많이 도와주
고 그 문화예술회관 소극장을 내가 문화부기자였을 때 그 극장들 내가 시에
보도 쓰고 비판기사 쓰고 해서 만들어 놓은 거예요. 연극하는 사람들이 그래
도 문화부 기자 중에서는 최고로 쳤어요. 대학교 때는 연극동아리를 했지. 학
동이 뭐냐면 아동극 전문극장이야. 성인극이 아니고.

장구보 : 왜 아동극을 하셨어요?

차홍빈 : 일반 성인극 하면 굶어죽어요. 나도 그때 상황을 본거야. 유치원생들하고
초등학생 체험학습을 대상으로 한 거야.

장구보 : 그래서 수익 좀 나셨어요?

차홍빈 : 개관하고 나서 매일 공연을 해야 돼 그건. 왜냐면 단체가 있으니까 한 학교
한 학년 초등학생이 1,2,3,4학년이 오거든. 애들이 한꺼번에 다 못 들어오잖
아. 우리가 한 200석 됐는데.

장구보 : 200석이면 꽤 소극장치고는 컸네요.

차홍빈 : 운영을 하는데 학교도 문제야. 선생들이 깎으려고 그래. 어쨌든 간에 어린이
전문극장인데 일 년을 그렇게 막 열심히 해봤어.

장구보 : 쉬지 않고?

차홍빈 : 그렇지. 이 시스템이 내가 작품을 만들어 갖고 돌리는 게 아니라 프로그램은
바꿔야 하잖아. 아동극 전문극단을 내가 돈 주고 사와야 해. 사온거야. 내가
만들은 게 아니고.

장구보 : 아 극장만 있고?

차홍빈 : 그렇지. 아동시스템이 다 그렇게 되어있어. 극장에서는 아동제작을 안 한단 말이
야. 배우도 인형극 같은 거는 전문극단이 있으니까. 애들 마술을 한다든가 하면
뭐 극단을 월 얼마를 계약해야 돼. 그때 당시만 해도 만약에 25일 공연 한다
배우들도 쉬어야 하니까 일주일에 하루 쉬고. 오백만 원 칠백만 원 줘야했어.

장구보 : 그러면 그게 티켓비로 다 나왔어요?

차홍빈 : 안 나왔지. 버스 대절 해야지. 돈 깎아 달라고 하지 … 그런 거야(웃음) 일 년
육 개월만 하고 그만 둔거지.

장구보 : 빠른 판단을 하셨네요.

차홍빈 : 유일하게 사실은 어린이 전문전용극장으로 만든 거야. 그래서 학동이야 이름

이. 학동예술극장 그래서.

장구보 : 이름이 학동예술극장이에요?

차흥빈 : 응. 〈학동예술회관〉. 그래서 이름을 그렇게 지은거야. 그런데 지금은 먹혀. 초창기 시장 진입이 힘들어서 그렇지.

최혜정 : 이게 언제 개관한 거예요?

차흥빈 : 97년.

장구보 : 그럼 이때 작품들은 결국 그러면 다 외부에서 사신 거네요?

차흥빈 : 그럼 아동극은 전문극단이 있어. 아동극 전문극단에서 작품을 사갖고 난 영업을 하고 '너희들 와서 해줘라' 나는 영업을 하고 그때는 인터넷 같은 게 잘 안되어 있어서 맨날 학교에 유치원에 DM 편지 보내고 티켓해서 초청장 보내고 … 유치원이나 초등학교 뭐 이런데.

최혜정 : 극단을 운영하신 건 아니니까 사무실 직원들은?

차흥빈 : 있지. 하나 뒤야지. 봉급 못주니까 자꾸 자르게 되잖아 나가게 되고(웃음) 왜냐면 임대료 내야하고 관리비도 내고. 단원들을 갖다가 쓰더라도 그 극단 사갖고 하는 비용이 다 되는 거야. 걔네들은 점심, 저녁을 다 대줘야 하잖아. 배우들 밥을 먹여줘야 하잖아. 차비는 못줘도 밥은 먹여줘야 해.

장구보 : 그럼 극장 만드시기 전에는 연극협회에서 일하신거에요?

차흥빈 : 아니지. 이거하면서 연극협회에 자동으로 극장대표니까.

3. 학동예술회관 개관하게 된 이유

장구보 : 그런데 개인적으로 극장은 왜 차리신 거예요?

차흥빈 : 내가 그랬잖아. 그때는 극단이 전부다 힘들었을 때야. 난 사실 그 패러다임을 바꾸려고 했어. '소극장이 돈을 까먹는 곳이 아니라 돈을 벌 수 있는 곳이다' 그러면 '돈을 어떻게 벌 것이냐' 이 성인극해서는 답이 안 나오니까 '아동극을 해서는 유지가 된다' 그래서 아동극을 하면 유지가 되고 돈을 어느 정도 벌 수 있다는 자신감이 있었고 벌면 이제 성인극에 재투자 하려고 그런 생각을 했었지. 생각이야 기가 막히지. 지금은 된다니까.

장구보 : 그런데 왜 기자를 하셨는데 이 소극장을 통해서 돈을 벌고 싶으셨어요?

차흥빈 : 생활을 해야 되잖아. 내가….

최혜정 : 아, 기자생활을 하고?

차흥빈 : 그만뒀잖아. 내가….

최혜정 : 직업도 전환 하려고 그러신 거네요.

4. 타 민간소극장과의 다른 점

장구보 : 극장 안하신지 오래되신 거 같은데 왜 그럼 가지고 있는 이런 극장에서 같이

안 하셨어요? 왜 따로 하셨어요?

차흥빈 : 극장마다 이념이 있어요. 사실 모든 극장마다. 연극하신 분들 개인 성향이 있고 이념이 있고 목적이 있고.

장구보 : 그런데 대부분 극장을 하신 분들이 극단을 가지고 계셨더라고요. 그런데 안 그러신 건 유일하신 거 같아요.

차흥빈 : 나는 극장만 지어놓고.

장구보 : 연극인 활동 안 하신 분이 극장을 하신 건 유일하신 거 같아요. 〈인토 소극장〉은 어린이극장이에요?

차흥빈 : 그것도 어린이극장이었었는데.

장구보 : 그 당시가 어린이극장에 대한 게 뭐 유행이었나요?

차흥빈 : 그거 내가 퍼트렸잖아. 처음에 될 것 같으니까. 사실은 내가 보기에는 어린이극단은 돈이 돼. 극장하고 같이 운영하면 극장에 대한 비용이 많이 발생하잖아요. 지금은 극장 없는 극단이 많지.

5. 학동예술회관의 남겨진 자료들

장구보 : 상 받으신 거랑 학동에 사진이라든가 내부사진이라든가 있으세요?

차흥빈 : 그거 집사람이 다 없애버렸어. 인터넷 가니까 뜨는 게 있더라고. 네이버에 치면 나 혼자 떠.

최혜정 : 공연했다 정도로 기사에 나오는데.

장구보 : 사진이 있어야 하는데 ….

차흥빈 : 조선일보에서 인터뷰를 해갔어. 조선일보에 개관당시에 취재를 했지.

장구보 : 어떻게 알고 갔지요?

차흥빈 : 전국언론노동조합에서 나오는 미디어 오늘에 있어. 4년 전인가? 연극 관련해서. 미디어 오늘에서 나보고 특이하다고 왔어.

장구보 : 여기에는 몇 년도부터 계신 거예요?

차흥빈 : 2003년부터 있었지(공항) 자료 한 번 찾아보시고.

장구보 : 개인적으로 소장하신 건 없으세요?

차흥빈 : 내가 가지고 있는 것은 없어.

6. 개관 당시 사회적 분위기

장구보 : 이때 시대적 상황은 어땠어요?

차흥빈 : 이게 IMF가 97년도 딱 터졌잖아. 내가 그래서 망했어. 내가 10월에 개관했는데 딱 터진 거지. 개관할 때가 다 됐는데 터진 거야.

장구보 : 영향을 받았나요?

차흥빈 : 그래도 희망을 가졌던 게 애들한테는 쓰겠지 라고 생각을 한 거야. 아 그런데 그게 아니더라고 ….

7. 학동예술회관에서의 작품들

장구보 : 그래도 일 년 반 동안 극장이 쉬진 않았죠?

차흥빈 : 개관 기념도 우리나라 처음으로 일본 영화제를 했어. 〈러브레터〉를 빌려서 했지. 극장을 알리는 차원에서 상영을 한 거지. 누가 필름을 가지고 있다고 해서. 그때 신형원이하고 쎄씨봉 윤형주씨가 와가지고 오백만원 들었어. 그때 당시.

장구보 : 시설하는 데는 얼마나 들으셨어요? 그때 당시에.

차흥빈 : 그때 당시에 극장 시설하는데 임대 빼고 사천~오천만 원.

장구보 : 혼자 하신 거예요?

차흥빈 : 같이 했지. 맡기면 돈이 들잖아. 연극하는 사람들 쪽하고 같이 알아보고 했지.

4. 세 번씩이나 장소를 이동하며 개관했던 인토 소극장

극장명 : 인토 소극장

주소지 : 인천시 연수구 능허대길 191번길

　　　　인천시 연수구 연수동 569-1 지하 1층

　　　　인천시 연수구 연수동 578-1 지상 1층

개관일자 : 1998년

폐관일자 : 2002년

극장대표 : 이광석

1998년 옛 송도 인천상륙작전기념관 맞은편 주차장 쪽에 소극장 인토가 이광석 대표에 의해 개관된다. 〈마술가게〉로 창관 공연을 하게 된다. 사람 인(人)과 흙 토(土)자를 써서 사람은 흙을 밟고 살아야 한다는 인간 중심의 메시지를 닮은 극단 인토를 먼저 창단하고 한 달쯤 후 150석 규모에 분장실, 대기실, 사무실을 겸비한 반지하층에 소극장을 개관하게 된

것이다. 현재 이광석 대표26)는 다른 업종에 종사하고 있고 좀처럼 연결
이 되질 않아 수소문한 끝에 이상희씨(현재 극단 사랑마을 그리고 사마귀와
베짱이…비상! 대표)로부터 그 당시 함께 인토 소극장에서 작업했던 김종
진27) 실장의 연락처를 받아서 만날 수 있었다. 자칫하면 민간소극장 이
야기에 누락될 수 있었던 터라 여간 반갑지 않았다. 공연장 운영이 처음
부터 팀 운영제로 하다 보니 잘 운영 되었던 걸까 이내 식구가 늘어나고
공간의 협소로 인해서 다음해 1999년에 학동예술회관 바로 옆(연수고가)
으로 이관을 하게 된다. 이때는 인천연극제를 위한 〈동승〉28)이라는 작
품을 만들면서 공간을 새로 꾸미는 시기였고 처음 소극장보다 조금 넓은
객석 200석 규모와 분장실, 대기실, 사무실을 갖추고 지하층에 자리 잡
게 된다. 첫 번째나 두 번째 소극장의 경우는 나무로 객석을 계단식으로
직접 짜고 팀이 극장 내부를 꾸려서 개관을 하게 된다. 마찬가지로 이
공간도 단체관람이나 당시 30여명의 단원(고등학생 입시생들도 포함해서)을
이끌고 공연할 때라 규모 면에서 보다 큰 공간이 필요했기에 그 다음
세 번째 소극장은 2001년 그 옆(연수공원) 세경아파트 상가로 넓혀서 이관
하게 된다. 객석의 규모도 300석으로 상가의 1층 반을 공연장으로 꾸밀
정도로 확장세를 보인다. 분장실, 대기실, 사무실 외에도 로비를 갖추게
된다. 게다가 세 번째 소극장의 경우는 앞선 두 극장과는 달리 나무가
아닌 철판으로 계단을 용접하여 보다 미니콘서트를 할 정도로 튼튼하고

26) 이광석 대표는 극단 엘칸토 출신으로 전대병씨와 함께 팀을 이루어서 소극장을 만들게
됨. 〈서툰 사람들〉, 〈마술가게〉 이광석 연출.
27) 김종진씨는 1998년 처음 인토가 개관하고 약 6개월 후에 합류하여 배우, 음향, 조명,
기획 등을 도맡아서 인토 소극장의 실장 역을 맡았음. 〈서툰 사람들〉하고 〈헛탕〉을
제외하고는 처음 개관공연작인 〈마술가게〉부터 마지막 〈카오스〉작품까지 작업에 참여
함. 현재는 경인종합일보의 인천총괄취재 차장으로 일하고 있음.
28) 전국연극제에서 수상한 작품, 〈청춘예찬〉, 〈물고기남자〉 전국연극제에 출전한 작품.

다목적 공간을 향한 영역까지를 계산하고 확장하기에 이른다. 세 극장 모두 대관을 하기는 했지만 자체 기획한 작품을 위주로 공연장이 활발하게 돌아갔고 특히나 청소년들 단체관람으로 적게는 하루 2회 공연을 유치할 정도로 네트워크를 확보하고 있었으며 또한 미취학 아동과 초등학생을 대상으로 어린이 연극교실도 운영하는 등 남다른 경영의 노하우를 보인다. 당시 김종진 대표는 연수구를 중심으로 학교에 우편 발송을 일일이 하고 학교에 전화를 걸어서 담당자와 통화하고 조금이라도 관심이 보이는 곳에는 바로 찾아가 단체 관람을 성사시키는데 노력했다고 한다. 우스갯소리지만 학교를 방문할 때는 연극인처럼 보이지 않으려고 양복을 갖춰 입고 비즈니스적인 태도로 접근하기도 했다고 전한다. 하지만 그러한 노력에도 불구하고 김종진 실장이 2002년 〈카오스〉29)(김병훈 연출)라는 청소년 극이 처음이자 마지막공연으로 올려지고 인토 소극장을 나온 후 얼마 안돼서 경영진의 부재로 그 해 말쯤 폐관하기에 이른다.

대표적인 레퍼토리는 〈마술가게〉, 〈오즈의 마법사〉, 〈방황하는 별들〉이 있고 해마다 청소년들이나 어린이 대상으로 팀을 나누어서 공연을 할 정도로 당시 인천에서는 가장 많이 공연을 했다고 한다. 극장의 운영비를 충당하기 위해서 아동극을 두 달에 한 번 내지는 석 달에 한 번씩 바꾸어가며 공연을 올릴 정도로 상당히 활발하게 돌아갔으며 연극제를 통해 성인극 작업을 꾸준히 하여 연극의 정통성도 잃지 않으려했던 흔적도 볼 수가 있었다. 이렇게 극장을 이례적으로 세 번이나 옮기면서 개관한 인토는 2002년 말에 폐관하게 된다.

---

29) 〈카오스〉는 청소년들 이야기로 원작은 드림하이 같은 분위기에 악기를 잘 다루는 순둥이들이 기획사 오디션에 합격하는 내용인데 그것을 거꾸로 불량한 애들이 가지고 있는 재능들을 가지고 소속사에 들어가서 공연을 하면서 학교 다닐 때를 회상하며 후에 스타가 된다는 내용으로 당시 공연했을 때 상당한 호응을 받았다고 함.

인토 소극장 김종진 실장 구술 채록문		
	일시	2015년 12월 30일 1시
	장소	부평아트센터 카페
	참여자	김종진, 장구보

1. 인토 소극장의 첫 개관과 두 번의 이전

김종진 : 저희가 학동하고 송도에 처음에 지었다가 인천상륙작전기념관 밑에.

장구보 : 처음에가 거기였어요?

김종진 : 네 모텔촌 있는데, 상륙작전기념관 바로 맞은편이었어요. 주차장. 거기 바로
밑에요. 거기 중간에서 지어서 하다가 애들이 많아져서 좀 더 넓은 데로 가자해
서 넘어온 게 여기 학동예술회관 바로 옆으로 이사를 온 거예요. 지하에다가
얻어서 저희가 직접 손수 나무로 다 한 거죠. 송도하고 거기는 나무로 해서
객석까지 다 만든 거고. 무대랑 조명이랑 다해놓고 거기서 꽤 오래하다가.

장구보 : 그럼 송도에서 하시고 학동 옆에 연수동으로 가시고 그 다음에 한 번 더
가시지 않으셨어요?

김종진 : 예. 그러고 난 다음에 세경상가로 300석으로 옮긴 거죠. 그때는 철판으로
해서 상가 반을 썼어요. 세경상가를.

장구보 : 세경상가는 어디 있는 거예요?

김종진 : 그 바로 밑에요. 그 공원하나 있잖아요. 연수고가 옆에. 공원이 하나있어요.
연수공원인가? 바로 밑에 보면 세경 아파트라는 게 있거든요. 거기 안에 상가
가 있어요. 거기 1층을 저희가 썼었어요. 반을.

장구보 : 아파트가 세경아파트였어요?

김종진 : 네. 그래서 세경상가로 되어있어요.

장구보 : 그러면 혹시 송도로 처음 하셨을 때는 년도 기억나세요?

김종진 : 그게 97년인가 98년인가 그랬을 거예요.

장구보 : 98년이요? 그럼 학동이 생기고 나서?

김종진 : 거의 비슷한 시기였어요. 저희 협회에다 자료 보낸 거중에 년도가 있을 거예요.

2. 인토 소극장의 레퍼토리와 '인토' 극단

김종진 : 제가 연수동에 있다가 〈오즈의 마법사〉라고 KBS인가 MBC팀들하고 맺어서
하는 게 있었어요. 일 년짜리요. 그때 저하고 안 맞는 팀들이어 갖고 그럼 저

는 손을 놓고 빠지겠다.

장구보 : 극단인 거에요? 오즈의 마법사는?

김종진 : 저희 극단 거예요. 저희가 대표적인 게 〈마술가게〉, 그다음에 〈오즈의 마법
사〉, 〈방황하는 별들〉요 세 개는 무조건 레퍼토리에요.

장구보 : 그럼 극단도 〈인토〉에요?

김종진 : 네. 극단 〈인토〉로 해서 인천에서는 아마 제일 많이 했을 거에요.

장구보 : 공연을?

김종진 : 네, 해마다 청소년들 해주고 어린이날 같은 경우는 〈오즈의 마법사〉 한 팀하
고 다른 팀해서 한 팀은 계양구청에서 하고 한 팀은 여기 극장에서 하고.

장구보 : 팀이 구분되어 있었어요?

김종진 : 저희가 많을 때는 30명 이상이 있었어요. 중·고등학생 입시반 학생들도 있었
고. 그래서.

장구보 : 아카데미도 하시고?

김종진 : 네, 겸사겸사 해 가지고. 많이 있어 가지고.

장구보 : 생각보다 많이 활동을 하셨네요. 이게 각 년도를 알려주시면 좋은데, 송도 꺼
연수동 꺼.

김종진 : 음, 지금 송도께 98년 창관? 공연을 했어요. 〈마술가게〉로.

장구보 : 그럼 극단하고 극장하고 동시에 시작된 건가요? 아니면 극단이 먼저 있으셨
나요?

김종진 : 극단을 먼저 만들고 조금 있다가 공연을 한 거죠. 먼저 만들어 놓고 한 달
안에 공연을 시작한 거구요. 그 다음에 두 번째가 99년.

3. 인토 소극장의 두 번째 개관

장구보 : 어떻게 일 년 만에 바로 옮기세요?

김종진 : 네, 왜냐면 공간이 좁았어요. 일 년 좀 넘었던 거 같아요. 그럼 97년인가.

장구보 : 아니면 98년 초이고, 99년 중간이나.

김종진 : 말이긴 해요. 왜냐하면 추운 겨울이었으니까.

장구보 : 그러면 햇수로 2년을 보낸 것처럼 되니까.

김종진 : 거기서 우리가 인천연극제 나가려고 이제 〈동승〉하면서 작품을 만들면서 극
장을 같이 만들었거든요. 99년도.

4. 인토 소극장의 세 번째 개관

장구보 : 그런 다음에 세 번째는?

김종진 : 세 번째가 2001년 이것도 거의 말쯤인 거 같아요. 이게 MBC애들하고.

장구보 : 여기서도 MBC쪽하고 같이 작업을 했어요?

김종진 : 네, 여기는 만들어 놓고 나니까 2001년도 초반인거 같아요. 그리고 난 다음에 〈오즈의 마법사〉를 저희가 공연하고 어린이날 공연하고 그 다음에 이쪽하고 합쳐서 한 거 같아요.

장구보 : 음, 대충 이게 어느 정도까지 하고 폐관됐다고 해야 할까요?

김종진 : 음, 지금 그렇게 해서 극장은 2002년 말까지. 〈카오스〉라고 청소년 연극을 하고 그게 ….

5. 인토 소극장의 레퍼토리

장구보 : 주로 청소년 극을 전문적으로 하셨나 봐요?

김종진 : 아니요. 저희는 베이스는 아동극은 두 달에 한번은 베이스로 깔고 갔어요. 왜 냐하면 그게 인제 운영비가 되니까 그리고 성인극은 연극제나 이런 데에 참여 하는 걸로 계속 갔던 거고 왜냐면 극장을 운영하려면 비용이 있어야 되니까. 그때는 누가 지원을 많이 해줄 때가 아니니까 저희가 아동극으로 해서 아동극 의 수익금으로 해서 극장을 계속 운영했었어요. 그러니까 아동극은 연수동에 서는 저희가 두 달에 한 번 못해야 석 달에 한 번 계속 바꾸고 사오기도 하고 만약 저희가 10작품이 있으면 8작품은 저희가 만들어서 하구요, 2작품 정도 는 사오고.

장구보 : 되게 활발하게 하셨네요.

6. 인토 소극장의 운영

장구보 : 팀에 30명이 있으셨으면. 그러면 이게 전체적으로 배우나 작품하는 공연 팀 하고 운영하는 팀이 구분이 좀 있었나요?

김종진 : 그때는 제가 배우, 음향, 조명, 기획, 제가 총괄 지휘를 했었죠.

장구보 : 실장님이셨네요?

김종진 : 네, 말 그대로 실장으로 불렸으니까요. 제가 주인공으로 아동극 들어간 것 도 있었고, 청소년극 들어간 것도 있고, 뭐 써브로 들어간 것도 있고.

장구보 : 그럼 이광석 대표님은 연출하셨나요?

김종진 : 연출한 작품은 꽤 되시죠. 맨 처음에 〈서툰 사람들〉 같은 경우도. 〈마술가게〉 도 저희 대표님이 하시고.

장구보 : 그러면 이 당시에는 처음 시작할 때 1998년에 그 처음부터 참여하신건가요?

김종진 : 아니요. 저는 한 6개월 후에 왔어요.

장구보 : 그럼 그 전에는 이광석 대표 혼자서 하신 거예요?

김종진 : 팀이 원래 있었고요. 저만 따로 6개월 후에 아는 동생이. 저는 원래 방송 쪽으

로 가려고 해서 방송 쪽 일을 하고 있었는데 아는 동생 놈이 '잠간 작품 하는
데 구경 갈래요?' 하고 갔다가 대표님이 '너 뭐해?' 뭐 이렇게 해서 방송일
조금 하고 있습니다' 그랬더니 '이쪽에서 한 번 해볼래?' 해서 인연이 돼서 …
저는 가자마자 실장직을 쥐가지고 극장을 다 했어요. 그래서 한 달 만에 파악
다 해가지고 그때부터 계속 꾸려 나갔던 거죠. 그러니까 이 세경상가 가기 전
까지는 제가 다 꾸렸다고 보시면 되요.

7. 인토 소극장의 개관 계기

장구보 : 그렇군요. 그러면 이게 왜 생겼는지는?

김종진 : 저희 대표님도 〈엘칸토〉 소속이었었어요. 거기서 나오면서 어차피 뿌리가 하
나다 보니까 '퍼져나가서 우리는 더 활발하게 움직이자' 해서 극장을 만드신
거거든요.

장구보 : 나오고 나서 바로 극단이 있으신 거예요?

김종진 : 나오자마자 바로 극단이 있었죠. 그때 당시에 전대병이라는 친구가 이제 주축
이 돼서 움직였었어요. 그 친구가 고등학교 때 뭐 청소년연극제에서 상도 받
고 좀 활발하게 움직이는 친구여서 대표님하고 연줄이 돼서 극장을 만들고 그
친구들 때문에 대표님이 극장을 만든 거예요.

장구보 : 전대병씨를 중심으로?

김종진 : 네.

장구보 : 그분은 연극 배우였어요? 그때 당시?

김종진 : 네, 연극배우였죠.

장구보 : 인천에서?

김종진 : 네, 지금도.

장구보 : 〈인토〉 소속이었어요?

김종진 : 네.

장구보 : 처음부터?

김종진 : 네, 그러면서 그 친구는 방송 쪽에 더 뻗어나가서 방송 일을 하면서 극장
에 필요한 부분이 있으면 와서 하고.

8. 극장명의 뜻

장구보 : 극장 이름은 왜 〈인토〉일까요?

김종진 : 사람 '인'에 흙 '토'라고 해서 '사람은 흙을 밟아야 한다'고 해서 그렇게 졌
다고 ….

장구보 : 그렇구나.

김종진 : 사람 '인'에 흙 '토' 자예요(웃음).

장구보 : 뭔가 있을 것 같은데….

김종진 : 저도 그렇게 들었어요. 저도 처음에 갔는데 똑같이 물었어요. '왜 인토냐?' 그
랬더니. 사람 '인'에 흙 '토'자라고 사람은 흙을 밟고 살아야 한다고 그래서 인
토라고 ….

9. 극단 '인토'의 활발한 활동

김종진 : 저희는 전국연극제도 나갔고요, 〈동승〉 같은 경우에도 전국연극제 나가서 상
도 받으시고 누구 이었더라 배우들이 상 받은 것도 있고.

장구보 : 〈인토〉 안에서?

김종진 : 네, 그 다음에 뭐 〈청춘예찬〉 같은 경우도 전국연극제에서 예선에 나갔었고.

장구보 : 그건 자료 다 주셨죠?

김종진 : 네. 〈물고기 남자〉도 전국연극제 나갔었고.

장구보 : 이거 다 하시는 중간에 있었던 작품들인 거예요?

김종진 : 네. 제가 〈카오스〉까지 하고 〈서툰 사람들〉하고 〈헛탕〉만 빼고는 제가 다 참여
했던 작품이에요. 〈마술가게〉부터 시작해서. 〈서툰 사람들〉하고 〈헛탕〉은 전대
병 친구가 이제 계속 연을 이어 갈라고 극장은 없는 대신에 연극제에 계속 참가
를 한 거죠.

10. 인토 소극장에서의 퇴사와 폐관

장구보 : 그러면 지금은 아직도 활동을 하시는 거예요? 본인이랑 전대병씨랑?

김종진 : 저는 한 십년정도 떠나 있다가 왔어요.

장구보 : 이게 없어진 게 2002년이라고 했으니까 ….

김종진 : 〈카오스〉하고 제가 그만 됐으니까요. 〈카오스〉까지만.

장구보 : 그게 2002년 이라는 거죠?

김종진 : 그러고 나서 그만둬서 예, 그전에 한 번 내가 그만두기는 했어요. 일 년 안
되게. 〈오즈의 마법사〉하면서 그때 잠깐 그만뒀다가 제가 이제 다른 일, 쇼핑
몰에서 장사를 하고 있는데 여기 있는 배우 애들이 저를 봤다고 대표님한테
얘기해서 나타나서 6개월 만에 다시 끌려갔죠. 그래서 원래 6개월만 다시 해
주기로. 저는 나오면 그냥 안 나오고 시스템을 딱 만들어 드리고 나오거든요.
그래서 그 시스템을 보기 편하게 하드디스켓이었으니까 한 열 다섯 개를 해서
만들어서 드리고 나와서 했는데 제가 없으면 안 된다고 다시 가서 '그럼 제가
6개월 만 도와 드리겠습니다' 했다가 분위기가 좋아서 '일 년까지 연장을 하겠
습니다.'했는데 일 년 갔는데도 조금 그니까 뭐랄까 대표님이 이제 활성화를
더 시켜야 되는데 자꾸 이제 배우를 하고 싶어 하시니까 작품을 ….

장구보 : 경영보다는?

김종진 : 그런 쪽이 좀 있으셔 갖고 저하고 트러블이 있어서 저도 그냥 그러면 '일 년까지만 하고 그만 두겠습니다'해서 〈카오스〉를 마지막으로 딱 해주고.

장구보 : 그런데 나오자마자 거기도 문을 닫고.

김종진 : 그렇죠. 거기 운영할 사람이 없었으니까 왜냐면 제가 고등학생도 있고 성인반도 있었지만 대부분 왔다갔다 거쳐 가는 친구들이잖아요. 그렇지만 저 같은 경우는 몇 년을 그 밑에서 계속 제가 보좌를 해드렸으니까. 그러다가 이제 한 순간에 없어져버리니까 … 대표님 혼자 300명 객석을 채운다는 게 힘들어요.

11. 인토 소극장의 구조

장구보 : 힘들죠. 300석이면 되게 일반 상가에서 이렇게 까지. 이게 다 계단식이었어요?

김종진 : 네, 다 철판으로 계단을 만들었어요.

장구보 : 첫 번째 두 번째 소극장도 다?

김종진 : 네.

장구보 : 무대도 다 따로 구분을 하시구요?

김종진 : 네, 구분 지어서.

장구보 : 몇 평 몇 평 몇 평으로 기록할 수 있을까요?

김종진 : 그거는 ….

장구보 : 아니 그럼 객석수로는 300석, 두 번째는?

김종진 : 150에서 200석 정도 된 거 같아요.

장구보 : 그 다음 송도 거는?

김종진 : 송도께 한 150석 됐던 거 같아요. 그러니까 점점 크게 나갔던 거죠.

장구보 : 150석에서 200석에서 300석까지?

김종진 : 300석은 뭐냐면 청소년들이 앉았을 때 300석이 꽉 차면 300석이에요.

장구보 : 그러면 부대시설은 어떻게 좀 달라졌어요?

김종진 : 무대도 넓어지고.

장구보 : 분장실 같은 건?

김종진 : 그렇죠. 훨씬.

장구보 : 여기 세 번째는 분장실이 있었겠네요?

김종진 : 다 있었어요. 분장실은.

장구보 : 대기실 그런 거 있었어요?

김종진 : 대기실하고 분장실하고 거의 같이 쓰다시피 한 거죠. 그러니까 요기 두 번째 소극장 지하만 협소해서 분장실하고 대기실을 같이 썼고요, 첫 번째나 세 번째 소극장 같은 경우는 양쪽으로 다닐 수 있는 공간이 있었죠. 그리고 사무실 따로 있고, 세 번째 소극장은 로비도 따로 있었어요. 앞에. 그래서 ….

장구보 : 사무실은 세 개다 따로 있으셨죠?

김종진 : 그렇죠. 사무실은. 여기 두 번째 같은 경우는 객석 밑에.

장구보 : 객석 밑에? 아 구조가 특이하네요?

김종진 : 예, 왜냐면 객석 밑에는 공간이 남으니까요. 나무로 세워놓고 하니까 튼튼하게 해놓고 거기서 이제 받침대용으로 지지대용으로 책상을 놓고 사무실로 쓰고 세 번째는 사무실 자체가 따로 있었고요. 첫 번째 소극장이 반 지하, 두 번째가 지하, 세 번째는 1층.

장구보 : 1층에?

김종진 : 네, 1층의 반을 거의 다 썼죠.

장구보 : 그럼 세가?

김종진 : 300인가? 300정도 했던 거 같아요.

장구보 : 1층에 극장은 처음 보는 거 같아요.

김종진 : 네, 저희가 처음이에요. 〈학동예술회관〉이 2층에 있었는데. 여기도 좁다 보니까 애들 용으로 많이 쓰셨고. 그 빛 가리려고 엄청 고생을 많이 하셨고. 그런데 저희는 하다가 1층 해놓고 전체적으로 다 메꿔 버렸으니까요. 극장 안에는. 로비에서는 놀 수 있게 해놓고. 극장 안에 들어가면 완전히 암흑으로 해놓고.

장구보 : 이렇게 잘 만들고 참 안타깝네요. 그 건물들은 아직 다 있나요?

김종진 : 네, 아직 다 있어요.

장구보 : 다 있어요? 셋 다다?

김종진 : 그런데 다 다른 용도로 사용하고 있죠.

장구보 : 다 뜯어서 나오셨겠네요.

김종진 : 그렇죠. 여기 있는 걸 뜯어서 갖고 온 거고 모자란 부분은 메꾸고, 여기는 철판으로 해야 하는 상황이라서 기존 극장 거를 다 포기하고 철판으로 일일이 다 용접 다해서 ….

장구보 : 왜 철판으로 하셨어요?

김종진 : 좀 안정성을 위해서요. 나무는 아무래도 조금 흔들리는 부분이 많잖아요. 용접하고 쇠로 하게 되면 지지대가 아무래도 튼튼한 면이 있고 쾅쾅 뛰어도 저희는 여기서 미니 콘서트 할 정도까지.

장구보 : 아 ….

김종진 : 튼튼하게 만들어놨어요. 그래서 서울 팀들이 콘서트 자기네 하자고 제의도 많이 왔었고. 그런데 저희는 극장용이지 그런 용은 아니라고 해서 캔슬을 냈었거든요. 그래서 인디밴드들이 전화는 많이 왔었어요. 극장보고.

12. 인토 소극장의 운영 II - 대관

장구보 : 대관은 안하셨었어요?

김종진 : 네.

장구보 : 이 세 극장 다 대관은 안하셨었어요?

김종진 : 대관은 해주긴 하죠. 많이는 못하고. 왜냐하면 저희가 작품을 계속 해야 하니까.

13. 인토 소극장의 폐관 계기

장구보 : 폐관은 그러니까 경영진의 부재인거네요.

김종진 : 그럴 수도 있고요. 왜냐면 저희 극장 철판 없애는 날 저한테 전화가 왔었어요.

장구보 : 대표님한테?

김종진 : '종진아' '네' 그랬더니 '극장 오늘 철거 한다' '네?' 그래서 ….

장구보 : 그 날짜가 2002년 말이에요?

김종진 : 네. 그래서 뭔 소리냐고 그랬더니 극장 철거하기로 했다고. 가슴이 아프기
도 했지만 한편으로는 쓸쓸하고 아프고 ….

장구보 : 그게 나오고 일 년 정도 뒤에요?

김종진 : 아니요. 나오고 바로 얼마 안 됐을 때에요. 6개월 정도.

장구보 : 그럼 〈카오스〉가 여름쯤에 끝났으면 겨울에?

김종진 : 그렇죠. 그러다보니까.

장구보 : 바로네요. 거의.

김종진 : 그렇죠. 저 나오고 작품이 거의 없었으니까.

장구보 : 이 세가 계속 나갔을 거 아니에요?

김종진 : 그렇죠. 그걸 감당을 못하니까. 왜냐면 작품을 올려서 계속 공연을 ….

장구보 : 왜 없었어요? 그 이후에 실무진을 할 만한분이?

김종진 : 없었죠. 네, 왜냐면 저같이 그렇게 ….

장구보 : 그분은 뭐 하셨어요?

김종진 : 그 친구는 그때 한참 방송할 때였어요.

장구보 : 아, 그 친구는 두 번째 극장 할 때부터 방송 쪽 일을 했다고 그랬죠?

김종진 : 네, KBS 멋진 친구들 찍고 한참 텔레비전에 나올 때였어요. 영화 찍고 이러
면서.

장구보 : 관심이 없으셨구나.

김종진 : 네.

14. 극단 '인토'의 새로운 시작과 레퍼토리

김종진 : 그래서 저희가 올 해 인천에 극단을 등록했고요, 내년에는 연극제에 참여 하려
고 합니다. 저희는 부활이 되는 케이스이고 정관에 없는 거라 지금 골치가 아픈
가 봐요.

장구보 : 대표님이 〈인토〉 다시 하시는 거 허락하셨어요?
김종진 : 네 동암에서 횟집을 하실 때 가서 제가 선전포고를 했죠. '제가 극단 인토를
        할테니까 저에게 넘겨주십시오. 제가 사업자 만들어서 하겠습니다.' 다들 놀
        랐죠. 왜냐면 다들 저는 안할 거라고 생각 했대요. 그런데 저는 옛날부터 내
        가 연극판에 다시 돌아오면 그 청소년극 〈카오스〉란 작품을 하면서 극단을
        다시 살릴 거라고 ….
장구보 : 〈카오스〉는 어떤 내용이에요?
김종진 : 음, 청소년들 얘기인데요. 원작은 순둥이들이 드림하이 같은 분위기에요. 순
        둥이들이 악기를 다룰 줄 알아서 악기를 다루면서 그 기획사 오디션에 합격을
        해서 힘들어지는 원작을 저희는 뒤집었어요. 이 불량한 애들이 알고 봤더니
        한 가지씩 재능이 있는 거에요. 뭐 절대음감이라든지 악기를 잘 다룬다든지
        … 이런 친구들로 바꿔서 그 콘셉트를 해서 소속사에 들어가서 공연을 하면서
        내가 왜 학교 다닐 때 공부나 뭐 이런 회의를 느끼게 해서 ….
장구보 : 뒤늦게 철 드는 거네요?
김종진 : 네, 그래서 나중에는 얘네들이 대 스타가 되는.
장구보 : 음, 그런데 이름은 똑같이 〈카오스〉로 하신 거예요?
김종진 : 왜냐면 작가분이 제목은 바꾸면 안 된다고 해서.
장구보 : 그럼 청소년들이 직접 출연하는 거예요?
김종진 : 그때 청소년들이 직접 출연하고 저희가 원래는 올 라이브로 갈려고 했었어요.
        드럼, 기타, 베이스, 키보드까지 4명 그리고 싱어까지 5명.
장구보 : 그럼 5명이 연기하면서.
김종진 : 그렇게 하려고 했는데 드럼 하는 친구가 좀 못 하더라고요. 그래서 결국은 녹음
        으로 갔어요. 나머지는 다 라이브가 됐었어요. 그래서 이제 음악을 틀긴 했지만
        라이브로 치다시피 했어요. 그러고 나서 중간에 춤추는 씬을 만들어서 그 학교
        에 춤 잘 추는 학생은 꼭 한명은 있잖아요? 나오게 해서 배틀을 뜨게 해요.
장구보 : 아, 같이 참여해서?
김종진 : 그렇게 5분을 하고 났더니 그 다음부터 공연을 해달라는 요청이 많이 들어왔
        어요. 그런데 그걸 못하고 문을 닫은 거죠. 그게 마지막 작품이었으니까.
장구보 : 한참 더 잘 팔릴 수 있을 때 그만둔 거네요.
김종진 : 내가 나옴으로 인해서.
장구보 : 카오스는 그럼 이때 처음 한 거예요?
김종진 : 네. 첫 작품이었어요.
장구보 : 처음이자 마지막으로 하고 끝난 거네요?
김종진 : 딱 한 작품이에요. 하나.
장구보 : 여기 세 번째 공연장에서는?

김종진 : 네.

장구보 : 그렇구나.

김종진 : 딱 한번하고 그 선생님이나 그 선생님 친구 분들이 소개 소개 해갖고 온다고
　　　했는데 저는 이제 나온 상태였죠.

장구보 : 그럼 지금 하시면 공간도 마련하시겠다는 거예요?

김종진 : 지금당장은 아니어도.

장구보 : 나중에 연극제 나가시고 그러면서.

김종진 : 봐서 극장을 좀 지을까. 저희는 뭐 짓는 거는 선수들이니까.

15. 아동극에 대한 편견

김종진 : 지금도 아동극한다고 하면 손가락질을 해요. 아동극 한참 할 때도 대표들이 ….

장구보 : 이질감이 좀 심했던 거 같아요.

김종진 : 네, 엄청 심했어요.

장구보 : 그 판에서는 분류를 한 거 같아요.

김종진 : 아동극을 하면 최하급으로 취급을 했었어요.

장구보 : 그리고 지원금도 안주고.

김종진 : 네, 진짜 연기 못하는 사람들이 아동극 한다고 생각하는 분들이 많았어요. 대부
　　　분이.

장구보 : 지금은 그래도 달라지지 않았나요?

김종진 : 조금 올라갔죠. 인천에 있는 대표님들은 아동극하시는 분들이 없어요. 극단
　　　을 갖고 있는 분 중에 아동극을 하는 분들이 한 분도 없어요.

장구보 : 그때 분들이 다 그 7~80년대 분들이시니까.

제 2279 호

상 장

최우수상   물고기 남자
작 품 명   (극단 인토)

위 단체는 2002인천연극제(제20회전국연극제
예선)에서 가장 우수한 성적으로 입상하였으
므로 이에 상장을 수여함.

2002년   3월   24일

한국예술문화단체 총연합회

인천광역시회 회장 이 선 주

극단 '인토' 최우수상 수상 상장

극단 인토·피어나 소설 가시고기 5일 무대에

2002년 02월 01일 금요일

댓글 0 ▫▫▫▫▫

베스트셀러였던 소설 '가시고기''가 연극으로 선보인다.

극단 '인토''와 '피어나''는 인토아트센터 개관기념으로 조창인 원작의 '가시고기''를 연극적 요소에 맞게 각색, 무대에 올린다.

1백50여만명의 독자가 읽은 베스트셀러로 잘 알려진 이 소설은 지난해 연극 및 드라마로 제작돼 선보이는 등 우리에게는 너무 잘 알려진 작품. 백혈병을 앓고 있는 아들을 살리려 모든 것을 바치는 아버지의 눈물겨운 사랑 이야기를 담고 있다.

초등학교 3학년인 다움이는 엄마 없이 아빠와 살고 있는데 백혈병을 앓고 있다. 가난한 시인인 아버지는 아들에게 맞는 골수 기증자를 찾아내고 수술비를 마련하기 위해 신장매매를 선택한다.

그러나 병원에서 검사 결과 간암 말기라는 판정을 받아 아빠는 6개월 시한부 인생으로 죽음을 앞두게 된다.

아빠는 궁리 끝에 각막 이식 수술로 아들의 병원비를 마련해 주고 아들을 이혼한 엄마와 함께 프랑스로 떠나보내기로 결정하는데….

"잘 가라, 아들아. 이젠 영영 널 볼 날이 없겠지. 너의 목소리도 들을 수 없겠지. 세상에 널 남겨둔 이상 아빠는 네 속에 살아 있는 거란다."

아름다웠던 아들과의 추억을 안은 채 이별을 하며 마지막 남긴 아버지의 말.

암컷이 알을 낳고 떠나버리면 수컷은 혼자 남아 알을 보호하고, 알에서 깨어난 새끼들의 먹이가 되는 것으로 일생을 마감하는 물고기 가시고기처럼 진한 부성애를 느끼게 한다.

인천시립극단 출신인 손민목씨가 연출 및 각색을, 극단 인토 대표인 이광석씨가 아버지역을 맡았으며 이미나, 안덕호, 최정순씨 등이 출연한다.

공연은 5일부터 28일까지 매주 월요일을 제외하고 매일 공연된다.

평일 오후 7시, 수·토요일 오후 3시 7시, 일·공휴일 오후 3시. 관람료 일반 1만2천원, 단체 1만원, 학생 5천원. 연수동 문화공원 옆 세경마트 1층 인토아트센터.

☎821-0110 〈양순열기자〉
syyang@incheontimes.com

극단 '인토' 기사자료30)

---

30) 인토 소극장의 세 번째 개관에 대한 기사, 2002년 2월 1일자 인천일보.

올 인천연극제에서 최우수상을 수상한 극단 인토의 '물고기남자'
물질만능시대 인간의 정체성 상실을 다룬 작품으로, 올 가을 전국연극제에 나간다.

'물고기 남자' 전국연극제 참가

2002년 03월 26일 화요일

댓글 0 [아이콘들]   폰트 + -

극단 '인토'(대표·이광석)의 '물고기남자'(연출·이재상)가 '2002인천연극제'에서 최우수작품상
을 수상, 오는 9월 전주에서 열리는 '제20회 전국연극제' 출품작으로 결정됐다.

'물고기 남자'의 무대는 남해 연안 양식장. 무더운 여름 바닷물의 급속한 온도상승으로 적조현
상이 일어나 양식장 물고기들이 떼죽음을 당한다. 김진만과 이영복은 동업자로 물고기 양식에 관
한 경험이 전혀 없음에도 불구, 브로커의 말에 속아 양식장에 공동투자했다가 완전히 망하게 된
다.

어느날 그 바다에 관광선이 침몰하자 유족들이 몰려온다. 사체가 있으면 보상금이라든가 보험
금이 조속히 지급되지만 사체가 없으면 사망 사실이 밝혀질 때까지 몇년간이나 보류된다.

김진만은 브로커가 묵고있는 읍내에서 자기 남편의 사체를 찾아주면 거액의 사례비를 주겠다는
한 여자를 만난다. 그는 사례비 받을 욕심에 그 남자를 찾아내는데 다행히 살아있었다. 그러나 사
망자에게만 보상금과 보험금이 지급되고 사망하지 않으면 자격이 없다는 사실을 알게된다.

'물고기남자'는 인간의 관계와 존재에 관한 연극이다. 물질만능주의에 젖어 저마다 이기적으로
살아가는 세상속에서 인간의 정체성을 상실하는 사람들의 모습을 그렸다. 인간은 서로 관계를 통
해서만 존재감을 확인할 수 있는데 이런 관계를 단절하고 서로 소외된 채로 사는 현대인의 모습
을 메시지로 전한다.

연출자는 사람들의 호흡과 내면의 움직임을 표현하고 긴장감을 유지하기 위한 템포의 조정, 황
량한 세계를 상징하는 단순하고 텅 빈 무대, 인물의 내면을 드러내는 감각적 조명 등에 신경을 썼
다.

'인토'는 오는 4월부터 인토아트센터(연수동)에서 초 중 고등학생을 대상으로 공연을 펼칠 예
정이다.

한편 지난 16일 개최, 오는 31일까지 계속되는 인천연극제에는 '날보러와요'(엘칸토) '해가지
면 달이뜨고'(피어나) '가스펠'(아프로디테) '고도를 기다리는 광대들'(마임) '그 섬이 있다'(예
랑)와 '물고기남자' 등 모두 6개 작품이 출품했다. 〈김진국기자〉

freebird@incheontimes.com

2002년 3월 26일자 인천일보

〈극단 '인토'의 연혁〉

연월일	단체명	행사(공연)명	행사(공연) 장소	행사(공연) 기간
98년	극단인토	마술가게	인토 소극장	30일
99년	극단인토	동승	문화회관	15일
2000년	극단인토	방황하는 별들	종합 문예회관	30회
2001년	극단인토	청춘예찬	종합 문예회관	15회
2001년	극단인토	오즈의마법사	수원, 의정부, 과천, 전주, 부천, 대전, 인천	1년
2002년	극단인토	물고기남자	종합문예회관	10회
2002년	극단인토	물고기남자	전주 소리의전당	5회
2002년	극단인토	카오스	인토 소극장	30일
2003년	극단인토	서툰사람들	문화회관	7회
2004년	극단인토	허탕	문화회관	7회
15-10-20	극단인토	행복해 장유씨	문학씨어터	2회
15-11-27	극단 태풍·인토	오디션	문학씨어터	4회

5. 소극장에 예술경영을 도입한 보물상자 소극장

극장명 : 보물상자 소극장

주소지 : 인천광역시 연수구 선학동 408-3

　　　　(현주소의 근처지에 있었다고 함)

개관일자 : 1998년

폐관일자 : 2008년

극장대표 : 오영일

"저희가 극단이 인천에서 재창단된 게 92년도였으니까요. 그 전까지는 대학교 1학년 때 인형극을 했었어요. 92년도에 결혼하면서 회사를 접고 본격적으로 극단 이름을 보물상자로 하면서 운영을 하다가 예술경영적인 측면에 일찍부터 관심을 갖고 직원들도 많이 늘어나고 예술관련 사업을 시작했죠. 그래서 엔티켓이라는 티켓 예매사이트도 만들고 컬쳐인이라는 잡지책도 만들고 공연기획도 하다보니까 직원들과 배우들이 많이 늘어나서 이왕이면 공간을 갖고 하는 게 어떨까 해서 하게 되었습니다."

보물상자는 현재 소재하고 있는 사무실의 옆 옆 건물에 개관한 것으로서 1998년부터 십년간 어린이 전용극장으로 운영하게 된다. 직원이 30명 정도로 꽤 큰 경영적 규모를 갖추고 어린이를 대상으로 한 다양한 공연물을 직접 제작하다 보니 그 중에는 매직컬과(매직을 섞어서) 같은 퍼포먼스 극도 포함된다. 극단 〈보물상자〉는 1992년 재창단 된다. 젊은 시절 오 대표는 대학교 때 인형극을 하다가 직장도 다니고 봉사도 하고 결혼을 하면서 회사를 그만두고 본격적으로 극단 이름을 〈보물상자〉로 운영을 하다가 예술경영적인 측면을 관심을 갖고 운영을 하다 보니 직원들도 많이 늘어나고 엔티켓(티켓 예매사이트), 잡지책(컬쳐인) 공연기획을 전문성 있게 하게 되면서 배우들과 직원이 30명이 될 정도의 규모를 갖추게 된다.

"사실은 공간을 소유한다는 것은 마이너스로 생각을 하셔야 해요. 왜냐면 상업부지라고 생각을 한다면 태생자체가 불리합니다. 예를 들어, 가게는 10시간에서 24시간을 운영하는데 저희가 극장을 소유하게 되면 하루에 2시간 정도(수익성 창출 시간)밖에 안 되지요. 외부의 시스템이 구축되지 않았을 때 예를 들어 후원금이나 자생할 수 있는 게 아니면 공간을 유지한다는 건 사실상 불가능합니다. 공간 회전율을 높이는 방법을 찾던지 아니면 외부에서 경영적인 수혈이 들어오지 않으면 공간 자체에서 수익성을 창출해서 운영 한다는 건 불가능합니다. 저희가 오래할 수 있었던 것은 바로 이런 관점(예술 경영적 관점)을 갖고 시작을 했던 것이지요."

"전체 평수로는 140평정도 됐고요, 좌석으로는 계단식이 아닌 개인의자였기 때문에 100석 정도 됐습니다. 공간은 건물 4층에 있었고요, 아주 높진 안았지만 조명시설 할 만한 높이였지요. 교육기관의 회원화와 데이터로 구축해서 지속적으로 관람하도록 유도했고 문화를 소비하는 단계는 최초가 어린이라고 생각했고 예술행위라고 하면 얕고 가볍게 생각하는 경우가 있는데 제작비도 낮고 시 관점에서도 그렇고…거꾸로 그들에 대한 문화예술 향유를 높여줘야지만 그들이 나중에 거부감 없이 소비자가 된다는 거죠. 그래야 아이들이 나중에 소비주체가 될 수 있는 거죠. 그런 관점을 중요하게 생각했고 그래서 어린이를 대상으로 전문적인 소극장을 운영하기 시작했습니다."

현재 〈엔티켓〉 홈페이지 모습

자체적으로 기금이나 형태의 운영은 독소이기 때문에 다른 경영적 철학을 갖고 경영을 하면서 그 당시 문화예술단체보다 앞선 경영마인드로 접근, 직원들 월급을 주면서 인형극 공연을 2500~3000여 회 하였다. 오영일 대표는 문화의 본질은 지키면서 유통시스템에 대한 작품수명을 지속해야 한다고 보았다. 어린이들을 대상으로 공간을 소유 한다는 건 마이너스를 생각하고 시작하였고 공간회전율을 높이고(실제적으로 수익성을 창출하는 공간으로서는 하루에 2시간 정도이기 때문에 태생적으로 마이너스다.) 후원이라든가 협력 등과 교육기관과의 회원화를 통해 외부시스템을 구축하는 등의 경영마인드로 운영한 것을 엿볼 수 있다. 극장 공연의 수입이 주는 아니었다. 극장 크기는 140평 정도로 좌석으로는 계단식 말고 개인 의자가 100석 정도 4층에 위치하였다. 천장은 아주 높지는 않지만 조명 시설을 할만 했다. 어린이극장을 운영하고자 한 데에는 문화소비는 어린이부터 시작해야 한다고 생각하고, 외부 시각에서는 제작비도 낮다고 생각하는데 그들에 대한 문화예술 향유를 높여줘야지만 나중에 거부감 없이 소비자가 될 수 있다고 보았기 때문에 소비주체가 되는 투자를 한 것이며 장르의 세분화 계층의 세분화 만족도나 빈도수를 어릴 때 많이 충족을 시켜줘야 한다고 보았다. 이렇듯 동시대의 소극장 운영과는 달리 철저히 대표가 예술 경영적 마인드로 시작한 결과 지역에서는 오히려 시기질투의 대상(사랑티켓을 위탁받아서 운영하기도)이 되고 지역사회랑 충돌 하는 경우가 빈번하게 있다 보니 여러 가지 사회분위기상 극장도 더 이상 운영을 하지 않고 사업도 반납하게 되었다고 한다. 향후에 예총 민예총에 속하지 않고 회원에게 서비스를 제공하는 하나의 단체를 만들자고 해서 한국예술경영협회를 만들고 극단 〈보물상자〉를 현재도 운영 중에 있다. 극단 〈보물상자〉의 뜻은 상자 안에 원하는 보물이 들어있다는 의미로 '아이들이 자기만의 보물, 즉 각자가 자기들의 꿈을 꾸었으면 좋겠다'고 하는 의미에서 〈보물상자〉로 지었다고 한다.

> "왜 소극장을 접었냐하면 지역사회에 비판의 여론이 형성되기 시작했습니다. 그래서 지역사회와 충돌되는 것에 대해서는 기금이나 공모를 하지 않기로 했습니다. 사랑 티켓도 저희가 직접 운영했었는데 그러한 것들도 접기 시작했습니다. 당시에는 그러한 예술경영관점이 부재했었고 지역에서 방어체제가 없었기에 한꺼번에 문 닫고 이사하면서 극장 공간은 접고 제작실 연습실 두고 사무실만 운영하기 시작했습니다. 그래서 사단법인한국예술경영인협회로 예술경영인 관점 서비스를 제공하는 하나의 단체를 만들자고 해서 이어가고 있습니다."

〈보물상자〉 레퍼토리 작품소개

이솝우화 〈여우가 들려주는 이솝이야기〉

다문화인형극 〈토리와 우리〉

창작인형극 〈피노키오〉

경제인형극 〈부자가 된 아기돼지 삼형제〉

환경인형극 〈나편해 박사와 지구 수비대〉

고전 인형극 〈요술항아리〉

고전인형극 〈놀부동생 흥부〉

창작인형극 〈내 이름은 라꾸꺼〉

보물상자 소극장 오영일 대표 구술 채록문		
	일시	2015년 5월 29일 10시
	장소	사)한국예술경영인협회 사무실
	참여자	오영일, 장구보, 최혜정

1. 보물상자 소극장의 위치

장구보 : 보물상자는 위치가 어디였나요?

오영일 : 지금 사무실 옆 옆 건물이었어요.

장구보 : 아 그렇군요. 그럼 극장은 몇 년도에 하신건가요?

오영일 : 1998년부터 거의 10년 했어요.

장구보 : 그러면 보물상자에서 느껴지는 것은 어린이 전용극장?

오영일 : 네네.

장구보 : 10년이면 엄청나게 길게 운영했네요. 능력이 좋으셨나 봐요?

오영일 : 한간에 소문이 아버님이 재벌이었다는 소문이(웃음). 그때 당시에 직원이
　　　　 30명 정도 있어가지고 그런 소문이 났어요.

최혜정 : 30명이면 꽤 많은 ….

장구보 : 극장 경영 장수하셨네요. 저희가 조사한 소극장 중에 최고신데요?

오영일 : 네, 최고일겁니다. 한결같이.

2. 보물상자 소극장의 레퍼토리

장구보 : 어린이 작품만 하셨어요?

오영일 : 아니요. 퍼포먼스도 했고요. 매직컬 이라고 해서 미술을 섞어서 하는 것도 했고
　　　　 요. 대상은 어린이들이었고요. 어쨌든 장르로 따지면 다양한 것들을 했지요.

장구보 : 레퍼토리가 되게 많았겠어요.

오영일 : 네 아무래도 다른데 보다는. 공연장을 직접 하면서 제작까지 직접 한 거니
　　　　 까. 다른 데는 대관을 하거나 그러는데 저희는 그런 부분에 있어서 ….

3. 90년대 극장들과의 교류

오영일 : (소극장 현황 표를 본다) 〈학동〉야, 진짜 오래간만에 들어보네. 〈인토 소극장〉?

장구보 : 거기는 여러 차례 옮겨서.

오영일 : 아! 이광석 대표?

장구보 : 잘 아세요?

오영일 : 연락이 안 되시죠?

장구보 : 연락되세요?

오영일 : 아니요. 다들 뿔뿔이 흩어져서.

장구보 : 그 시대에 다들 같이 하셨죠?

오영일 : 네, 그 시대에 다들 같이 모이고.

장구보 : 교류도 하셨었어요?

오영일 : 네, 만나서 식사도 같이하고 그랬죠.

장구보 : 다 교류는 하셨군요. 삼미쇼핑센터는 아세요?

오영일 : 네, 거기에도 있었었죠. 운영을 그런 식으로는 하지 않았고요. 예술인이 했다기보다도 삼미 그쪽에서 '공간 활용차원에서 행사장을 어떻게 할까?' 하면서 했던 기억이 납니다. 〈꼬마세상〉이 극장이 있었군요?

장구보 : 네, 80에서 100석 정도의 크기로 했었더라고요.

4. 보물상자 소극장의 개관 계기

장구보 : 저기 98년도에 딱 소극장을 시작하셨잖아요? 그 계기가 있으세요? 그전에 아니면 어린이 극단을 하시다가 공간이 필요하셔서?

오영일 : 그렇죠. 저희가 극단이 인천에서 재창단된 게 92년도 이었으니까요.

장구보 : 재 창단이라면?

오영일 : 제가 사실은 대학교 1학년 때 인형극을 했었어요. 인형극하면서 자원봉사를 하다가 직장도 다니면서 결혼하면서 회사를 때려 치고 본격적으로 극단이름을 〈보물상자〉로 하면서 운영을 하다가 잘 나가다 보니까. 마케팅적인 개념에서 예술경영적인 측면을 좀 어렸을 때부터 많은 관심을 갖다보니까 직원들도 많이 생기고 예술관련 사업을 했죠. 〈엔티켓〉이라는 티켓 예매사이트도 만들고 〈컬쳐 인〉이라는 잡지책도 만들고 다 저희가 한 거죠. 그래서 공연기획도 하면서 하다보니까 직원들도 배우들도 많이 늘어나서 이왕이면 공간을 소유하자 해서.

5. 극단 '보물상자'의 장기적 운영 비결

장구보 : 이렇게 운영을 하려면 자본이 있어야 하지 않나요?

오영일 : 자생력이죠. 돈을 벌어야죠.

장구보 : 레퍼토리 작품으로요?

오영일 : 아니요(웃음). 사실은 예술경영 특강을 들으셔야 하는데요. 기금이나 이런 형태로 많이 하시잖아요. 이런 게 독이 될 수 도 있잖아요? 저희는 그것으로 예술극단을 운영하기 힘들다고 생각을 하구요. 약간 다른 경영적인 철학을 갖고 있어서. 직원들 다 월급주면서 하고 있습니다.

장구보 : 비결이 뭘까요?

오영일 : 경영적인 마인드?(웃음) 갈등적인 부분이 있는데요. 보통 예술극단들은 작품적 예술적 마인드 중요하죠. 물이라는 본질은 아름답고 순수한 거니까. 저는 물의 유통에 대한 관심이 많아요. 문화의 본질은 지키면서 이게 인제 지속적이고 반복적일 수 있도록 하는 것. 저희 행위 자체가 단일성에 가깝잖아요. '작품을 만들면 그게 사라지게 되고 저는 그 작품이 수명 주기를 늘려야 된다.' '내측생산 외측소비를 해야 한다.' 이런 말도 안 되는 이야기들을 하지요. 그러면서 저희가 그 케이스를 만들고 있는데 저희가 인형극을 교육 사업을 하고 있는데요. 이런 말 하면 안 믿으시겠지만 저희 인형극이 연 2,500회 내지는 3,000회 공연을 하거든요.

최혜정 : 아, 되게 많이 하시네요.

장구보 : 대상은 다 학교인가요?

오영일 : 아니요. 어린이들 대상이구요. 사실 공간을 소유한다는 것은 마이너스로 시작을 생각하고 하셔야 해요. 보통 분들이 생각을 잘못하고 계시죠. 상업부지라고 생각하면 태생자체가 불리하죠. 예를 들면 가게는 10시간에서 24시간 운영을 하는데 극장을 소유하면 2시간 정도만 수익성 창출사업을 하는 거죠. 태생적으로 공간을 소유하는 건 마이너스이기 때문에 외부의 시스템이 구축되지 않았을 때 쉽게 말해서 후원금이라든가 자생할 수 있는 게 아니면 공간을 유지한다는 건 사실상 불가능하다는 것이죠. 공간 회전율을 높이던지 아니면 외부에서 경영적인 수혈이 들어오지 않으면 공간 자체에서 수익성을 창출한다? 불가능합니다.

6. 보물상자 소극장의 공간

장구보 : 그런데 2008년까지는 극장을 운영하신 거잖아요? 공간은 얼마나 됐나요?

오영일 : 평수로는 140평정도 됐고요. 좌석으로는 개인의자였기 때문에 계단식 말고 100석정도 됐어요.

장구보 : 지하층이었나요?

오영일 : 아니요. 4층이었어요. 조명을 달 만큼의 천장 높이는 나왔죠.

7. '보물상자' 극장명의 이유

장구보 : 〈보물상자〉는 왜 보물상자라고 하셨어요?

오영일 : 사실은 보물은 아니라 상자를 열면 보물이 있는 거죠. 자기가 꿈꾸는 보물이 담겨있는 상자라는 뜻이지요. 타이틀 때문에 무시당한적도 많아요.

장구보 : 왜 아동극하면 그런 이미지가 있는 거죠? 돈 버는 게 세속적으로 보였나 봐요?

오영일 : 우리가 의식적인 부분에서 대상이 어린이라서 그런 거 같아요. 그래서 대상에
대한 관점에 따른 잠재적인 의식이 있는 거 같아요. 정극이나 뮤지컬로 가기
위한 단계에 하부구조라고 생각 하는 거 같아요. 제작하시는 분들도 아동극을
하면 대충해도 된다는 의식이 있어요. 그리고 보니까 참여하는 사람들도 그걸
보고 배우는 거죠. '대충 만들어도 싸게 만들어도 돼'라는 의식을 갖게 되는
거 같아요. 대상이 아이라면 임팩트가 별로 없을 거리고 보는 거죠.

6. 다양한 장르를 시도한 동쪽나라 연극실험실

극장명 : 동쪽나라 연극실험실
주소지 : 인천시 남구 인주대로 423 푸른 마음 어린이집 지하
개관일자 : 1998년 12월 5일
폐관일자 : 2001년
극장대표 : 안순동

"저희는 그때 잠깐 삼년 했었나. 아시다시피 열악하고 참 힘든 일이다보
니 … 정확한 명칭은 극단 동쪽나라 연극실험실입니다. 극장은 98년도에 지
어서 오픈은 12월 5일에 했어요. 소극장 만드는 건 연극하는 사람들은 많이
작업하니까. 원래 지하였어요. 지금은 창고로 쓰고 있는데 당시 청계천에
왔다 갔다 하면서 조명기 사고 객석 만들고 해서 그때 만들었죠. 98년 초반
부터 작업해서 12월에 오픈하고 3년 운영하고 힘들어서 시립을 들어가 버
렸지요. 인천에 본격적으로 내려온 것은 96년도에 결혼을 계기로 내려와서
정착하게 됐습니다. 배우 작업에 굶주려있어서 했는데 혼자서 경영한다는
게 너무 힘들어서 다시 공무원 생활을 하게 된 것이죠. 객석은 계단식으로
80석에서 100석 정도는 나왔고요, 극단은 동쪽나라이구요. 연극실험실은
극장. 극단도 운영하면서 제작도 하고 대관도 하는 식으로 운영했습니다.
사실상 대관이 그리 많지는 않았고요."

극단 〈동쪽나라〉와 동쪽나라 연극실험실 극장은 98년에 배우 안순동[31]씨가 직접 무대를 만들어서 12월 5일에 개관한 소극장이다. 당시에는 배우가 멀티적이어서 무대를 만들 줄 알기에 청계천을 다니며 직접 조명을 사다가 설치하는 등, 열정과 사랑으로 소극장을 만들었으나 추후 경영적으로 힘들어서 시립극단으로 입단하게 되었다. 본래 서울에서 활동하였기 때문에 결혼 전에는 인천과의 연고는 없었다. 인천은 95, 6년도에 결혼을 해서 본격적으로 활동하게 되었고 배우 작업에 많이 굶주려 있어서 본격적으로 소극장 활동을 했지만 결국에는 힘들어서 공무원(시립) 생활을 하게 된다. 나와서는 다시 대학로에서 활동하고 현재는 인천과 서울을 왔다 갔다 한다. 결혼으로 터전을 잡고 2년 후 개관을 하게 된 건물은 자가였고 80석에서 100석 정도의 계단식의 형태였다. 대관은 사실상 크게 도움이 안 되었고 연극하는 사람들과의 인맥과 협회, 시립 등의 교류가 있었지만 사설단체가 단원들을 유지하고 프로그램을 돌려 운영을 한다는 게 힘들었다. 혜화동 〈무천〉[32]이라는 극단에 있을 때 혜화동 연극실험실인데 1기 단원에 있었을 당시에 앞서갔던 작업들 (번역극, 창작극, 어린이극 등)에 대한 의미를 되새겨 인천에 내려와서도 그대로 그 정신을 투여한 작업을 하여, 아동극만 갖고 있는 건 아니고 전체적인 장르를 섭렵했다. 당시 배우들 섭외는 서울배우는 섭외가 어렵고 자체적으로 협회(합동공연하면서 지역 배우들과 작업을 할 수 있게 됨)에서 기태인[33]과 김주환 등 몇몇 후배들과 작업을 하고 같이 극장도 만들고 작품도 만들고 지역에서 수급하며 본의 아니게 인재양성에 기여했다.

---

31) 극단 〈사다리〉 출신. 마임과 오브제로는 최고의 극단. 5년 동안 활동.
32) 1992년 김아라가 설립한 극단으로 1997년 안성시 죽산면 야외극장을 설립도 하였다.
33) 현재 극단 〈나무〉 대표.

연극 〈진돗개 백구의 모험〉

연극 〈삼년고개〉

"주 수입원은 작품을 팔아서 다른 페스티벌에 초청받고 가고 그런 걸로 수입을 충당하고 단원들 페이라도 지급해주고 했지요. 그거 아니면 지금도 마찬가지지만 소극장은 경쟁력도 없고 게다가 인천은 전국 최하위이고 차라리 지방 전라도나 광주나 부산이나 이런 곳이 오히려 활성화가 되어있어요. 인천은 애매하지요. 서울과 가깝다 보니까 웬만한 마니아층들은 다 대학로로 가잖아요. 또 이시기가 IMF이기도 했기 때문에 운영적으로 힘들긴 했죠."

가장 대표적인 레퍼토리는 〈진돗개 백구의 모험〉[34], 〈삼년고개〉[35]가 있으며 지역의 연계로는 〈여름연극제〉[36]가 있다. 소극장 운영할 때 운영에 실제적인 도움이 되는 것은 주로 작품을 팔아서 다른 페스티벌에 초청비를 받고 출연을 하는 것이 가장 유용하고 사실상 좋은 작품으로 팔리는 것이 극단 운영에는 가장 효자역할이라고 볼 수 있다. 인천은 애매한 지리적 위치로 관객층이나 마니아층을 가까운 서울 지역에 뺏기게 된다. 당시에는 게다가 엎친 데 덮친 격으로 IMF시기라 운영하기가 힘들었고 대부분 극장에서 자체 제작하고 무대 막, 인형이나 악기도 직접 만들어서 공연에 사용하였다. 그 당시 홍보 방법으로는 여전히 포스터를 직접 붙이러 다니는 것이 가장 효과적이었다. 개관 후 첫 번째 연출하여

---

34) 〈진돗개 백구의 모험〉은 연극놀이의 형식을 바탕으로 깐 뒤 흥겨운 노래와 춤, 팬터마임이 어우러지도록 꾸민 세미 뮤지컬 형식의 아동극이다. 연극의 놀이성과 음악성을 최대한 살리고 여기에다 교육적인 내용을 담아 교육성을 가미했다(인천일보, 1999.03.04. 구준회 기자).
35) 어린이 국악 버전 마당극 형식으로 투어도 하고 극장에서 단체 관람으로 성공한 작품.
36) 민예총이 주도를 하여 김병균(극단 동이 대표)과 이재상(극단 미르 대표) 그리고 안순동 대표가 모여서 1999년도에 민간연극 합동 여름연극제를 열게 된다. 각자 자금을 모아서 민간에서 시작했지만 아쉽게도 여러 가지 사정으로 인하여 2회를 하지 못하고 중단하게 된다.

올린 작품이 이강백 선생님의 〈결혼〉이라는 작품이 있고, 기태인이 대표
배우로 활약한 〈야간비행〉, 〈씬더스〉37), 공동으로 기획하고 제작해서
공연한 인형극 작품 〈햇님 달님〉, 극단 〈동이〉 김병균 대표와 기획해서
같이 무대에 올린 작품 〈빨간 모자〉 등이 있다. 그 당시는 지원도 별로
없었고 지원금이 있어도 제작비 현실과 맞지 않아 자체적으로 연극 활동
을 하였고 소극장 운영을 위해 청소년 연극교실38)과 대관도 하였으나
전체적인 90년대 분위기는 상업문화와(뮤지컬과 같은) 소비문화 주류를
이루는 시대를 맞아 연극 관람객에 대한 층이 흩어지기 시작하였다.

"르네상스 시기가 보통 70~80년 시기잖아요. 작품도 작품성 있는 공연
을 했고 소비층도 대학생이나 직장인 여성들이 많이 와서 당시에는 입장료
로 수익이 충당이 됐는데 90년대는 쇼나 뮤지컬이 생기기 시작했고 외국작
품을 그대로 따라하고 상업성으로 가다보니까 일반 소극장들은 힘들어지
고 게다가 인천은 시립극단이 생기고 배우들은 거기로 몰리게 되고 하다
보니까 아무래도 운영이 힘들어지게 됐지요."

37) 직장인 연극반이 공연한 번역극으로 교도소에서 벌어지는 신데렐라 이야기. 수봉 근로
자 연극제에 나가서 특별상을 받은 작품.
38) 미래 인천연극을 이끌 청소년 연극인을 육성하기 위해 마련되었고 실질적인 연극작업
에서 갖추어야 할 신체훈련, 기본 호흡법, 발성법, 대본 분석, 연출, 연극놀이 등 다양한
교육프로그램이다(인천일보, 1999.01.19.).

연극 〈결혼〉 공연사진39)

인형극 〈햇님 달님〉

〈빨간 모자와 늑대〉40) 포스터

39) 개관 공연이었던 〈결혼〉 공연사진.
40) 인천 극단 동이 창단작품. 수 자일스 원작 김병균 각색 / 연출. 호주 테라핀극단이 98과
   천세계 마당극큰잔치에 초청 공연해 호평 받은 작품(인천일보 1998.12.18.).

동쪽나라 연극실험실 안순동 대표 구술 채록문

일시	2015년 7월 2일 10시
장소	푸른마음 어린이집 사무실
참여자	안순동, 장구보

1. 동쪽나라 연극실험실의 개관

장구보 : 그런데 이름이 동쪽나라 맞으세요?

안순동 : 극단 〈동쪽나라 연극실험실〉이 정확한 명칭입니다. 하도 오래 돼서.

장구보 : 이게 언제 창단하신 거예요?

안순동 : 이게 극장은 1998년도에 극장을 지어서 오픈은 12월 5일에 했어요.

장구보 : 지으셨다고요?

안순동 : 네, 제가 직접 만들었습니다. 소극장 만드는 건 연극하는 사람들은 많이 작업 하니까. 지금 이 지하였어요. 지금은 창고로 쓰는데. 그때 청계천 다니면서 조명기 사다 달고 하면서 만들었죠. 초반에 작업하고 12월에 오픈하고. 그런 데 삼년하고 힘들어서 시립에 들어갔죠.

장구보 : 원래 인천분이세요?

안순동 : 아니요, 인천에는 1995년도 본격적으로는 1996년도 되고요.

장구보 : 어떤 계기로 여기에 ….

안순동 : 결혼해가지구요. 왔다 갔다 하려니 힘들더라고요. 배우 작업에 굶주려있어 서. 그런데 몇 년 하다가 힘들어서 공무원 생활로 다시 돌아갔죠.

장구보 : 특별한 연유가 있으셨어요? 극장을 해야겠다는? 몇 석이나 나왔나요?

2. 동쪽나라 연극실험실의 운영

안순동 : 80석에서 100석 정도 나왔어요. 그때는 의자라기보다는 계단식으로 하고 그 래서 (전에 활동했던 스크랩을 펼친다).

장구보 : 이상희 선생님하고는 어떤 친분이 있으신 건가요? 원래 연극을 해서 잘 알고 계신건가요?

안순동 : 서울에서 내려와서 연극하는 사람들이니까 이제 소개받고 협회 왔다갔다 하 고 시립에도 같이 있었고.

장구보 : 이름이 길면서 특이하세요.

안순동 : 극단은 동쪽나라구요 연극실험실은 극장이름인데 합쳐서 동쪽나라 연극실험 실이구요. 극단 활동을 하면서 공연장을 같이 운영하고 대관이 있으면 대

관도 하고.

장구보 : 대관이 운영하시는데 별로 도움이 안 되시죠?

안순동 : 그럼요(웃음).

장구보 : 연극실험실이라고 하니까 남들하고 다른 특색이 있다면 뭐가 있을까요?

안순동 : 제가 혜화동 〈무천〉이라는 극단에 있었어요. 같이 작업하던 1기 단원인데 조금 앞서가는 작업들?

3. 동쪽나라 연극실험실의 레퍼토리

장구보 : 여기서는 주로 실험극을 하신건가요?

안순동 : 아니요. 의식은 그런데 번역극도 하고 창작극도 하고 어린이극도 하고 여러가지를 했죠.

장구보 : 여기 내려오셔서도 번역극 창작극 어린이극도 하셨어요?

안순동 : 네, 번역극, 창작극, 어린이극 등 다양하게 했지요.

장구보 : 저희는 작업을 시작할 때 소극장이 이렇게 많을 줄 몰랐어요. 자료도 없으시고 구두로만 들어야만 하는 상황이고 재단이나 문화기관에서 자료들로도 되어있지 않고. 난감했죠. 찾다보니까 나중에는 극장이면서 연극역사서이다 보니 한 분이라도 빠지면 안 되겠구나 하는 생각이 들더라고요. 마침 그때 이상희 선생님이 알려주신 거죠. 혹시 〈동방극장〉 아세요?

안순동 : 아니요, 서울에 있던 거는 들은 거 같아요.

4. 동쪽나라 연극실험실의 활동

안순동 : 지금은 동쪽나라는 이름으로는 활동을 안하고 있어요.

장구보 : 극장 닫으시면서 같이 닫으신 거네요?

안순동 : 네, 거의 뭐 그렇죠. 유명무실하게 됐죠.

장구보 : 이거 할 때요, 주변에 같이 작업을 도와주시거나 그러신 분들 있으신가요? 인천에서 토박이도 아니고 힘드셨겠네요? 그런데 어떻게 인천에 오자마자 이런 인천에 기태인 선생님이라던가, 인천에 있는 분들하고 작업을 바로 하셨나요? 협회에 가입하셔서?

안순동 : 협회에서 공연하고 그때 합동 공연 같은 거 하고 그때 〈낙화암〉인가 공연하면서 친해지고 후배들하고도 인연이 된 거지요.

장구보 : 가장 대표적인 레퍼토리들은 나름 성공하셨던 작품이 있다면 무엇이 있나요?

안순동 : 돈 버는 걸로 보면 〈진돗개 백구의 모험〉, 〈삼년고개〉, 그리고 〈빨간모자〉 이건 저희 레퍼토리는 아니고요, 〈여름연극제〉라고 이재상 형하고 같이 참여해서 여기서 공연도 하고.

5. 동쪽나라 연극실험실의 레퍼토리 II

안순동 : (사진들을 보면서) 아 이거는 〈야간비행〉이라는 거 같은데요. 태인이. 우리
　　　　대표 배우였어요. 지금은 극단 〈나무〉 대표에요. 이것도 했었는데 〈씬더스〉
　　　　라고 이건 이제 아마추어 근로청소년 복지회관에 직장인 연극반해서 〈씬더
　　　　스〉를 했죠.

장구보 : 〈씬더스〉는 어떤 작품이었어요?

안순동 : 번역극인데요. 교도소에서 벌어지는 신데렐라 이야기에요. 여기서 연습하고
　　　　공연하고 수봉에서 근로자연극제인가 나가서 특별상인가를 받았을 거예요.

장구보 : 근로자 연극제는 또 뭔가요?

안순동 : 그런 게 있었어요. 아, 이것도 했다. 〈햇님 달님〉이라고. 그거는 공동으로 기
　　　　획 제작하고 인형극하시는 은주누난가. 거기는 그거 전문극단이라 공동작업
　　　　해서 공연을 했지요.

장구보 : 이거는 인형만 나오는 건 아니죠?

안순동 : 인형극이죠.

장구보 : 다른 데서도 이런 인형극을 하는 데가 있었나요?

안순동 : 〈보물상자〉도 있었고 … 인형전문극단은 인천에는 없었던 것 같아요. 〈진돗개
　　　　백구의 모험〉이라고 포스터가 있네요. 아 컴퓨터 실사 처음 나와 가지고 했던
　　　　포스터네요. 정말 촌스럽다(웃음).

장구보 : 이 얘기는 직접 만드신 거예요?

안순동 : 네, 제가 쓰고 만들고 이것도 아스테이지 가서 작가상을 받았지요.

장구보 : 재밌네요. 포스터 1999년도 포스터가 있다니.

안순동 : 〈빨간모자〉는 김병균씨가 기획해서 공연한 거고요.

장구보 : 여기서 한 거네요?

안순동 : 네.

장구보 : 지원은 왜 안 받으셨어요?

안순동 : 네, 그때는 없었어요. 그런 기 신경 안 썼고. 저는 그런 거 엮이는 거 싫어서.
　　　　그렇잖아요. 그 몇 백만 원 때문에 공무원들한테 눈치보고. 그때는 철이 없었
　　　　죠(웃음).

장구보 : 어쨌든 〈삼년고개〉는 사진이 있고 〈진돗개 백구의 모험〉은 포스터가 있고.
　　　　괜찮아요. 이 시기에 협회 분위기는 어땠어요?

안순동 : 그때는 합동공연을 해가지고 분위기가 괜찮았죠. 지금은 뿔뿔이 하는데 그때
　　　　는 활성화가 됐었고.

6. 소극장 운영의 어려움

안순동 : (티켓을 보며) 입장료 5천 원이었네요(웃음). 청소년 연극교실도 했어요. 고
　　　　재경이 와서 마임 워크숍도 하고 그랬어요.

장구보 : 어린이 연극교실이나 공연이 유난히 많았던 시기이거든요.

안순동 : 그렇죠, 아무래도. 그 전에는 르네상스 시기가 70년대 80년대잖아요. 작품성
　　　　있는 작품을 했고 그때는 소비층들이 대학생 여대생들이나 직장인 산업체 여
　　　　성 직장인들이 왔었어요. 그러니까 성인극들도 인기가 있었는데 입장료 수입
　　　　으로 충당이 됐는데 90년대부터 상업화가 되어서 쇼나 뮤지컬 90년대 초부터
　　　　뮤지컬이 나왔잖아요. 상업적으로 가다보니 소극장이 힘들었던 거죠. 그리고
　　　　시립극단이 치고 들어오니까 그리고 배우들이 먹고 살려고 그리로 다 들어가
　　　　게 되고 하니까….

제3부

지역과 가까워진
민간소극장 시대

◆ 제1장 ◆
수백 개 지역 공공극장[1]의 출연시대

  김세훈(2001)은 문화시설은 그 자체가 인간의 문화적 활동의 결과로 자신과 사회, 세계를 이해하고 그것을 표현하며 그러한 이해와 표현에 감응함으로써 삶에 대한 통찰을 얻게 되는 공간으로서 인간의 지난한 정신적 활동의 중요한 표현이자 결과물이라 하였다. 이러한 문화시설에 대한 관심이 문화정책의 중요한 영역으로 등장하기 시작한 것은 1968년 문화공보부가 발족되고 문화예술진흥법이 제정되던 시기인 1970년대를 전후한 때부터이다. 1972년 문화예술진흥법이 제정되고 1973년에는 한국문화예술진흥원이 설립됨과 동시에 문예 진흥기금을 운영하게 됨으로써 문화예술 활동에 대한 지원체제가 구축되었고 이어서 1974년에는 1차 문예중흥5개년계획(1974~1978)으로 문예 진흥장기계획이 최초로 수립되어 문화공간에 대한 관심과 정책적 노력을 확대하는 결과를 가져왔다. 공공극장의

---

1) 극장을 구분할 때 가장 기본적으로 나누는 기준은 극장 운영의 목표를 어디에 두는가이다. 이윤이 운영의 제1목표가 될 때, 이는 상업극장(commercial theater)으로 분류되며 단순한 이윤보다는 사회의 공익을 위해 건립되고 운영되는 극장은 이와 대비하여 공공극장(pubic theater)이라고 부른다. 우리나라 공연법에는 국가나 지방자치단체가 설립 운영하는 극장을 공공극장이라고 부르고 있다(이승엽, 『극장경영과 공연제작』, 역사넷, 2001, p.35).

시대별 특징으로 볼 때 1970년대 공공극장은 각 지방자치단체에 시민회관
의 이름으로 공공극장이 설립되어 공연장의 기능보다는 행사나 집회 장소
를 목적으로 한 다목적 홀의 용도로 설립되어졌고 1980년 제 5공화국이
들어서면서 문화 인프라의 확충을 위한 문화시설의 본격적인 건립이 이루
어졌으며 이 시기 각 시·도에는 종합문화예술회관을 건립하기 시작했다
(문종태, 2008 재인용). 1990년대는 문화기반시설이 전국적으로 확대되면서
예술지원정책이 본격적으로 전개된 시기이며 문화부 출범이후 진흥적인
관점을 반영하면서 문화산업이라는 용어가 처음으로 정책 현장에 등장하
게 된다.[2] 이후 문예정책은 고부가가치 산업으로의 문화산업을 본격적으
로 개발·육성하기 시작했고 90년대 초 실시된 지방선거와 맞물려 도서관,
박물관, 문화예술회관, 문화의 집 등 이른바 문화기반기설이 각 지역에서
경쟁적으로 건립되었으며 2000년부터 매년 공연예술진흥 기본계획을 수
립하여 공연예술 육성시책의 지속성과 지역 간 균형을 확보할 수 있도록
하였다(이철운, 2006; 김세훈 외, 2001; 정혜원 2009).

  2000년대 들어서 소득수준이 높아짐에 따라 국민들은 삶의 질 향상에
대한 관심을 갖게 되었고 그에 따라 여가에 비중이 높아졌고(오진수,
2012) 지역을 중심으로 한 공공극장[3]이 경쟁적으로 들어서게 되었다. 과

---

2) 용호성, 『예술경영』, 김영사, 2002, p.72.
3) 국내 공공극장은 그 형태에 따라 책임기관운영기관, 재단법인, 특별법인 등으로 구분할
  수 있다(오진수, 2012, p.7).
  일반적으로 공공극장의 설립취지는 '문화예술의 발전과 시민의 문화예술 향수권의 증
  대'라고 할 수 있다. 공공극장은 지역주민을 비롯한 국민들의 문화예술 접근기회를 확대
  하기 위한 목적을 바탕으로 하고 있으며 이를 통해 문화예술계에 커다란 영향을 미치게
  된다. 자생력이 약한 연극, 무용, 음악 등의 기초예술을 보급함으로써 각 장르의 발전을
  도모하고 대중들의 접근성을 높여 그들의 정신적 측면을 고양하고자 하는 의도 역시
  내포하고 있다(정혜원, 2005).

거 문화회관을 시작으로 한 공공극장은 지금 지역의 핵심 문화시설로 지역문화의 거점이 되고 있다. 이처럼 극장에 대한 국가, 사회적 관심과 그 역할에 대한 가치부여가 커지는 것은 바로 도시문화발전과 같은 다각적인 이유와 같이하기 때문이다. 이제 극장은 단순히 공연을 만들어 올리는 시설적인 차원에서 해석하는 시대는 지났고 현재의 공공극장은 공연예술뿐만 아니라 전시나 콘서트 각종 부대행사나 축제 외에도 시민들이 즐기고 향유하는 생활문화 공간으로써의 확대를 통해 지역에서 거점 형태인 복합문화공간으로 자리매김하고 있는 모습을 볼 수 있다. 문화관광부 자료에 의하면 1990년대 후반에서 2000년대 중반까지 집중적으로 건설되는데, 이는 재원의 확보와 건설기간 등이 일반건축물과 다르기 때문에 지자체 초기보다는 후반에 집중되기 때문이다.[4] 따라서 정부의 문화정책에 대한 관심과 노력으로 2000년대 이후 우리나라의 공공극장은 양적으로나 질적으로나 가장 활발한 성장을 이루게 되었다. 또한 공연시설의 전문화, 특성화, 다양화, 복합화가 이루어지고 있으며(정혜원, 2005) 그 결과 현재(2014년 12월 기준) 문화예술회관은 전국 216개 중 광역자치단체는 25개, 기초자치단체는 186개로 설립·운영되어지고 있다(문종태, 2008). 아울러 인천지역의 공공극장 현황을 보면 중구 4곳, 동구 1곳, 남구 6곳, 남동구 7곳, 부평구 2곳, 계양구 3곳, 서구 5곳으로 총 30개 가까이 공공극장이 설립·운영되어지고 있는 것을 알 수 있다.

---

[4] 이찬, 「공공 공연장 민간위탁 운영시스템 도입과 효율성 연구」, 단국대 석사학위논문, 2011, p.9.

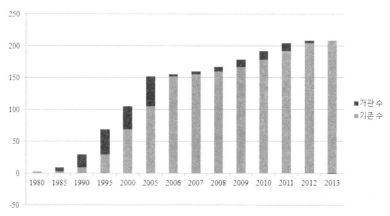

공공극장의 시대별 개관현황 (2014년 실태조사 기준)

〈인천 공공 공연장 현황〉

2014.12.31. 기준

연번	시군구	시설명	개관일자	공연장 등록일	공연장 면적(㎡)	무대면적(㎡)	객석수	구동무대 기계·기구수
1	중구	인천학생교육문화회관 (대 공연장)	2004.12.01	2004.12.01	990	878	600	36
2		인천학생교육문화회관 (소 공연장)	2004.10.07.	2004.12.01.	313	51	220	12
3		한중문화관 공연장	2005.04.16.	2005.06.07.	640	84	200	17
4		중구 문화회관	2012.09.18.	2012.09.18.	1,440	642	638	57
5	동구	동구 청소년수련관	2000.03.18.	2000.03.18.	5,195	84	345	3
6	남구	작은 극장 돌체	2007.04.16.	2012.07.23.	211	58	96	12
7		인천문화회관 소극장	1991.09.01.	2003.01.10.	658	60	160	4

8		국악회관 공연장	2002. 08.30.	2003. 01.10.	373	63	118	1
9		미추홀종합 사회복지관 대강당	2001. 05.14	2003. 01.10.	276	19	200	4
10		학산 소극장	2004. 11.18.	2004. 11.18.	445	83	114	2
11		문학 시어터	2010. 08.16	2011. 05.02.	900	96	120	10
12	남동구	종합문화예술회관 (대 공연장)	1994. 04.08.	2002. 12.31.	11,751	1,168	1,332	121
13		종합문화예술회관 (소 공연장)	1994. 04.08.	2002. 12.31.	2,033	370	511	45
14		종합문화예술회관 야외공연장	1994. 04.08.	2007. 02.27.	723	182	440	3
15		청소년수련관 공연장	2002. 07.25.	2002. 12.30.	404	234	430	30
16		인천대공원 야외음악당	1999. 08.30.	2002. 12.27.	563	135	563	0
17		남동문화예술회관 소래극장	2011. 11.17.	2011. 11.07.	627	398	703	32
18		남동문화예술회관 스튜디오제비	2011. 11.17	2011. 11.07.	277	40	193	4
19	부평구	부평아트센터 해누리 극장	2010. 04.02.	2010. 04.19.	2,190	866	885	67
20		부평아트센터 달누리 극장	2010. 04.02.	2010. 04.19.	573	122	323	17
21	계양구	계양구문화회관	1997. 11.27	1997. 11.27	9,630	2,129	795	43
22		계양구청소년수련관	2002. 12.04	2002. 12.04	804	96	246	16
23		인천어린이과학관	2012. 05.16	2012. 05.16	514	85	178	12
24		서구문화회관 대공연장	1995. 03.18	2001. 07.27	1,485	189	951	38

24		서구문화회관 대공연장	1995. 03.18	2001. 07.27	1,485	189	951	38
25	서 구	서구문화회관 소공연장	1995. 03.18	2001. 07.27	457	70	200	14
26		검단복지회관	2003. 03.08	2002. 12.31	360	90	250	5
27		서구문화회관 청소년문화의집	2001. 04.06.	2001. 04.06.	468	66	191	8
28		서구 청소년수련관	2006. 03.10.	2006. 02.17.	243	147	216	12

〈문화체육관광부 동향·현황자료 – 등록공연장(2014년 기준) 현황 참고〉

2000년대에는 이렇듯 우리 주변 가까운 곳에 각 구마다 개관되어있는 공공극장들을 쉽게 접할 수 있을 것이다. 과거 전용극장들이 없었던 시기와 비교한다면 이미 양적으로도 포화상태라 볼 수 있을 만큼 80년대부터 현재까지 하드웨어라 할 수 있는 문화시설들이 줄기차게 들어서게 된 것이다. 갈수록 민간소극장은 대형화와 상업화 되어가고 있는 시장에서 설 자리가 위태로워지고 있는 것처럼 보이기까지 한다. 그런 환경 속에서 2000년대 초에 다시 지역에 소극장의 맥을 이어가는 소극장들이 하나둘씩 개관하게 된다. 2002년에 김병균 대표가 대학로에서 활동하다가 고향인 인천으로 내려와 옛 르네상스를 꿈꾸며 카톨릭회관 옆에 가온누리 소극장을 개관하게 되고 과거 인현동 화재사건으로 가슴 아픈 공간을 개조해서 진정하 대표가 2년 뒤에 씨·아리 소극장을 개관하게 된다. 2006년에는 김일준 대표가 서구 신현동에 어린이 전문극장 꼬마세상 소극장을 개관하고 같은 해에 최초로 시민들이 함께 하는 커뮤니티 아트홀 소풍이 간석동에 개관되는 등 점차 소극장의 역할이 확대되는 양상을 띠게 된다. 또한 2004년에 꿈나무 어린이소극장을 운영했던 같은 장소에 서광일 대표가 국악전용 잔치마당 소극장을 개관하게 되고 2009년에 장한섬 대표가 옛 돌체의 공간에 현재의 플레이캠퍼스를 개관하여 그 역사성을 이어가고 있으며 가장 최근 2011년에는 신포동에 백재이 대표가 떼아뜨르 다락이라는 소극장을 개관함으로써 다양한 장르와 시대적 정신을 보여주는 소극장들이 활동하게 되는 현상을 보여준다.

제2장

2000년대 다양해진 소극장

1. 외로운 소극장 가온누리

극장명 : 가온누리

주소지 : 인천광역시 중구 답동 카톨릭회관 옆 건물 지하층

개관일자 : 2002년 3월 1일

폐관일자 : 2005년 5월 22일

극장대표 : 김병균

"극단은 98년도에 제가 인천에서 창단을 한 거구요, 가온누리는 2002년 도에 오픈한 거지요. 카톨릭센터 옆에 건물인데요, 마침 우연히 갔는데 원래는 2층을 봤는데 분위기가 별로여서 지하가 있길래 당시 창고로 쓰던 지하를 소극장으로 하게 된 거지요. 극단 동이 활동을 하다가 2000년도인가에 연습실이 배다리 쪽에 있었어요. 그 연습실이 불이 나는 바람에 결정적으로 공간을 찾다가 아예 공연을 할 수 있는 소극장을 하게 된 거지요. 인부와 단 둘이서 3개월 동안 작업을 해서 가온누리를 만들게 됐지요. 지하니까 천장높이도 나왔고 객석도 나무로 다 짜서 고정으로 하고 해서 거의 100석 가까이 나왔지요. 작은 대기실도 있었고, 2000년대에는 가장 처음 지역에 소극장을 만들게 된 거지요. 죽산에 있는 홍신자씨를 보면서 느끼는 바가

있었고 대학로에 있던 예술가들이 지역으로 조금씩 빠질 때였고 해서 연극을 길게 본다면 지역연극이 활성화 되어야 하지 않을까 하는 생각에서 기왕 하는 거면 지역연극을 하면 좋겠다 해서 내려오게 된 거지요. 하지만 직접적인 계기는 극단 동이를 창단하고 연극 활동을 하려고 하니까 인천에서 공연할 데가 없는 거예요. 그때 유일하게 남아 있던 게 돌체가 있긴 했지만 공연장으로써의 역할을 하고 있지 않았었고 예술회관 대관을 하게 되면 2~3일을 하고 막을 내려야 하면 답이 안 나오는 시스템이었기 때문에 소극장이 무엇보다 절실히 필요했지요. 심지어는 석바위에 삼미쇼핑센터 4층 영화관에서 공연하고 여성문화회관 가서 공연하고 그랬지요."

극장 가온누리[5] 김병균 대표는 극장을 개관하기 전에 극단 〈동이〉를 98년도에 인천에서 창단하였고 가온누리 소극장을 2002년도에 인천시 중구 답동 5-10번지 카톨릭회관 옆에 개관하였다. 극단 〈동이〉로 활동을 하다가 배다리에 있던 연습실(창영초등학교 맞은편에)에 불이 나서 그 다음해에 평소 꿈이었던 극장을 만들어 보자 해서 마침 당시 김대중 정권의 카드정책으로 투자를 해서 3개월 동안 공사 끝에 만들게 된다. 소풍보다 넓고 높았으며 대기실을 포함 객석은 계단 형 고정식으로 거의 100석 규모이다.

---

5) '어떠한 일이 있어도 세상의 중심이 되어'라는 뜻으로 '가운데'라는 뜻의 가온과 '세상'을 뜻하는 누리의 합성어임.

가온누리 공연장 내부사진

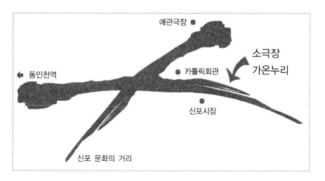

가온누리 극장 약도

    김병균 대표는 대학로에서 연극 활동을 하다가 98년 과천세계마당극축제 공연국 차장으로 활동한 후 홍신자 무용단의 죽산페스티벌을 보고 지역에 대한 관심을 갖기 시작하였고 동시에 당시 대학로 연극문화에 대한 한계를 느끼고 지역의 활성화를 위해서 지역 연극을 해보고 싶어서

98년도에 극단 동이를 창단하고 공연을 하는데 인천에서는 공연을 할 마땅한 곳이 없었다. 돌체가 있었지만 공연장으로 운영을 이어가고 있지 못한 상태였고 예술회관 대관을 하면 2~3일을 하고 막을 내려야했기 때문에 소극장6)이 절실히 필요한 환경이었다. 햇수로 4년 정도 운영을 하였고 그 동안 대관은 딱 한 번만 하였고 나머지는 다 자체공연을 했기에 장기공연을 할 수 있었으나 태반이 배우수보다 적은 관객으로 공연을 하였고 이 당시 신포동은 행정과 상권의 이동으로 유령도시 같았다고 한다. 처음에는 '인천 신포동 르네상스를 꿈꾸며' 그곳에 소극장을 개관하였지만 여러 가지 상황이 좋지는 않았다. 그 당시에 극장지원 1년을 받았지만 나머지는 사비 털어서 운영을 하다 폐관하기에 이른다. 그 이후 학산소극장, 씨·아리 소극장, 아트홀 소풍 등의 소극장이 생기기 시작하였다. 극장 운영 당시 커뮤니티로는 신포시장 안에 떡집을 운영한 이종복 시인과 함께 월미산7)이 시민의 품에 돌아온 것을 기념하여 월미산 정상에서 굿을 하였고 4년 동안 주로 정극, 창작극을 많이 하였다. 대표 레퍼토리 워크숍으로는 공연을 했던 것 중 〈미로게임〉이 있는데 모티브는 영화 〈디아더스〉로 출연진이 갓 고등학교 졸업한 친구들을 데리고 인현동 화재사건을 그리면서 청소년들과 네트워크하고 소통을 하려 하였고 사회주의 리얼리즘을 표방하며 창작극 이야기 즉 우리이야기를 담고자 하였다.

---

6) 석바위 삼미쇼핑센터 4층 영화관 하던 삼미문화원이나 여성문화회관에서 공연을 함 (7~800명씩 단체관람을 하던 시절).

7) '달의 꼬리를 닮은 산'이라는 뜻의 월미산은 인천광역시 중구 북성동에 위치, 6.25때 유엔군이 상륙한 격전지로 군사보호구역이 되어 시민들이 이용할 수 없었으나 군부대를 이전하기로 협의하여 2001년 개방되어졌으며 이를 기념하기 위한 행사로 2001년 10월 13일 정상 오르기, 개방 기념포지석 제막, 우리 꽃 심기, 옛 추억 사진 공모전 등을 진행하였다.

사방이 막혀 길이 안보여…

극단 동이 '미로게임' 22일까지
'인현동 화재 사건' 소재로 창작

'인천 인현동 화재사건'을 소재로 한 연극이 열려 눈길을 끈다.

극단 '동이'는 청소년을 위한 창작 워크 샵 공연 '미로 게임'을 오는 22일까지 소극장 '가온누리' 무대에 올린다.

이 작품은 인천 인현동 화재사건과 청소년들의 가출을 모티브로 한 창작극으로 10대 청소년들이 체험과 그들의 언어를 바탕으로 이야기를 구성했다.

연극은 55명의 사망자를 낸 인천시 중구 인현동 화재사건의 희생자들이 10대라는 사실에서 얘기를 풀어 나간다.

극단 동이는 호프집은 갈 곳 없는 청소년들의 안식처(?) 였다는 가장 아래 일탈행위를 가출과 연관 짓는다. 학교생활의 부적응, 열악한 가정환경, 무절제한 소비욕구, 그것을 부추기는 사회적 욕망의 재생산 구조, 질풍노도의 감수성 등은 가출의 원인이 될 수 있지 않겠느냐는 물음을 던진다. 그럼에도 불구하고 '가출'의 문제가 탈출구를 찾으려는 '일련의 목적을 가진 구체적 행동' 혹은 최소한 그들에게 있어서 '불가피하게 보이는 구체적 선택의 결과'라고 결론 짓는다.

하지만 그들이 맞닥뜨리게 되는 세상은 그들의 기대와는 전혀 다른 모습으로 다가와 '출구없는 방' '끝없는 미로'일 뿐이다.

연극 '미로 게임'은 이런 고민들을 바탕으로 미로 속에 빠진 아이들의 모습을 상징적이고 은유적인 표현으로 그려낸다. '출구 없는 방', 여러 갈래로 복잡하게 얽혀있는 미로 속에서 아이들은 과연 세상으로 향하는 비상구를 찾아낼 수 있을 것인가.

공연시간 평일 오후 7시30분(월요일 휴무), 토·일 오후 3시·6시, 일반 1만원, 학생 6천원, 단체 3천원(10인 이상).
☎(032)765-9756. 〈김진국기자〉
freebird@incheontimes.com

2002년 12월 12일 인천일보에 실린 〈미로게임〉 공연 보도자료[8]

"몇 가지 아끼는 작품이 있는데 〈미로게임〉이라는 게 있어요. 워크샵 작품이고 출연진도 젊은 친구들을 데리고 한 건데요, 공연 만들 당시 동인천에 인현동 화재사건이 계기가 됐습니다. 고등학교 갓 졸업한 친구들하고 작업을 하면서 네트워크하면서 소통할 창구를 만들고 싶었어요. 모티브는 디아더스라는 영화였고 인현동 화재사건에서 죽은 아이가 죽은 공간에서 헤매고 있는 것을 워크샵으로 해서 무대에 올리게 되었죠. 대학로에 한강이라는 극단에 있을 때 인천에 나무를 심는 사람들이라고(93~4년. 교사집단) 창단 연출을 해준 인연으로 청소년들과 연이 닿아서 할 수 있었지요."

예술회관이 들어서면서 공연예술의 중심이 옮겨갔고 시립극단이 중심 배우들을 다 데리고 가는 상황에서 배우도 없고 그때부터 극단에 소속이

---

8) 2002년 12월 12일 인천일보, 극단 〈동이〉에서 자료 제공.

없어지게 되었다.

  "제가 문 닫을 때쯤 해서 학산 소극장 만들어지고 동인천 쪽에 소극장 만들어지고(씨·아리) 문 닫고 1~2년 뒤에 소풍에서 만들겠다고 찾아오고 극장을 하는 중에는 잔치마당 대표가 극장을 만들고 싶어서 조언을 구하러 오셨었고 그때 또 장한섬 대표도 소극장을 만들 의향으로 가온누리를 방문하기도 했고 하여간 인천지역의 소극장 역사의 맥이 끊겼을 때 아무도 거기에 대해 언도되지 못할 때 서울에서 활동한 무식한 제가 물정도 모르고 내려와서 용감하게 할 수 있었던 거지요. 본의 아니게 소극장의 역사를 이어가게 된 셈이죠. 가온누리는 창작극을 하겠다는 경향이 있었고 또 하나는 시의성 있는 작품들을 하려고 했었고 주제가 사회의 문제와 인권들에 대한 것을 다루려고 했었지요."

〈가온누리 공연 연혁〉

공연년도	작품명
2002	나마스테
	미로게임
	적군묘
2003	괭이부리말 아이들
	틈
2004	기적의 사람
	실타래
	해방촌사람들(원제 : 리투아니아)
2005	사랑을 찾아서

가온누리 김병균 대표 구술 채록문

일시	2015년 4월 15일 2시
장소	구보댄스컴퍼니 B홀
참여자	김병균, 장구보, 최혜정

1. 가온누리의 개관

장구보 : 〈가온누리〉는 몇 년도에, 아, 극장이름이 가온누리에요? 무슨 뜻이에요?

김병균 : 가온이 중심, 가운데, 누리는 세상.

장구보 : 저희랑 똑같은 얘기네요(웃음). 저희도 세상의 중심. 참 중심들 좋아해. 그럼 극장 이름 인거에요?

김병균 : 그렇죠. 극단은 〈동이〉라고 따로 있고요.

장구보 : 그럼 들어갈 때 〈동이〉랑 같이 있었던 거에요?

김병균 : 〈동이〉는 98년도에. 제가 인천에서 창단을 한 거구요. 〈가온누리〉는 2002년에 오픈을 한 거죠.

장구보 : 그럼 여기 〈가온누리〉라는 공간은 비어있었어요?

김병균 : 그렇죠. 거기가 옛날의 카톨릭회관의 센터 옆에 건물인데, 거기가 저희 극장 지하를 했었는데, 여러 군데를 찾아보는데 마땅한 공간이 없어서, 마침 뭐 거기를 우연히 갔는데 원래는 2층을 얘기하시는데, 분위기도 그렇고 해서 지하를 봤더니 창고로 쓰고 있었어요. 창고였는데 보니까 차라리 지하가 나을 거 같아서 주인하고 상의를 해서 지하를 얻었죠.

2. 가온누리 개관하게 된 배경

장구보 : 그때는 〈동이〉 때문에 찾게 되신 거네요?

김병균 : 그렇죠. 극단 〈동이〉로 활동을 하다가, 답답한 것도 있고 그래서. 결정적으로는 2000년도 인가? 그때 저희가 연습실이 배다리 쪽에 있었어요. 창녕초등학교 맞은 편 쪽에. 요새는 배다리 뭐, 그런 문화예술로 많이 들어와 있지만 따지고 보면 제가 최초인거 같아요(웃음). 거기다가 사무실이며 연습실을 놨으니까. 그때는 거기가 아무것도 없었어요. 99년도인가 2000년도에 거기를 갔는데 사무실, 연습실을 놨는데 이 정도 될 거에요(센터 B홀). 홀라당 불이 타가지고.

장구보 : 그 연습실이요? 배다리에 있는 그 연습실이?

김병균 : 네. 공연을 하니까 세트도 있고 그랬을 꺼 아니에요. 모아놓고 했었으니까. 땔감이 된 거죠.

장구보 : 왜 불이 났어요? 누전?

김병균 : 나중에 보니까 과실이어도 형사 처분을 받더라고요. 불이 났을 경우에. 그때 배우들을 모아서 작품 연습을 하고 그랬는데 음, 그 당시 저희 어머니가 돌아가시긴 했는데 그때가 암 투병 중이셨어요. 입원하셨다가 나오시는 날인데, 제가 그래서 먼저 나간다고 하고 잘 정리하고 가라 지시를 하고 갔는데 그 다음날 왔더니 아침에 난리가 난거에요. 창문은 깨져있고 까맣게 그을려 있고. 올라갔더니 완전히 홍수가 나가지고. 엄청나게 뿌려 댔더라고요. 나중에 확인을 해보니까. 제가 추적해본 결과 담배꽁초로 인한 발화에요.

장구보 : 단원들이? 실내에서, 내부에서 피운 거네요? 벌써 슬퍼지네요.

김병균 : 그런데 이제, 소방관들이 화재 발화점을 추적해보니까, 그 위치가 있더라고요. 거기가 딱 쓰레기통 자리에요. 애들이 담배를 피우고, 꺼진 줄 알고 버리고 간 거 같아요. 제 느낌에. 그런데 만약에 그렇게 되면 벌금뿐만 아니라 일단 잡혀 간다 그러더라고요. 그래서 소방관한테 그럼 안 되는 건데 부탁을 해서 누전에 그런 걸로 하자고. 그래서 누전으로 됐어요. 애들한테 물어보니까 재를 떨고 간 친구가 있는데 음, 그래서 ….

장구보 : 그 친구 살아있나요. 아직도?

김병균 : 살아있겠죠?(웃음). 조금 그 친구가 괘씸했죠. 우리가 증거는 없지만 심증으로는 그 친구가 했을거다 라고 알고 있는데. 공연도 캔슬되고. 겨울이었는데, 완전 겨울은 아니고 막 쌀쌀해졌을 때였어요. 그런데 원상복구를 해줘야 되잖아요. 3층이 주인집이었는데.

장구보 : 그 집은 불 안탔었나보죠?

김병균 : 다행이 안탔는데. 나중에 알고 보니까 그 정도의 화재가 나면, 나중에 가보니까 그 건물이 없어졌어요. 아마 철거하고 그런 거 같은데.

장구보 : 그럼 변상해주고 나오셨어요?

김병균 : 저는 공사를 다 했죠. 돈을 변상해주고 사람 불러서 할 수가 없으니까. 보증금을 빼서 다 해주고 나온 거예요. 다 긁어내고 페인트칠하고 해서 창문 다 열고. 그런데 그걸 하는데 당사자는 한 번도 안 나타나더라고요. 그러고서 연락이 끊겼는데 좀 괘씸했죠. 괜한 선배들이 가서 그 겨울에. 그거 끝나고 두 달 앓아 누었어요. 추운데서 맨날 그거 하다보니까. 창문 다 깨져서 바람 다 들어오지. 그 생각하면 진짜 ….

장구보 : 그게 98년도?

김병균 : 그게 99년도인가, 2000년도인가 정확히 기억이 안 나는데 그때에요. 그 다음 해에. 그 불난 게 2000년도 인가보다. 그 다음해에 갈 데가 없잖아요. 어차피

사무실이나 연습실을 얻어야 되는데.

장구보 : 〈동이〉 때문에?

김병균 : 그렇죠. 연습도 해야 되고 그때는 공연도 열심히 할 때니까. 왜 지금처럼 집
　　　에다가 하지 않았을까 싶긴 한데, 그때는 연습실이 있어야 된다고 생각을 한
　　　거예요. 그래서 다시 연습실을 얻는 것도 뭐하고 그러니 엎어진 김에 내 꿈이
　　　었던 극장을 만들어보자 해서 극장을 만든 거예요.

장구보 : 그런데 이 극장을 마련한 돈이 있으셨네요. 공간을 다시?

김병균 : 그때가 김대중 정권이었을 거예요. 카드를 막 남발했잖아요. 카드정책이 아
　　　니었으면 못했죠. 몇 개 카드로 했었죠. 공사도 인부를 부를 돈이 안 되니까.
　　　인부 한분이랑 저하고 둘이서 공사 3개월을. 그래서 만들었죠.

장구보 : 지독하시군요.

김병균 : 제가 그때는 노가다를 좀 했어요(웃음).

3. 가온누리의 구조

장구보 : 그 불난 집 수선 할 때부터 노하우는 붙으셨겠어요(웃음). 그럼 2002년에 공
　　　간을 마련하신 거네요. 그럼 공간은 어느 정도 되셨어요? 다른 극장에 비해…
　　　뭐 소풍보다 컸다던가 ….

김병균 : 소풍보다는 컸죠.

장구보 : 소풍은 참 열악하군요(웃음). 천장도 좀 나왔어요?

김병균 : 지하니까. 소풍보다는 좀 높았어요.

장구보 : 객석은?

김병균 : 객석은 고정식으로. 객석 짜느냐고 죽는 줄 알았죠. 그걸 다 각목으로 해서
　　　만들어서.

장구보 : 계단식으로?

김병균 : 그렇죠.

징구보 : 그럼 100석 나와요?

김병균 : 거의 100석 나왔어요. 그리고 조그만 대기실도 있었고.

장구보 : 괜찮았네요. 그래도.

김병균 : 처음에는 괜찮았는데 돈 안 댄 흔적들이 있죠.

4. 개관 당시 인천연극의 분위기

장구보 : 그럼 이 시기에는 소극장이 없었어요?

김병균 : 없었어요. 그때 유일하게 남아있던 게 〈돌체〉가 하나 남아있었는데 〈돌체〉도
　　　거의 운영만 하고 있었지 공연을 하는 건 없었어요. 그래서 인천에서 만들어서
　　　공연을 하는데 예술회관 대관을 하면 맨날 싸우는 거예요. 아니 우리가 어떻게

든 가난한 연극인들이 제작비해서 공연을 하는데 2~3일만 하고 막을 내리라는 데, '그럼 답이 안 나온다.' 물론 지금도 그렇긴 하나, 그때 당시에 대학로에서 공연을 했으니까. 그래도 가보자 해서 두 달, 좀 되네 이러면 6달. 이런 공연을 하다가 인천에 오니까 공연 연습을 잔뜩 해놓고 2~3일 만에 막을 내리고 다음 공연 준비하고. 너무 아닌 거예요. 그래서 대관담당자랑 많이 싸웠어요. 그런데 제가 지금 예술회관 대관심사위원이에요(웃음). 그런데 어제 보니까 9건 밖에 안 들어와요.

장구보 : 대관이 9건밖에 안 들어온다고요? 그럼 다 자체기획이에요?

김병균 : 인천에서는 인천의 극단이 대관하는 경우가 거의 없어요. 예술회관 소극장. 외부에서 들어오는 거고. 인천에 있는 극단들은 그런 상주단체 영향도 있겠거니와 그 전부터도 예술회관 쪽으로 안 가는 거예요. 왜냐면 2~3일 만에 내려야 되니까. 그래서 지금 뭐 소극장이든 대극장이든 공연이 많이 들어오는 게 어린이 뮤지컬 ….

5. 90년대 당시 열악한 환경조건의 인천연극계

장구보 : 극장이 없었다는 거죠? 그 당시에.

김병균 : 극장이 없었죠. 심지어는 어디까지 갔냐면 ….

장구보 : 여기서는 안하셨어요?

김병균 : 했죠. 하다보니까 한계에 부딪히니까. 공연하니까 적자는 났는데 공연을 할 수가 없잖아요. 배우들 페이라도 줘야 되고. 그래서 그걸 들고 공연할만한 곳을 찾아다닌 거예요. 석바위 쪽에 무슨 시장이 있어요. 거기에 4층인가, 옛날에 영화관 같은 곳이 있어요. 지금은 있는지 모르겠는데. 삼미 무슨 ….

장구보 : 쇼핑센터. 삼미쇼핑센터.

김병균 : 거기 4층에 영화관이 있었어요. 갔더니 객석이 있잖아요. 영화관이여도 조그만 무대가 있잖아요. 그래서 늘리고 해서 공연하고. 여성문화회관가서 공연하고.

장구보 : 삼미쇼핑센터 꽤 오랫동안 연극으로 했던 걸 들었던 거 같아요.

김병균 : 하긴 했는데 정극공연은 없었고 아동극이나 약장사 공연 이런 거. 배우 한 두 명 정도 나와서 했던 거. 그런 거 했던 거 같아요.

장구보 : 여성문화회관은 여기 부평이요?

김병균 : 네. 지금 여성가족재단 바뀌었는데 거기서도 하고. 500석도 안되는데 7~800석 때려 넣고.

장구보 : 인기 많으셨나보다.

김병균 : 그때는 그래도 학교단체가 많이 있을 때였어요.

장구보 : 이때가 시립극단 있었을 때였잖아요. 배틀을 뜬 거네요?

김병균 : 무슨 배틀을 떠요(웃음). 그런데 이제 그런 원망들은 많았죠. 인천지역에서.
요새는 덜 한 거 같은데 예전 시립극단이 초대가 너무 많은 거예요. 할인권
뭐 이런 거. 요새 그런 거 안 할 텐데. 그래서 지역극단에서 얘기 많았죠. 왜
냐하면 조그만 소극장 지하에 있는. 우리가 돈을 들여 봐야 얼마나 들였겠어
요. 그래서 공연을 하는데 제가 최소한 만원에서 만 오천 원 받았던 거 같아
요. 그래서 5천원을 내리라는데 짜장면 값도 얼마인데. 애들 연습하면서 먹는
짜장면 값도 안 나오는데…그래서 만 오천 원 하는데 그때 예술회관이 오천
원 할인 이러니까 와서 관객이 항의를 하는 거예요. 시설도 좋고 다 좋은 예술
회관에서도 오천 원인데 너네는 무슨 배짱으로 만 오천 원을 받냐고 … 안보
면 말지 그런 얘기도 많았어요. 항의도 아닌 항의도 하고 신문기자한테도 인
터뷰하면서 써 달라 하고 왜 예술회관이 나서서 그런 식으로 해서 오히려 ….

6. 극단 '동이'의 배우들

최혜정 : 그럼 시립극단이 있으면서 배우들을 구하는데 어려움은 없으셨어요?
김병균 : 저는 조금 인천에 있는 다른 극단하고 달랐어요. 지금은 인천연극협회라고 있
어요. 연극협회 소속되지 않는 곳들이 많이 늘어났는데 그 당시만 해도 연극
협회 소속되지 않는 극단은 전무였을 거예요. 저희 빼고. 그러니까 달라요. 저
도 들어가려고 했었는데 안 받아 주더라고요.

7. 가온누리의 운영

김병균 : 그래서 르네상스의 귀취를 걸고 가려면 거기가 맞겠다, 해서 간 거죠. 그런데
뭐, 저녁때 뭐 공연이 캔슬 되면 일주일에 두세 번 캔슬 이니까. 애들 데리고
캔슬 됐으니까 술 먹자 해서 거기를 순회를 많이 했어요. 거기에 역사와 전통
을 자랑하는 술집이 진짜 많잖아요. 오늘은 50년대야. 내일은 60년 된 곳 갈
거야. 이게 지금 사천 원이지만 60년대에 전통이 있는 거야. 이러면서 순례를
많이 했어요(웃음). 밤중에 막 다녀도 사람이 없으니까. 유령도시니까 ….
장구보 : 그럼 운영은 어찌 하셨어요? 다 무보수로 한 거예요?
김병균 : 아니죠. 흡족하게는 못 줘도.
장구보 : 그래도 운영비가 … 지원을 받던가, 이런 게 있어야 되잖아요. 후원이나 사비나.
김병균 : 그 당시에 지원되는 게 조금 있었던 거 같아요. 극장 공간과 관련 되서 1년
정도 받은 거 같은데 ….
장구보 : 그런데 왜 더 안 받으셨어요?
김병균 : 그게 없어요. 정책이 없어졌어요.

8. 가온누리의 폐관

김병균 : 많이는 아닌데, 네, 그래도 뭐 고마운 일이죠. 나머지는 다 사비 털어서. 나올 때 50만 원 건져서 나왔어요(웃음). 빚 빼고. 빚은 그대로 있고 50만 원 건져서. 극장 그만둘 때, 철거까지 제가 만든 거 철거까지 다 했어요.

장구보 : 그렇게 해야 되는 거예요?

김병균 : 그럼요. 인부를 쓰면 돈이 들어가니까.

장구보 : 아, 철거를 다 해줘야 되는 거예요?

김병균 : 그렇죠.

장구보 : 아 극장 이었으니까.

최혜정 : 장비는?

장구보 : 다 버렸지 뭐.

김병균 : 조명기 몇 개는 갖고 있다가 아는 형이 필요하다 그래서 그냥 받기 뭐하다면서 백만 원 주고. 그래서 극장도 다 하고 했는데 그때 마침 극장 끝내고 나온 뒤에 딱 50만 원 들고 나온 거예요.

장구보 : 철거하고?

김병균 : 고물 값이에요(웃음).

장구보 : 그럼 그만두실 때는 속이 후련하셨어요?

김병균 : 두 가지 감정이 다 있죠. 마지막 공연 때 ….

장구보 : 마지막 공연을 알고 하신 거예요?

김병균 : 마지막 공연을 준비하면서, 첫 공연을 하면서 '이거 끝나면 접어야겠다'라는 생각이 들더라고요. 마침 연출한 작품에 출연까지 제가 했어요.

장구보 : 바쁘셨군요.

김병균 : 마지막 커튼콜 때, 그날은 또 희한하게 다 찼어요. 그래서 '오늘 공연을 마지막으로 극장은 문을 닫습니다. 마지막 공연 소극장 〈가온누리〉 공연에 함께 해 주셔서 감사합니다.' 하고 … 반 정도가 같이 울어주는 거예요. 그때 서 있다가 확 복받쳐가지고 … 그랬던 기억이 나요.

장구보 : 지역의 커뮤니티가 너무 늦게 됐네요(웃음). 처음부터 했어야 되는데. 시간차가 너무 안 맞아서.

김병균 : 제가 문 닫을 쯤 해서 학산 소극장 만들어지고, 인천지역의 소극장 역사가 끊겼을 때, 아무도 엄두내지 못했을 때 무식한 제가 물정도 모르고 인천에서 용감해질 수 있었던. 본의 아니게 인천소극장의 역사를.

최혜정 : 잠시 멈추었던 역사를 이어주는 실타래 역할을 ….

9. 가온누리의 레퍼토리

장구보 : 너무 빠르셨어요(웃음). 그럼 이거 4년 동안 운영하실 때는 뭐 하셨어요? 정극
　　　　하셨어요?
김병균 : 그렇죠. 그런데 저희는 창작극을 많이 한 편이죠. 그 뒤에 〈십년후〉라던가,
　　　　그때 〈십년후〉는 영어연극으로 밥 먹고 살고 했었어요.
장구보 : 처음 듣네요. 그 이전에 창작극을 하는 데가 있었어요?
김병균 : 많지 않았죠. 간간이 이재상씨가 하시고 본격적으로 극단이 창작극을 하면
　　　　서 한 곳은 별로 없었죠. 제 기억에는. 우리는 대학로 활동하고 연극을 하기
　　　　전에 대학연극반 할 때부터 창작극 운동이 그때부터 시작이 되었거든요. 제
　　　　가 85학번인데 86년도부터. 대학 때도 창작 쓴 게 책으로 나온 것도 있어요.
장구보 : 그러면 대부분 창작극도 그렇고 극단에서 대학로 경력이나 대학에서 연극을
　　　　전공한 사람이 인천에 있었어요?
김병균 : 별로 없었죠. 저 역시 전공출신은 아니니까.

2. 가슴 아픈 곳에 자리한 씨·아리 소극장

　　　극장명 : 씨·아리 소극장
　　　주소지 : 인천광역시 중구 인현동 27-41번지 지하 1층
　　　개관일자 : 2004년
　　　폐관일자 : 2008년
　　　극장대표 : 진정하

　　"극단을 89년부터 갖고 있었어요. 신포동에서 극단 〈미션〉이라는 이름으
로 시작했다가 극장 씨·아리는 2004년도에서 2008년도까지 운영을 하게
됩니다. 극장을 하게 된 계기는 1999년도 인현동 호프집 사건이 일어났을
때 그 마을에 살고 있었어요. 순간 생각이 의미 있는 공간이 다음에 이어갔으
면 좋겠다고 생각만 하고 있다가 몇 년 후 그 길을 지나다가 마침 텅 비어
있어서 바로 주인을 만나서 극장으로 하고 싶다고 해서 55평되는 지하 1층을

씨·아리 소극장의 문패 및 내부모습[9]

쓰게 됐지요. 그 전에는 김종원 선생이 4막5장이라고 레스토랑을 하기도
했었지요. 그래서 그 공간을 알고 있었지요. 그 역사가 전국 청소년들에게
문화적 공간의 필요성을 대두시키게 된 거지요."

씨·아리라는 뜻은 함석현 선생님의 씨알, 씨 뿌리는, 생명의 시초가
되는 씨라는 글자와 가교역할이라는 뜻의 아리를 합성한 말로 진정하
대표가 2004년에 개관하게 된다. 개관 전에 89년부터 극단 〈미션〉을 운
영해오다 〈놀이와 축제〉로 이름을 바꾼다. 당시 개관한 극장은 1999년도

---

9) 인천투어 홈페이지 http://itour.visitincheon.org/

에 인현동 호프집 사건10)이 있던 건물로써 부평 깡시장에 합주실을 만들었다가 몇 년 뒤에 다시 왔는데 거의 폐허처럼 방치되어 있는 것을 보고 그 길로 주인과 얘기하여 사무실을 옮기게 되는 계기가 되어 청소년들에게 의미 있는 공간으로 다시 재탄생되고 기억될 수 있기를 바라는 마음으로 그 건물 지하 1층에 자리 잡게 된다.

---

10) 고등학생들 58명 정도 사망. 축제 끝나고 청소년들이 집중해서 모이던 시기였음. 지하 1층, 지상 4층 상가(호프집은 당시 지상 3층)에 화재가 발생한 사건으로 이는 전국에 청소년에 대한 공간 필요성이 대두되고 인천에서는 장수동 청소년 수련관 동인천 학생회관이 전국 최초로 지어지게 되는 계기.

인천일보 기사 및 당시 화재사건의 모습[11]

"소극장의 역할이라는 게 배우나 연극을 개발하는 실험소니까 청소년 동아리를 많이 공연하게 했어요. 쎄미뮤지컬 판타스틱을 많이 했지요. 창작극도 몇 개 했고요. 청소년 팀이 있어요. 퍼포먼스나 마술 학원 동아리들에게 무료 대관을 통해 써포트 해주고 하면서 네트워크를 자연스럽게 만들어갔지요. 그때만 해도 청소년연극제가 활성화가 되어있어서 17개 팀에서 20개 팀이 출연하니까."

공간은 약 50여 평으로 객석이 계단 고정식으로 70명 정도 앉을 수 있었고 무대 크기가 가로 세로 각 8미터 정도로 비교적 무대가 큰 편이었고 천장 높이는 3미터 50정도의 크기였다. 개관 전에는 이 공간에서 〈4막5장〉[12]이라고 하는 레스토랑을 김종원 대표가 운영했던 바가 있다. 자기

---

11) 출처 : [1번째 사진 : 1999년 11월 1일 인천일보], [2, 3번째 사진] : 안전보건공단 블로그
12) 김종원 대표가 운영했던 〈4막5장〉은 레스토랑 겸 공연을 할 수 있는 작은 공간을 가진

공간을 갖는 것이 평소에 연극하는 사람이라면 누구나 갖는 꿈으로 소극
장의 역할은 배우나 연극을 개발하는 창작산실의 역할로써 당시 청소년
들을 주로 발굴하였다. 쎄미뮤지컬 〈판타스틱스〉을 많이 했고 사랑티켓
을 구하려다 보면 사재기해서 피해를 봤었다고 한다. 더불어 창작극을
몇 개 했었고 청소년 동아리 활성화를 위해서 당시 교육보다는 퍼포먼스
팀, 마술하는 팀, 학원들 동아리들을 무료로 대관하면서 네트워크를 하였
다. 당시는 청소년연극제가 활성화가 많았던 시절로 17~20개 팀이 참가
하기도 했었다. 진 대표는 극장 주변의 상권을 문화도시로 활성화시키기
위해 300개 정도의 가게 6개의 번영회에 초대 연합 번영회 회장을 역임하
기도 하였다. 극장 씨·아리를 하기 전에는 1년 정도 돌체 소극장을 관리
운영한 바 있고, 씨·아리 극장 운영당시 무대지원금[13] 개관공연(창작공
연) 〈민들레, 작은 천국〉[14]을 하였고, 레퍼토리 〈소나기〉[15]가 있다. 소극
장 씨·아리는 2004년부터 2008년간 운영되었다 폐관하기에 이른다.

> "거기에(신포동) 한 삼백 개 정도의 가게가 있는데 6개 번영회가 있었어
> 요. 연합 번영회 회장을 했었어요. 그 분들의 추천으로 1대 연합회장을 했
> 지요. 차 없는 거리 같은걸 통해서 중구의 자원들을 갖고 대학로처럼 살려
> 보려고 많이 노력했지요. 공원 있지 산 있지 역사가 있지. 그리고 좋은 작
> 품들이 많거든요. 그런 시장을 통해서 유통이 될 수 있게 하려고 했지요."

곳으로 당시 연극이나 음악장르를 공연했었다고 한다.
13) 2004년도 인천시에 무대지원금을 신청하여 2천만 원을 지원받아 개관하게 되었음.
14) 댐 공사로 인해 고향을 떠나 새로 정착한 도시에서 적응하지 못하는 동강주민들의 이야
    기를 담은 연극.
15) 소년과 소녀의 순수한, 그리고 치열한 사랑과 그것을 지켜보는 봉순과 두식의 안타까움
    을 그린 연극으로 '인현동 호프집 화재사건'의 아이들을 기리며 만든 연극.

쎄미뮤지컬 〈판타스틱스〉 포스터 및 공연사진[16]

---

16) 출처 : 씨·아리 소극장 공식 카페

연극 〈가시고기〉 공연 포스터 및 공연사진[17]

연극 〈소나기〉 공연사진[18]

---

17) 출처 : 씨·아리 소극장 공식 카페
18) 출처 : 씨·아리 소극장 공식 카페

씨·아리 소극장 진정하 대표 구술 채록문		
	일시	2015년 4월 22일 10시
	장소	우각로 문화마을 사무실
	참여자	진정하, 장구보, 최혜정

1. 씨·아리 소극장의 개관

장구보 : 원래 퍼포먼스를 하신 거예요?

진정하 : 뮤지컬적인 걸 좋아해요.

장구보 : 그래서 〈놀이와 축제〉.

진정하 : 89년에 신포동에서 시작을 했지.

최혜정 : 그때 〈미선〉이었어요?

장구보 : 그때 극장이?

진정하 : 〈씨·아리〉 극장은. 지금 극장 자료 하는 거죠?

장구보 : 오늘은 극장 할게요(웃음).

진정하 : 〈씨·아리〉 씨하고 점찍고 아리.

장구보 : 무슨 뜻이죠?

진정하 : 함석헌 선생님의 씨알 같은 거 있죠. 씨 뿌리는. 생명의 시초가 되는 씨. 아리는 동아리, 가교역할. 그래서 지은 거죠.

장구보 : 이게 몇 년도였어요?

진정하 : 2004년도에서 8년도까지 했을 거예요.

장구보 : 그럼 이거 하시기전에 15년 정도는 극단생활하시다가 다니셨다가 2004년도에는 극단도 들어가게 되셨던 거죠.

진정하 : 네.

장구보 : 꽤 오래 극단생활하시다가 나중에 극장 하셨네요.

2. 씨·아리 소극장의 개관하게 된 계기

진정하 : 그렇죠. 극장하게 된 계기가. 그게 99년도인가 사건이 났을 거예요. 인현동 호프집사건. 그때 내가 거기 위에 살았어요.

장구보 : 몇 층 이였어요, 건물이?

진정하 : 건물이 지금 지하 1층, 2층 노래방, 3층 당구장, 지하 1층, 지상 3층, 지상 4층

은 살거든요 주인이. 호프집 사건 날 때 그쪽에 살았던 건데.

장구보 : 호프집이 지하 1층이었던 거죠?

진정하 : 3층이였을 거예요. 그래서 애들이 뛰어 내린 거지. 주인도 뛰어내리다 다쳤고.

장구보 : 이게 1999년이에요?

진정하 : 99년. 거의 15년? 그때 제물포 고등학교 밑에 살았는데 아침에 보니까 방송국들이 많이 왔더라고요. 순간의 생각이 '이거 의미 있는 공간을 다음에 했으면 좋겠다.' 지나가다 순간에 생각한 거예요. 그러다가 내가 부평으로 사물 놀이 하는 후배들이 많아서 깡시장 있는데 사무실 합주실을 만들고 이쪽 마을로 왔는데 텅 비어있더라고요. 공간이. 곧바로 주인 만나서 그때 그런 마음이 있었는데 쓰고 싶다 해서 쓴 거죠.

장구보 : 그럼 그 건물의 지하 1층 쓰신 거예요?

진정하 : 지하 1층. 그게 아마 50몇 평 될 거예요.

장구보 : 그럼 그 당시에 건물에 다른 것도 있었어요?

진정하 : 있었는데 주인이 운영하는 거의 망했죠. 2층. 1층은 분식점이고 2층은 노래방인데 2층하고 3층은 아들이 하는데 거의 장사가 안 되죠.

장구보 : 이분들도 피해 봤네요.

진정하 : 많이 봤죠.

장구보 : 호프집 주인이 따로 있었죠? 이때 많이 죽었죠.

진정하 : 총 해서 58명 정도?

장구보 : 고등학생들?

진정하 : 고등학생들. 축제 끝날 때니까 가을쯤 일거에요. 얘기로는 애들이 나갈까봐 돈 안내고 갈까봐 닫았다는….

장구보 : 문 잠갔다는 얘기를 들었어요. 못나가게. 그래서 뛰어 내렸다는 게 출구가 막혀서 나가지도 못하고. 그럼 불이 3층부터 난거에요?

진정하 : 네. 그 자체에서 난거에요.

장구보 : 그럼 1층은 팅 빈 거였어요?

진정하 : 불난 걸 볼 때서부터 계속 비어있었죠. 그리고 거기 공간을 내가 아는 게 저는 〈미추홀〉 극단을 운영했던 김종원 선생님이 거기 극단 했었잖아요. 〈4막 5장〉이라고 레스토랑을 했었어요. 한쪽에서 노래도 하고. 그 자리였거든.

장구보 : 지하 1층 〈4막 5장〉을 하셨던 거였어요?

진정하 : 네네. 그 공간을 알고 있었죠.

장구보 : 그러다가 불나고 안하시고?

진정하 : 네네.

장구보 : 사연이 많네.

진정하 : 그 역사가 전국의 청소년 공간, 청소년 문화회관, 장수동, 청소년 학생회관.

그 계기가 되었어요.

장구보 : 그 필요성에 대한 계기가 생긴 거네요?

진정하 : 그래서 전국으로. 인천이 건물들을 짓기 시작하게 되었죠.

장구보 : 청소년 수련관 장수동에 있는 게 제일 먼저 생긴 거예요?

진정하 : 그럴 거예요. 아마.

3. 씨·아리 소극장의 레퍼토리

장구보 : 거의 다 창작이셨네요?

진정하 : 〈판타스틱스〉는 유명한 뮤지컬이에요. 그거 해가지고 그런 사람도 있더라고요. 거기가 옛날에 시내여서.

장구보 : 소비의 도시이긴 했죠.

진정하 : 사람들이 몰라서 못 찾아오거나 못 접한 것도 있거든요. 그리고 인천에 애향심이 없다 그래도 사람은 본질적으로 자기가 사는 공간에 애착을 안가질 수가 없어. 그러니까 '우리 인천 문화가 낙후 됐어' 말을 하지만 역설적으로 '잘했으면 좋겠다'는 얘기거든요. 우리가 〈판타스틱스〉 하면 사랑 티켓이 존재할 때인데, 그걸 불법으로 하는 사람들이 많았어요. 다른 사람 이름으로 하고. 우리 관객들은 순수하게 그걸 구하려고 하는데 구할 데가 없는 거야. 연극은 보고 싶은데.

장구보 : 그만큼 잘되셨네요.

진정하 : 잘됐어요. 어떤 작품에 따라서 관객을 충분히 끌 수 있다는 걸 경험했고 창작극을 많이 했죠. 그때도 지금보다 어려웠던 거 같아요. 운영하는데 지친 거죠. 뜻은 좋은데. 가끔 빠져나와서 여유를 즐겨야 되는데 매진하다 보니까. 어찌 보면 기획력이죠.

장구보 : 여기 청소년동아리 활성화는 어떻게 하셨어요?

진정하 : 저는 개인적으로 교육은 부정적인 사람이라(웃음). 스스로 청소년 팀이 있는데 퍼포먼스, 마술, 학원들 동아리 들을 계속 무료로 대관을 하면서 서포트해주고. 무대에 서고 싶은데 안 되는 것들….

장구보 : 청소년에 대한 생각이 많으셨네요?

진정하 : 공간 자체가….

최혜정 : 네트워크는 어떻게 하셨어요?

진정하 : 그때만 해도 인천은 연극 쪽만 해도 청소년 연극제가 많았어요. 상도 많이 타고 17개에서 20개정도 팀이 되고.

장구보 : 그 당시는 할 만했네요. 요새는 없지 않나요?

진정하 : 있긴 있는데 예전 같지가 않고. 모이는 게 안 되니까. 우리 어렸을 때는 모이고 그게 문화였는데.

장구보 : 지금은 각개 전투하니까. 청소년들은 좋아 했겠어요?

진정하 : 지금은 성장해서 문화회사도 차리고 그러더라고요.

장구보 : 제 생각에는 청소년 활성화와 초점을 맞춘 건 대표님이 처음일까요(웃음)?

진정하 : 그렇진 않겠죠. 많이 있을 건데.

장구보 : 극장의 특성상 ….

진정하 : 아무래도 사건이 ….

4. 씨·아리 소극장의 폐관

장구보 : 그럼 왜 4년 동안 열심히 하시다가 왜 그만 두셨어요?

진정하 : 경제적인 거죠. 예술자체가 공간이 지금처럼 생각한다면. 지금도 그 마을 가끔 가거든요.

장구보 : 그래도 기획력은 있으신 거 아니셨어요?

진정하 : 기획력이 아니라 돈을 까먹다 보니까 필요한 걸 느낀 거지. 처음에는 배우로 시작했다가 연출로 일찍 돌아서서. 극단은 운영이거든. 요즘도 내가 후배들에게 '믿을 만한 연출이 있었으면 좋겠다.' '난 연출은 싫다.' 왜 그러냐면 지금은 실질적으로 기획자가 예술을 하는 시기거든. 관객을 끌어야 좋은 연출과 좋은 작품을 성장시킬 수가 있는데. 내가 공간을 꿈꾸는 게 상업성을 갖으려는 게 그런 이유고. 이번에도 제작하면서 12명을 이 작품이 먹여 살려요. 작가도 철저하게. 지방가도 저작권 다 측정하고. 우선 최소 큰 건 아니더라도. 예를 들어서 브로드웨이는 조합에 등록하면 주당으로 주잖아요. 유럽은 다들 그렇더라고요. 주급으로. 브로드웨이 최저 임금이 205,000원 이래요. 기획자가 그걸 해야 되는데. 대표자들은 대부분 예술 뭐 … 사생활 못할 때가 많잖아요. 그것에 젖어있는데 나부터라도 바꿔나가야지.

장구보 : 훌륭하세요(웃음).

5. 씨·아리 소극장의 내부

최혜정 : 대표님. 씨·아리 극장의 규모는 어땠나요?

진정하 : 객석이 70명 정도 앉는데 무대를 더 크게 했었죠. 가로가 8M 깊이도 그 정도 되고. 무대를 크게 했으니까.

장구보 : 의자는 붙박이였어요?

진정하 : 네.

장구보 : 계단식으로?

진정하 : 네.

장구보 : 천장은 높았겠네요?

진정하 : 보통이 3M 50정도 되요. 불이 난 다음에 보강을 해 놓은 게 있었어요.

장구보 : 지하 1층에도 불의 영향이 있었나요?

진정하 : 위에서 탔으니까.

6. 씨·아리 소극장의 현재

장구보 : 참 추억이 있네요. 의미 있는 공간이었는데 계속 했었으면 … 지금은 뭐하고 있어요?

진정하 : 지금은 분식집도 텐트 술집으로 바뀌고 위에는 비어있는 거 같아요. 다 비어 있어.

장구보 : 거기 상권이 왜 그러죠? 그 건물만 그러나?

진정하 : 그 건물뿐만 아니라 전체적으로.

장구보 : 옛날에는 많이 살지 않았어요?

진정하 : 신포동쪽.

장구보 : 아, 거기 올라가 있죠?

진정하 : 특히 백화점이 문제야. 철도청에서 임대한 기간이 몇 년 남았다는데. 몇 년 동안 비어 있잖아요.

장구보 : 거기는 뭐 할까요 그럼?

진정하 : 어떤 회사가 계약기간이 끝나면 인수할 거 같아요. 가끔 물어보는데. 종합적으로 문화 향상을 위해서 그렇고 우리 생존을 위해서도 그렇고 특히 연극이나 예술가들. 시너지 효과를 보려면 자기 공간이 있어야 되거든요. 물론 유명한 작품 중요하지만 공연장에 있으면 언제나 갈 수 있잖아요. 그러니까 양손에 떡을 쥐어야 돼. 한 작품 만들어서 밖에서도 벌고 안에서도 벌고 ….

3. 커뮤니티 공간 아트홀 소풍

극장명 : 아트홀 소풍

주소지 : 인천광역시 부평구 십정2동 481-9

개관일자 : 2006년

폐관일자 : 2014년

극장대표 : 임승관

　　"설립된 배경의 특징 중 하나는 기획하거나 의도하지 않았다에요. 그게 굉장히 중요한 맥락으로 관통합니다. 보통 의도나 계획은 예산이 공공에서 책정될 때이죠. 우리는 의도하지 않았기 때문에 필요에 의해서 만들어진 거죠. 회원이 계속 늘고 있어서 연습실을 만들어줘야 하는 공간적인 문제밖에 없었죠. 그리고 매번 연습만 할 수 있는 건 아니다 생각한 거죠. 그 당시에는 공간이 가온누리밖에 없다가 망하면서 인천에 민간소극장이 없어서 발표의 장이 지역에 없었던 거죠. 아트센터나 예술회관에서 대관해서 객석을 채우는 건 어려운 일이었지요. 그러다 당시 지하 공간을 잘 만들면 되지 않겠냐 하는 생각에서 덤빈 거죠. 왜냐하면 회원 분들 중에 무대를 만들면 같이 힘이 될 재원들이 있었으니까 자신이 있었지요. 그래서 CMS 카드를 만들어서 구좌를 받으러 다니기 시작한 거죠. 문화적 환경이 좋지 않았던 게 좋게 작용을 했는지 많은 분들이 오히려 긍정적으로 도와주기 시작했죠. 그만큼 공감대 형성이 되었던 거죠."

　　아트홀 소풍은 이례적으로 시민들이 주체가 되어 소극장을 운영하는 최초의 민간소극장으로 2006년부터 2014년 까지 운영을 하게 된다. 소풍의 설립 배경 특징 중 하나는 보통은 예산이 책정되거나 공공에서 개입되었을 때 의도가 생기지만 기획하거나 의도하지 않았고 오히려 필요에 의해 만들어졌다는 점이다. 모임 공간이 지하에 있었고 회원이 계속 늘고 있는 상황에서 공간 문제가 대두되기 시작하였다. 평소에 연습만 하고 동아리 발표회에 맞는 공연을 올릴만한 민간소극장 공연장이 인천에는 없었다. (당시 소극장이 가온누리 밖에 없었다. 아트센터나 예술회관은 대관이 되지도 않고 그 큰 객석을 채운다는 것도 부담이었기 때문에 주로 공원이나 야외 같은 것에서 발표회를 하게 되었다.) 그러다가 지하가 천장이 높다는 장점을 살려서 자체적으로 꾸며서 공연장을 만들어보자는 회원들의 의기투합으

로 연습공간이자 발표공간으로 소풍을 만들게 되며, 90석의 객석과 무
대, 음향, 조명시설을 갖추고 있으며 객석은 이동식으로 하단의 의자를
밀어 넣으면 무대가 넓어지는 구조로 되어있다. 생활밀착형 문화공간을
위한 공감대 형성을 통해 문화수요자운동을 벌여 2005년도에 패러다임
을 전환 재창립 문화바람19)이라는 브랜드를 쓰기 시작한다. 역사를 거슬
러 올라가면 1998년도에 시민문화예술센터20)에 창작패, 전문패, 영상
패, 노래패, 그림패 등이 생산 활동을 하게 되다가 2004년에 서울로 올
라가는 추세에서 남은 사람 몇 명이 시민과 하는 예술 활동을 하겠다고
하고 생활협동조합 개념을 가지고 문화를 소비하는 사람들을 조직하였
다. 당시에는 예술가가 많지도 않은 상태였기에 문화소비자 운동을 하자
라는 관점이 컸고 회원들을 적극적으로 참여시키고 행동하는 회원으
로 할 것과 지역거점으로 문화매개를 통한 사람공동체를 만들자가 목적
이었다. 생활예술이 갖고 있는 장점은 생활에 피해를 주지 않고 희생하
지 않아도 되는 장점이 있고 그렇기 때문에 자유롭고 건강하고 활기찬
행보를 할 수 있다는 것이다.

19) 더 많은 사람과 소통하고 그 힘을 머금기 위해 '문화바람'이라 칭한 '문화수용자 운동'을
  하였고 '문화생활협동조합'에서 '문화소비자운동', 다시 '문화수용자 운동'으로 발전하였
  음. '문화바람'은 인천시민문화예술센터의 운영방법이라면 '소풍'은 문화수용자들이 활
  용할 수 있는 공간을 마련하고자 탄생한 시민을 위한 창작공간이라 할 수 있다.
20) '평화와 참여로 가는 시민문화센터'의 시민위원회와 문예위원회 구성 중 문예위원회의
  분과로 활동했다가 1998년 6월 총회를 기점으로 '평화와 참여로 가는 인천연대'의 부설
  기관인 '시민문화센터'로 분화하게 됨. 김동호 초대 대표를 중심으로 센터의 활동이 시작
  되었으며 그동안 본부 문예국, 문예위원회와 지부가 함께 진행하던 문화 사업들을 센터
  가 전담하게 되었으며 분과활동은 더욱 활발해짐.

기금자 명단

여성 통기타 〈토마토〉 정기공연

직장인 연극동아리 〈잡놈〉

280명 정도의 CMS 만드는 과정 또한 너무 감동적이었다. 동네 사람들 도 '옷 안 갈아입고 올 수 있는 극장이 있으면 좋겠다'라는 생각들과 '연 5회는 무료로 좋은 공연을 봅시다'가 표어로 탄생된 소풍은 계단식 90석 으로 수익이 날 수 있는 구조는 아니지만 소풍 운영은 동아리들이 스케줄 을 먼저 잡고 동아리[21]마다 다 발표식의 공연으로 진행하였다.

기타동아리 〈기타마루〉 공연사진[22]

---

21) 기타마루(기타동아리), 세상을 담는 눈(사진동아리), 끝없이 이어지는 장단(음악창작동
   아리), 일하는 사람이 부는 휘파람(직장인 노래동아리), 인연(연극동아리), 그림무리(그
   림동아리), 해맞이(풍물동아리), 오락실(밴드동아리).
22) 출처 : 민재연 블로그 http://blog.daum.net/bgj1441/16638784

직장인밴드 〈오락실〉 공연사진23)

소풍담당으로는 3명을 두었고 마을이랑 할 수 있는 프로그램, 아이들
이랑 하는 교육프로그램, 레지던시24)까지(상주) 운영하였다. 지역에 있다
는 것에 대한 상징성과 민간이 만들었고 8년 동안 유지, 생활 예술인들의
무대가 있었다는 점이 소풍의 큰 의의라고 볼 수 있을 것이다. 소풍은
공간을 쓰는 주체들이 자금을 만들어 직접 설립한 것이기 때문에 성과평
가가 없다는 것과 자율적 경영이 가능했다는 것이 가장 큰 특징25)이라고
할 수 있다. 이렇듯 여러 방면으로 탄탄하게 지역민들과 밀착하여 공간을

---

23) 출처 : 오마이뉴스 '현대사회에서 문화, 예술 활동의 의미' 장호영기자 기사발췌.

24) 상주단체가 입주해서 활동으로 극단 〈미르〉 레퍼토리와 실내악 〈아이신포니에타〉

25) '시민이 주인이 되는 문화공동체'의 목표를 둔 '문화바람'은 인천시민문화예술센터와
신나는 문화 공간 '놀이터', 인천 '밴드놀이터', 행복을 나누는 '문화로 가게', 복합 문화
공간 아트홀'소풍', 인천영상사업팀 '세 번째 눈', '시민 문화 살롱' 등, 다양한 분야의
문화사업을 진행하고 있다.

협동적 개념으로 운영해왔으나 소풍에도 경제적 사정으로 인한 위기를 극복하기가 어려워지는 상황이 생기는데 그것은 공간에 대한 주인이 바뀌고 월세가 두 배 가까이 오르면서 내 공간에 대한 필요성이 대두된다. 사실상 소풍은 2014년 폐관되어 공백기를 갖다가 2015년에 9월 4일 시민문화공동체 문화바람과 함께 복합문화공간으로 다시 재개관하게 된다.

> "동아리들이 먼저 스케줄을 잡고 소풍담당 팀을 두게 되었어요. 마을이랑 같이 할 수 있는 프로그램을 하고 아이들이랑 할 수 있는 프로그램, 레지던시 프로그램까지도 하는 등 거점 식으로 운영을 했어요. 그래도 적자가 나더라고요. 중간에 강무성씨가 경영을 맡아서 기획을 하기도 했습니다. 지역에 있는 거에 대한 상징성, 민간이 만들어서 8년간 운영해왔다는 점을 특징으로 들 수 있습니다. 그 다음에 생활 예술인들의 무대가 됐었다. 인천에 연극이나 극단에 있는 분들의 눈높이에 맞춰 무언가를 만들어갔었던 공간이었다는 거죠. 우리가 있다가 그 다음에 플레이캠퍼스가 생기긴 했죠. 장한섬씨가 돌체를 맡아서 운영하게 된 거죠. 거기는 우리랑 다르게 지역사업의 성격을 했다라기 보단 실험적인 무언가를 만들어내면서 창작공간에 대한 개념이 강했고 프로젝트를 진행하고 인문학강좌를 하고 프로그램을 생산해서 팔려고 하는 것이고 여기는 그런 것들을 할 수 있는 좋은 장(場)인거죠."

> "건물 주인이 바뀌고 월세가 두 배 가까이 오르면서 더욱 운영하기가 힘들어지는 변수가 생긴 거죠. 내 공간에 대한 소유의 필요성이 절실해 진거죠. CMS 회원도 줄어들기 시작했어요. 민간극장은 이렇게 저렇게 다 쓸 수 있는 공간이어야 한다고 생각해요."

〈아트홀 소풍 전면도〉

무대 전면

아트홀 소풍 구성도

객석

갤러리

소풍은 2015년 9월 4일 문화바람의 복합 문화공간 속에서 다시 재오픈하게 된다. 임승관 대표는 '주최의 문제가 있고 견딜 수 있는 커뮤니티가 있어야 하는데 현재는 힘겹게 재정 문제를 안고 이끌어가고 있는 형편일 뿐이라며 연극만 할 수 있는 공간으로 공간을 이끌어간다는 건 재정적인 어려움이 있고 다목적공간으로 해서 가용도를 최대한 높이다 보니 또 개별적 특색이 떨어지는 숙제들이 남아있다'고 토로한다. 소극장운동의 정신을 보여주던 과거와 달리 자칫 시대적 트렌드처럼 보일 수도 있는 이 소극장의 외도가 콘텐츠를 발굴하기 위한 변형이라기보다는 경쟁사회와 자본주의 영향으로 살기위한 선택이라는 면에서 안타까움을 느낀다고 했다.

아트홀 소풍 임승관 대표 구술 채록문

일시	2015년 3월 18일 1시
장소	문화바람 카페
참여자	임승관, 장구보, 최혜정

1. 아트홀 소풍의 개관 배경

임승관 : 설립된 배경의 특징 중의 하나는 기획하거나 의도하지 않았다는 거예요. 그게 특징이고 중요한 맥락으로 관통을 해요. 의도하지 않았다는 것은 일단은 우리가 의도를 하거나 계획을 하면 예산이 책정됐을 때에요. 공공에서 개입을 했을 때 '이런 걸 만들어야 한다' 그래서 '어디다가 만들지?' '어떻게 운영할거냐'라는 걸 논의를 하는데 우리는 의도하지 않았기 때문에 필요에 의해서 만들어진 거예요. 그 당시 지하에 회원들이 있었고 3층에 올라가서 사무실을 꾸렸는데 그 사무실조차 연습실로 내줘야할 정도로 회원이 늘고 있어서 일단 공간문제가 생겼고 또 하나는 맨날 연습만 하는 거예요. 발표할 곳이 없는 거예요. 인천에 소극장이 없었죠. 〈가온누리〉가 마지막으로 망하면서 ….

장구보 : 어디요? 새로운 이름이네요.

임승관 : 〈가온누리〉. 〈가온누리〉라고 병균 형이 했던 … 병균 형이 했던 카톨릭회관에 지하에 있던 소극장이에요. 민간소극장으로는 혼자 버티고 있다가 망했어요.

장구보 : 망한 게 몇 년도예요? 대충 얘기해주시면 되요.

임승관 : 어따 쓰기는 했는데, 그게 망하고 다다음해에 소풍이 생긴 거니까… 〈가온누리〉가 망하면서 인천의 민간소극장이 없던 거예요. 없으니까 우리가 동아리 발표회를 할 수 있는 결과를 보여줄 수 있는 발표회장이 없는 거예요. 안 그러면 아트센터나 문화예술회관 이런 곳인데, 대관되지도 않고, 객석을 채울 수도 없고, 말도 안 되죠. 그래서 맨날 공원에서 하고 그러는 거예요. 그래서 '우리가 발표회장을 만들자' 그래서 우리 지하가 천장이 좀 높고 ….

장구보 : 여기 지하요?

2. 아트홀 소풍의 개관당시 에피소드

장구보 : 이 소풍을 개조하는데도?

임승관 : 네. 우린 2천만 원이면 될 줄 알았는데 ….

최혜정 : 진짜 많이 들긴 하는 구나.

임승관 : 그런데 우리는 플랫카드를 걸었어요. 10월 27일 오픈한다고.

그래서 1년 후 한다고 해놓고. 그런데 그 정도의 비용이 든다. 전문가의 조언도 듣고 여기저기 뭐, 병균형도 만나고 했는데 병균형 첫마디가 뭔 줄 아세요? '로또 맞았냐'고 '미쳤냐'고(웃음). 보통 다 사람들이 친절하게 말렸어요. 되게 예의바르게. 근거를 딱 대면서. 서울에 있는 사람들도 그렇고 '천진난만하다, 순수하다'(웃음). '술이나 먹자'고. 그런데 우리가 필요해서 만드는 거잖아요. 아까처럼 기획해서 없애버리면 되는데, 없으면 안 되는 거예요. 필요가되게 중요한 거예요. 그래서 일단 하자. 돈이 없으니까 생활밀착형 문화원관이 있어야 되지 않겠냐 도시처럼. 그래서 CMS카드를 만들어서 구좌를 받으러 다닌 거예요.

장구보 : 그때부터 ….

임승관 : 공간 소극장을 만드는. 동네 소극장을 만드는데 도와 달라 해서 쫓아다녔죠. 그런데 의외로 반응이 좋아요. 납득을 하는 거예요. '말이 맞다'면서. 문화적 환경이 안 좋은 거가 오히려 좋게 작용을 한 게 있어요. 그거 뭐 어디 가서 보면 되지 뭐 이러면 모르겠는데 진짜 없는 거예요. 사람들이 보기에도.

장구보 : 공감대 형성이 되었던 거네요.

3. 아트홀 소풍의 시민회원

임승관 : 그렇죠. 일단 그 전에 우리가 하려고 했던 건 문화수용자 운동을 하면서 회원이 3백 명 4백 명 늘어날 때여서.

장구보 : 그 회원 얘기를 해주셔야 될 거 같아요. 그 회원이 소극장 이전에 가졌던 조직체였던 거잖아요. 그 얘기 좀 잠깐만.

임승관 : 2005년도에 우리가 패러다임을 전환을 하고 재창립이라고 하면서 〈문화바람〉이라고 쓰기 시작해요. 보통 〈문화바람〉을 그때부터로 보는데 역사를 거슬러 올라가면 2009년 이렇게 시작을 해요.

장구보 : 2009년이요?

임승관 : 〈시민문화예술센터〉 이렇게 쓰는 거예요. 지금 한 17년 정도 되는 건데.

장구보 : 어떻게 17년이에요?

임승관 : 2006년, 아니 1996년도? 우리가 백서에 보면 〈시민문화센터〉 시절 있었고 〈시민문화예술센터〉가 있었고 ….

4. 아트홀 소풍의 운영과 폐관, 새로운 시작

장구보 : 〈소풍〉은 몇 년부터 몇 년까지 하신 거예요? 〈소풍〉이 탄생이 된 게 2000 … 〈문화바람〉이랑 같이 탄생된 게 아니죠?

임승관 : 2005년부터 작년 12월까지.

장구보 : 2014년.

임승관 : 제가 백서 갖고 올게요. 극장을 운영해본 적이 없어서 토론을 했었어요. (자료전달) 그게 재작년에 나온 거.

장구보 : 좋네요. 사진도 있고, 나중에 발췌하면 되겠어요.

임승관 : 되게 길어요.

장구보 : 연회 폐업(웃음).

임승관 : 이게 폐업이라기보다는 마감콘서트를 했어요. 공간을 옮겨야 되는데 막바지인데 월세가 다 합해서 천만 원이에요. 공간이 여기가(문화바람) 700이고 소풍이 120이고 부평에 있는 놀이 도서관이 백만 원이에요. 그걸 3년째하고 있었던 거거든요. 이거 옮기고 슬림하고 있는데 저건 계속 나가야 하는 거예요. 매달.

장구보 : 아직도요?

임승관 : 그래서 접은 거예요. 계약 끝날 때 접어버리고. 나가는 월세는 일단 막고. 진행했던 사업들 이양하고. 그래서 닫은 거고. 그런데 〈소풍〉 간판은 가져가려고 그래요. 우리가 어디로 옮기면 ….

장구보 : 그 이름은 가져가신다?

임승관 : 공간이 있어야 돼요. 우리도 발표를 해야 되니까. 그런데 아마 이런 하우스 콘서트 장 비슷하게 갈 거 같아요. 연극전용으로 높아가지고 깜깜한 그런 게 아니라 다목적공간으로 갈 거 같아요. 여기서 공연을 올릴 건 아니에요. 그래서 여기보다 좀 더 괜찮은 데로 갈 거 같고. 그래서 일단 쉽니다. 이런 개념으로 ….

장구보 : 일단 마감.

최혜정 : 홈페이지 갔더니 다시 개관하신다고 되어 있더라고요?

임승관 : 폐업이 임팩트가 좀 있죠. 부활했다고 하면 되잖아요(웃음).

5. 아트홀소풍의 CMS 운영 방식

장구보 : 일단은 미래의 〈소풍〉이나 계획은 잠시 두고 그러면 운영방법은?

임승관 : 일단은 CMS를 모아서 제작비를 마련한 거예요. 280명 정도를 모았어요. 그래서 그분들 이름을 다 벽에 〈소풍〉 안에다 기록을 해놓은 거예요.

장구보 : 그 사진은 있나요?

임승관 : 있죠. 너무 감동적이었어요. 만드는 과정이 너무 우리한테. 이걸 어떻게 운영을 해야 되고 이런 걸 과정에서 다 배워버렸어요. 아까 말한 것처럼 천진난만하게 시작했잖아요. 백지에서 시작한 거잖아요. '필요해서 만들어야지' 였어요. 좀 더 의미를 확장을 하면 '동네 사람들도 옷 안 갈아입고 올 수 있는 극장이 있으면 얼마나 좋겠냐' 이런 게 있었던 거예요. 그런데 망할 때까지 동네사람들이 막 오거나 하진 않더라고요. 지하라.

장구보 : 그게 숙제죠.

6. 아트홀 소풍의 구조와 개관당시 에피소드 II

임승관 : 그런데 어쨌든 우리는 정말 요긴하게 썼어요. 그리고 다른 연극패들이 풍족하게 썼고. 왜냐면 우리는 문화수용자운동에서 한 것처럼 연 5회를 공짜로 봅시다. 운동 이었거든요. 그래서 연 5회를 상당 부분을 〈소풍〉에서 이루어졌어요. 〈염쟁이 유씨〉라던가 〈짬뽕〉이라던가 다 여기서 했거든요. 사이즈 딱 맞는 거예요. 대학로 갔더니 저런 사이즈가 많더라고요. 대학로에서 평균이더라고요. 아주 나쁜 것도 아닌 좋은 것도 아닌 저 사이즈가 제일 많아요. 그런데 저기 문제가 수익이 안 나는 구조에요. 객석자체가. 객석이 120이 넘어야 티켓 값으로 개런티를 줄 수가 있대요. 그런데 우리는 티켓 값으로 개런티를 못주는 좌석이에요. 구조적으로 수익이 안 나는 거라고. 많은 연극운영하시는 분들이 ….

장구보 : 객석을 몇 석으로 보시는 거예요?

임승관 : 저는 90석. 장점은 40명 와도 있어 보여요. 40명 왔는데 쫙~ 공연하는 사람이 되게 좋아해요. 그리고 가깝다 보니까 실력 있는 사람이 와야 되요. 실력이 없거나 하면 '떨려서 못 하겠어요' 이러는데 정말 김명화씨 같은 분은 관객을 다 울려요. 되게 에피소드가 많은 데에요. 만들 때 어떤 일이 있었냐면 그 위에 바로 윗층이 곱창집이었는데 의자는 어떻게 만들지 막 얘기하는데 옆에서 술 먹고 있던 사람이 유심히 듣고 있다가 합석을 했어요. 남자 아저씨가 인사를 하더니 '관련 업종에 있는데 여러분이 아는 분야에 대해서 얘기하는 거 같은데 너무 즐겁게 얘기 하길래' 그래서 우리는 또 안 마다하잖아요. 그래서 같이 오시라고 하고 '뭐 하려고 하느냐'라고 하길래 설명을 막 했어요. 그런데 그게 안쓰럽기도 하고 귀엽기도 하고 그래서 그 사람이 일단 나무, 뭐 몇 개, 뭐 몇 개 적어주고, 언제까지 사다놓으라는 거예요. 그리고 쇠는 각 파이프 몇 개, 뭐 몇 개 사다놔 이러더니 기술자들 2~3명이 온 거예요. 그래서 대충 얘기를 들어서 뭐 쫙 하고 갔어요. 그리고 목수가 왔어요. 그리고 쫙 하고 갔어요. 누군가는 그 사람이 이 근처에서 큰 건물을 짓는 책임자였던 거예요. 형님 같은. 이 사람이 인부들이 많으니까 월급은 거기서 주고 빼가지고 보낸 거예요. 거기서 하고 오라고. 그런 사람이었던 거예요. 그 사람하고 연이 돼서 회원도 하고. 사고로 돌아가셨는데 돌아가시기 전까지 우리랑 굉장히 인연이 되었던 분이에요. 그리고 바닥 타일은 뒷집에 타일 이모라고 술 먹으면서 친해진 60이 넘으신 할머니가 계세요.

최혜정 : 모든 일은 술자리에서 이루어지셨네요?(웃음).

임승관 : 그분이 왜 타일 이모냐면 타일에서 대장, 타일 까는 거, 60이 넘었는데 술 장난아니고 체력이 장난 아니에요. 인부들 데리고 다니면서 일감 자기가 받아오

체력이 장난 아니에요. 인부들 데리고 다니면서 일감 자기가 받아오면 애들 따다닥 전화해서 어디로 와 해서 이분이 딱 가서 시키고 이러시는 분인데 이 분이 집에 보관하는 새 타일들이 있는 거예요. 보통 아파트 새로 입주하면 디자인이 맘에 안 들면 뜯어내고 새로 까는데 이게 새 거잖아요. 그걸 보관해두고 있던 거예요. 그걸 '소풍에 깔아 줄 테니까 너네가 시다로 붙어라' 해서 '감사합니다' 해서 딱 하고. 하얀색으로 깔게 되었던 거예요. 철재는 의자 들어가고 나가고는 철물 그분이 다 했었지. 등 달 수 있게 설치하는 것도 다하고. 돈은 돈대로 걸었고. 그것까지 돈으로 치면 1억 2천이 드는 거예요. 그래서 우리가 '신이 만든 기적이다' 이렇게 까지 될지도 몰랐고 굉장히 감동적 이었어요. 그렇게 발표도 하고 썼죠.

장구보 : 그렇게 〈소풍〉이 탄생 했군요.

임승관 : 그렇죠.

7. 아트홀 소풍의 레퍼토리

장구보 : 〈소풍〉을 경영, 어쨌든 운영을 하신 거잖아요. 처음부터 잘 되었으니까(웃음). 그 이후에 시민조직이 거기 들어갔잖아요. 발표회를 했잖아요?

임승관 : 그렇죠. 정기공연을. 동아리마다 다 〈소풍〉에서 하고.

장구보 : 프로그램을 어떻게 운영하셨어요?

임승관 : 연습도 하고. 일단 동아리 스케줄을 잡죠. 잡고 소풍 담당 팀을 두게 됐어요. 〈놀이터〉 담당 세 명, 〈소풍〉 담당 세 명. 그 다음에 〈시민예술센터〉 본부 3명. 그래서 마을이랑 같이 할 수 있는 프로그램을 만들고, 여기 있는 아이들을 위한 교육사업도 만들고, 공모 뜨잖아요. 재단 같은 곳에서. 그걸 저기(소풍)를 거점으로 할 수 있는 프로그램을 진행했던 거예요. 심지어 레지던스까지.

장구보 : 여기서 레지던스도 하셨어요?

임승관 : 네. 했었죠. 한 2년 했었죠. 그래서 재상이형도 여기 있었고. 그리고 조화현씨도 여기 있었고. 조화현씨는 여기가 안 맞는 거죠. 클래식하고 공간구성이나 비주얼이나 안 맞는 거죠. 그게 안 맞아서 1년 넘게 하시다가 저기로 옮기신 거고. 재상이형은 아주 그냥 확 썼죠. 충분히(웃음) 되게 잘 만났어요. 이게 레지던스가 공연자가 극장하고 맞기 힘들거든요. 되게 안 맞는데 우린 되게 잘 만났어요. 그 분이 선배기도 하고 그런 것도 있지만 허심탄회하게 얘기하니까.

장구보 : 그럼 어쨌든 마을, 아이들, 레지던스 이런 것들이 ….

8. 아트홀 소풍의 지역에서의 역할

장구보 : 그럼 〈소풍〉이 지역에서 준 가치를 어필한다면?

임승관 : 음, 지역에서는 크게 존재감은 없었어요.

장구보 : 지역에서 가치 있는 극장으로 생각 했었잖아요?

임승관 : 지역에 있는 것에 대한 상징성, 민간이 만든 거, 8년 동안 유지를 한 기특했다 이런 거, 생활 예술인들의 무대가 됐었다. 그리고 인천에 그래도 많이 있는 연극하시는 분들, 극단이 어려운데, 눈높이에서 뭔가를 만들어낼 수 있었다. 그러니까 계약관계가 아닌 같이 상의해서 수익금의 얼마를 나눠서 대관료를 하자 이런 것이라던가, 오픈되어 있는 거예요. 그런데 그런 공간이 없는 거예요. 그런데 우리가 생기고 나서 좀 있다가 〈플레이캠퍼스〉가 생겼어요. 장한 섬씨가 〈돌체〉를 맡아서 하는 건데, 거기는 우리랑 다른 게 지역사업을 한다거나 하진 않고 실험적인 것을 만들어내면서 ….

최혜정 : 창작 공간에 대한 개념이 더 강한 거네요.

임승관 : 프로젝트를 계속 진행을 하고 인문학강좌를 하고 프로그램을 생산해서 파려고 하는 거고 여기는 그런 것들을 할 수 있는 좋은 장이고 그리고 〈다락〉이 있잖아요. 〈다락〉까지 해서 민간극장이 3개예요.

9. 아트홀 소풍만의 특성

장구보 : 그럼 〈소풍〉이 다른 극장하고 다른 특성?

임승관 : 제일 큰 특성은 성과평가가 안 붙는 거. 들어간 돈 자체가 여기 쓰는 주체들이 낸 거잖아요. 회비를 만들어서. 〈소풍〉 자체에서 CMS 회원이 있어요.

장구보 : 〈소풍〉 자체에서도 따로 있어요?

임승관 : 네. 거기는 좀 싸요, 오천 원 이정도? 그런데 그 분들이 주인으로 있다 보니까 우리를 성과 평가할 수 있는 객관적인 단위가 없고 이 단위가 자금을 투자하는 곳이면 굉장히 권위적일 수 있고 모든 권력이 다 있는데 그런 구조가 아닌 거예요. 그게 가장 큰 거예요. 어디든 간에 그거로부터 자유롭지가 않잖아요. 구의원이든 시의원이든. 그런데 여기는 그게 없어요. 지원해 주는 게 없어서 나름대로.

장구보 : 주관이 있을 수밖에 없었네요.

임승관 : 나름의 필요한데로 하나하나씩 읽을 수 있는 어마어마한 자유가 있었다는 건 굉장히 큰 의미예요. 이게 자율적인 것에 대한 뿌듯함과 주인의식이 있는데 사실 더 제가 보기에 기가 막힌 건 그랬을 경우에 공간을 구성하는 구성원들이 위기 때 주인의식을 발휘한다는 거예요.

장구보 : 다행이네요.

임승관 : 이게 자율성의 가장 큰 장점이라고 봐요.

장구보 : 위기 때 더 많이 몰입하나보죠?

임승관 : 관에서 운영하는 굉장히 컨디션이 좋은 공간이 있고 최대한 자율성을 주기 위해서 운영의 일부를 참여도 하게하고 의견도 충분히 가능하다고 해요. 그럼

여기에 우리의식이 생겨요. 우리 공간이라고 쓸고 닦고 아끼고 할 수 있어요. 그런데 여기가 어려워졌어요. '예산이 삭감됐다', '뭐 어쨌든 못하게 됐어' 라고 했을 때 그냥 흩어지는 거예요. 내가 할 수 없는 영역이라고 생각하니까. 위기 때 뭉쳐서 바로 위의 담당자를 보호해줘야 하고 싸워줘야 하는 가장 큰 힘이 시민임에도 불구하고 위기 때는. 지금 즐겼던 관성을 찾을 수 있는 곳을 얼른 찾아가죠. 그런데 이것을 처음부터 끝까지 우리가 만들었고 결정을 했고 앞일에 대한 걱정도 하고 있었고 이랬기 때문에 위기가 닥치면 뭉쳐요.

장구보 : 제일 핵심이네요. 의결기구.

임승관 : 제가 말하는 주인의식의 핵심은 재정기획권과 사업결정권이에요. 그걸 주지 않고는 주인의식을 요구하면 안 된다….

장구보 : 그렇죠.

임승관 : 절대 안 된다 예요.

10. 운영 당시의 어려움

장구보 : 그럼 레벨 1을 추구하면서 힘들었던 거? 아니면 예기치 못했던 거? 그래도 부족한 게 있으니까.

임승관 : 주인이 바뀌었죠. 월세가 올랐죠. 건물주가 바뀐….

장구보 : 민간은 그런 문제가 있겠네요.

임승관 : 큽니다. 그런. 웬 서울 부자가 내려와서 건물을 샀는데 월세를 다 2배로 올렸어요. 그래서 다 나갔어요. 그래서 모닝글로리가 거기 있다가 이쪽으로 온 거예요.

장구보 : 총 몇 층이었어요?

임승관 : 4층. 1층이고 뭐고 식당이고 가게를 뭐. 저희도 그때 혀 한 거예요. 그래도 공연장이 없으니까 쭉 유지했던 거죠. 그래서 천만 원씩 낸 거예요. 월세를 다해서. 아마 저희가 활성화되면 더 오를 거다….

장구보 : 언젠가는 그럴 거다….

11. 아트홀 소풍의 폐관

장구보 : 요즘은 돌고 도니까. 연식이 오래되면 인정을 받죠. 그러면 어쨌든 쭉 특성화하고 했는데 스토리를 만들자면, 소풍이 왜 문을 닫았죠?

임승관 : 월세요. 월세 … 지금 문을 닫지 않으면 1년을 또 월세를 내야 되요. 자동계약이 되니까.

장구보 : 그럼 월세는 왜 못내는 거죠? 왜냐하면 그동안 8년을 하셨으니까.

임승관 : 우리가 옮기려고 작년부터 준비를 한 건데, 설명을 하면, 여기 월세 보증금 월세가 700인데 2억 5천이에요. 그중에 2억 3천이 재단에서 빌려준 거예요.

프로젝트로. 그런데 올해 가져갈 거예요. 주인이고 우리고 손도 못 대는 돈이 에요. 등기로 묶여있어요. 그럼 이 사람들은 8월 되면 딱 나갈 거예요.

장구보 : 2억 5천중에서?

임승관 : 총 2억 5천이잖아요. 보증금이. 월세가 700이고. 여기서 2천은 우리 거예요. 주인이 월세가 밀리면 보증금에서 까야 되는데 못 까니까 깔 수 있는 금액을 2천을 넣은 거예요. 그래서 2억 3천을 빼 가면. 처음에는 그랬어요. 2억 3천을 마련해서 넣고 전세보증금을 우리 꺼가 되니까 우리 자산이 되니까 하려고 하다가 생각이 바뀐 게 월세가 너무 비싸요. 사이즈대비. 사이즈대비 너무 비싸고 여기가 평수가 넓지 않아요. 1층은 이 정도인데 2층은 줄어요. 그리고 2, 3층이 가건물이에요. 원래는 콘크리트로 만든 건 2층까지고 그 전에 들어왔던 세입자가 한의원과 산후조리원이 본인 돈으로 2층을 만든 거예요. 그래서 좁아요. 그거치곤 너무 비싼 거예요. 그리고 점점 회원도 줄고. 이런저런 경기가 안 좋아져서 지원금도 반 이상 줄어서.

장구보 : 회원감소는 CMS가 감소한 거예요? 이용하는 회원이 감소한 거예요?

임승관 : 우리는 CMS 위주로 해요. 온라인이며 회원은 너무 많고 3개월 이상 미납 안 된 회원으로 기준을 잡아요.

장구보 : 그럼 3개월 이상 미납된 회원이 많아진 거예요?

임승관 : 그러니까 어려워지는 거죠. 저는 이렇게 봐요. 지난번 2008년도에 미국 발 금융위기가 왔을 때 빠지겠죠. 한 10%? 그런데 안 빠졌어요. 늘었어요. 그래서 이건 경제적인 것과 다르게 작동하는구나 라는 걸 알았는데, 분위기가 좋고 회원 반응도 좋고, 편하고, 여유가 있고 하면 계속 있어요. 그거에 대한 대가로 회비를 내는 거예요. 배우고 하는 거에서 회원이 되었다가 바뀌어요. 보통 처음에는 그런 곳인 줄 몰랐겠죠. 배우러 왔다가 즐거운 이유, 행복한 이유가 타인과의 관계로 바뀌어서 3~4년 이상 넘어가면 사회적인 관심으로 바뀌어요. 그래서 사회적 공헌이라는 말을 함부로 하면 안 되는구나, 쉽게 아마추어한테 제시하는 지원 조건 중에 사회적 공헌이 있는데 이건 3년이 지나서 뭐, 왜 그러냐면 제가 보니까 '남들 앞에서 연주를 했을 때 한 번도 안 틀릴 수 있어, 할 수 있어'라는 게 사회적 공헌이 아니더라고요. 나와 함께 나가는 사람과의 믿음과 신뢰로 나가는 거예요. '너네들이 나간다면, 그래 우리가 하는 거니까, 겁이 나도 하자, 우리 거기 고아원가자'라고 하는 게 '나 혼자서는 절대 못하는데 내가 정말 믿고 벌써 4~5년을 울고 웃으면서 했던 우리가 있으니까 나가는 거다'라는 거예요. 그래서 생활예술학원이나 이런 곳에서 암만 기타 잘 쳐도 거리를 안 나오는 이유가 그거에요. 그건 다른 거예요.

〈소풍〉에서 우리가 정기공연을 하잖아요. 뒤에 대기실이 1.5M 정도 길게 있어요. 그 뒤에 보면 매 년 하는 정기공연인데도 우황청심환이나 소주나 맥주가 쫙 깔려요. 심지어 1곡 부르러 나오는 사람도 4, 5곡 부르는 거 같아요. 너무 떨려서(웃음). 엄청나요. 잊을 수가 없는 거예요. 뒤풀이를 못해요. 이미 취해서(웃음) 그런데 평생을 못 잊는 거예요.

장구보 : 그런데 왜 회원이 감소를 했어요?

임승관 : 일단 우리가 마음의 여유가 없었어요. 상근자나 주최자가 마음의 여유가 없고 흔들리고. 방 빼서 2억 5천을 만들고 해야 되니까 그게 영향을 미쳐요. 제가 볼 때는. 그리고 이게 500명 정도가 넘어가면 상근자가 다 케어할 수가 없어요. 중간 간부층이 있어서 중간 간부가 탄탄해서 의기투합이 되고 이들이 만들어내는 거예요, 문화를. 여기 친구들이.

장구보 : 없어요?

임승관 : 있긴 있는데 예전에 10명이였으면 4명이 하는 거예요. 예전에는 두 달 전, 세 달 전에 우리 전체 엠티 잡았다 간부 워크숍 가자하면 다 갔어요.

장구보 : 왜 사라진 거지?

임승관 : 미리미리 얘기했으니까 다 참여했는데 이제 참여를 못 하는 거예요. 자기 동아리만 나와요. 그리고 표정도 안 좋아요. 이런 거죠. 우리가 이곳이 다시 한 번 주목이 되려면 여기가 정말 친절하게 잘 가르쳐 준다가 아니라 '여기 오면 행복하게 잊고 지낼 수 있어'라고는 절대 안 된다. 그거 안 되고 여기 있는 사람들과 함께 당신이 겪고 있는 생활의 여러 곤란한 현황을 함께 해결할 수 있다, 지혜를 모으면 해결할 수 있다는 사인이 가야 되요. 그 시작은 내 얘기를 부끄럽지 않게 얘기할 수 있는 것부터 되어야 되요. 만약에 여기서 할 수 있는 얘기가 있고 없는 얘기가 있어요. 눈치 본다는 거거든요. 나의 사회적 포지션이 작동하는 거예요. 그러면 안 오는 거예요 불편하니까. 지금 온라인상에서 그렇게 많았던 커뮤니티 카페들이 급속도로 폐쇄되는 이유가 그거에요. 페이스북이 정리되는 것도 그렇고. 지금 모이는 곳이 카톡 이라는 거는 의미가 커요. 검증된 사람하고만 얘기하는 예에요.

최혜정 : 믿을 만한 사람.

장구보 : 이제 개인적으로 바뀌니까 ….

아트홀 소풍 재개관 포스터 · 아트홀 소풍의 재개관 된 내부모습(1)[26]

아트홀 소풍의 재개관 된 내부모습(2)

---

26) 2015년 9월 4일 아트홀 소풍은 재개관을 하게 되었음.

아트홀 소풍의 재개관 된 내부모습(3)

4. 가장 많은 레퍼토리를 갖고 있는 꼬마세상

극장명 : 꼬마세상 소극장

주소지 : 인천광역시 서구 신현동 152-53 텍스텍 빌딩 4층

개관일자 : 2006년 1월 1일

폐관일자 : 2011년 6월 30일

극장대표 : 김일준

"우리가 2006년 1월 1일부터 해서 2011년 6월 30일까지 했어요. 서구 신현동 152-53 텍스텍 빌딩 4층. 전문예술단체 지정을 하면서 단체하고 소극장을 같이 지정을 받았어요. 우리가 2011년 7월 11일에 여기로 들어왔 어요(인천서구문화회관 상주단체). 전문적으로 아이들을 위한 세상을 추구 한다고 해서 꼬마세상이라고 이름을 붙였어요. 아이들이 어른들보다 중요 하다고 생각해서 아이들 공연으로만 한눈 팔지 않고 여기까지 왔습니다.

아이들을 좋아하기도 하고 아이들이 어려서부터 공연문화를 자주 접해야 한다고 생각해요. 그래서 교육공연만 15개가 있어요. 주가 교육공연이거든요. 다 창작한 거죠. 왜냐하면 지역에서 조그마한 극단에 명작을 해서는 승산이 없다고 고민했고 남들이 안한 것을 하기로 한 것이죠. 작품이 정확히 말하면 레퍼토리가 38개에요. 직원들이 전속배우이다 보니까 아무 때나 공연이 올라갈 수 있어요. 집 담보도 잡혀보고 하면서 아예 월급제로 해서 주고 있어요. 가장 오래된 직원은 12년 차도 있어요."

2006년 1월 1일~2011년 6월 30일까지 꼬마세상을 운영한 김일준[27] 대표는 어린이를 위한 전문적인 극장을 만들고자 꼬마세상이라는 소극장을 개관하게 된다. 오로지 어린이들 대상으로만 공연을 만들었고 그 중 교육공연 15개가 그 주이다. 교육공연으로는 주제가 성교육공연 〈내 몸은 소중해요〉, 구강교육공연 〈딩동이의 치카푸카〉, 환경교육공연 〈문어의 바다사랑〉, 식생활개선교육 〈편식쟁이의 꿈나라여행〉, 교통교육공연 〈색 친구들이 위험해〉, 재난안전교육 〈긴급출동 삐뽀삐뽀〉, 환경기후교육 〈지구가 뜨거워요〉, 남북통일교육 〈잊혀진 소원〉 등이 있다.

---

27) 인천문화발전협의회 회장

(금연금주 및 건강교육 뮤지컬)

옛호담
(옛날 옛적 호랑이 담배피던 시절에…)

★작품줄거리

옛날 옛적 호랑이 담배피던 시절에, 술 족 동물나라의 대장 호랑이는 자신의 힘만 믿고 매일 술과 담배로 잔치만 벌인다. 또 동물들 앞에서 잔치를 하며 건강을 해치게 된다. 그러던 어느 날, 이곳나라의 제왕 사자가 동물나라에 쳐들어오고, 호랑이는 신신랑으로부터 충격적인 이야기를 듣게 되는데…

★함께 생각해봐요~!

- ▶호랑이는 왜 사자에게 졌을까요?
- ▶술과 담배는 왜 나쁜 것인가요?
- ▶건강한 몸을 만들기 위해 우리는 어떻게 해야 하나요?
- ▶공연에 등장하는 동물들은 무슨 동물인가요?
- ▶호랑이는 어떻게 다시 건강한 몸이 되나요?

★등장인물

호랑이, 사자, 여우, 사슴, 토끼, 민들이,
공작, 신신랑, 이야기할머니 등 다수.

22

(교통교육 뮤지컬)

색친구들이 위험해

★작품줄거리

무지개마을에는 파이, 초이, 샤이 색 색친구들과 까맹이, 화장이가 재미있게 살고 있다. 하지만 유치원에는 기죽 싫은 까맹이는 아이들과 다투게 되고 화가 난 까맹이는 색 친구들을 골려주기 위해 도로신태로 바꾸고 신호등을 고장낸다. 결국 고장난 신호등 때문에 초이가 횡단보도에서 사고를 당하는데…

★함께 생각해봐요~!

- ▶까맹이는 어떤 위험한 장난을 하나요?
- ▶까맹이와 샤이의 색친구들은 어떻게 되나요?
- ▶우리가 지켜야 할 교통은 어떤 것들이 있나요?
- ▶공연에 나오는 문제는 어떤 것들이 있나요? 모두 맞춰요?
- ▶무단횡단이란 무엇인가요?

★등장인물

초이, 화이, 샤이, 까맹이, 화장이,
무지개토끼, 무지개선생님, 자동차 등 다수.

19

(구강교육 뮤지컬)

딩동이의 치카푸카

★작품줄거리

딩동이는 과자와 탄산음료를 좋아하여 자주 먹지만, 양치질 하기는 싫어한다. 그래서 입냄새가 심해 유치원 친구들은 모두 딩동이와 같이 놀아주지 않는다. 그런데도 딩동이는 양치질을 하지 않고 엄마에 과자와 탄산음료를 사달라며 조른다. 오늘도 딩동이는 엄마 몰래 양치질을 대충하고 그냥 낮잠을 자버리는데…

★함께 생각해봐요~!

- ▶딩동이에게 충치균이 나타난 이유는 무엇일까요?
- ▶양치질을 안하면 어떻게 되나요?
- ▶건강한 치아를 만들려면 어떻게 해야 하나요?
- ▶양치질은 어떻게 해야 하나요?
- ▶지금 내 치아는 건강한가요?

★등장인물

딩동이, 엄마, 치솔맨, 충치균
치아맨, 토순이, 티동이 등 다수.

19

(남북통일교육 뮤지컬)

잊혀진 소원

★작품줄거리

소원이 할머니는 6.25전쟁 중에 목록에 오른 가족을 두고 혼자 남쪽으로 내려온다. 그 후로 세월은 계속 흘러 통일은 되지 않자 답답한 마음에 무당집에 찾아가 통일이 언제 이루어지는지 물어본다. 그리고 무당을 가짜로 믿으로 수문을 얻으나 통 기이한 행동을 하곤 한다. 손녀 소원이는 그런 할머니스럽다. 그러던 중 이산가족을 위한 통일 기원 구인노래 치량이 열리고 그들을 위해 금강산 여행을 준비한다는데…

★함께 생각해봐요~!

- ▶이산가족이란 무엇인가요?
- ▶할머니는 왜 그토록 통일을 위해 노력하시는 걸까요?
- ▶내가 생각하는 통일이란 어떤가요?
- ▶통일이 되면 어떻게 될 것 같나요?
- ▶통일을 이루기 위해 우리는 어떻게 해야 하나요?

★등장인물

김철수(할머니), 철소원(손녀), 이웃여자,
무당, 의사, 문제이, 병정이, 사회자 등 다수.

27

각 작품마다 작품줄거리와 아이들에게 자연스럽게 교육하기 위한 질문자료, 간단한 등장인물에 대해 소개되어진 내용이다.[28]

그 전에는 직장생활을 20년 동안 하다가 본격적으로 〈꼬마세상〉이라는 극단을(1997년 12월 1일 날 등록)창단하고 동시에 극장을 개관하면서 어린이를 위한 전문적인 극장을 꾸려나가게 된다. 38개의 작품을 직접 제작하고 직원들이 처음 시작할 때부터 함께 한 전속배우로써 아무 때나 상시적으로 공연이 가능할 수 있도록 운영을 해왔다. 어린이 단체관람을 운영하면서 예기치 못한 가장 어려웠던 시기가 찾아오는데 2009년 신종플루 때 7개월 동안 단 한 번의 공연도 하지 못했을 때이다. 그 당시는 사람들을 모으지 못하게 했기 때문에 관광, 호텔, 문화계가 다 힘들었던 시기이기도 하다.

---

28) 〈사랑극단 꼬마세상〉 Brochure 자료.

하지만 김 대표는 공연을 올리지 못한 그 7개월 동안 작품을 하나씩 만들어서 향후를 준비했다. 꼬마세상은 40평 규모로 아이들 좌석수로 80~100석 계단식이었다. 초창기 2006년도에 작품을 4개~5개를 제작하였고 작품의 시간은 보통 대극장용으로 50분 55분 70분 정도의 단체규모이다. 탈을 직접 제작하여 사용하였고 약 30개에서 35개정도 보유하고 있다.

"2008년인가 2009년도에 신종플루 때문에 단체관람을 받을 수가 없어서 힘들었죠. 그때 7개월을 놀았지요. 작품이나 만들자 해서 한 달에 하나씩 만들어서 일곱 작품을 만들었지요. 크기는 40평정도 됐지요. 애들 좌석수로 계단식으로 80석까지 나왔어요. 2006년부터 공연을 올렸는데 그해에 4~5개 만들었죠. 50분에서 55분, 1시간 10분짜리로 구분해서 만들었지요. 탈도 직접 만들기도 하고. 그 당시에 일인당 3,500원 정도 받아서 단체관람을 해도 크게 수익이 나지는 않았지요. 지금은 회원이 오천 명 정도 되는데 무료이벤트를 종종하고 있습니다."

당시 45번 종점에 다소 외지지만 자리하고 있었고 그렇기 때문에 주차가 쉽고 일반인들을 대상으로 한 것이 아니라 유치원, 초등학교, 어린이 기관 등 단체가 그 대상이었다. 공연관람 비용은 1인당 3,500원이었고 회원이 5,000명(돈 내는 회원은 100명)을 보유하고 있어서 그 구성원들한테 이벤트를 통해 꾸준히 회원관리를 하고 있다. 당시 같이 어린이 공연을 했던 곳이 오영일 대표가 이끌었던 보물상자가 있었고 백화점에서 소비구매층인 엄마들을 유치하려고 어린이 공연을 많이 하게 되면서 덤핑을 치고 다녔다.

〈사랑극단 꼬마세상〉은 직접 공연에 필요한 탈과 소품들을 제작하여 공연하였다.[29]

작품의 연출은 조감독이 따로 있고 어린이만을 위한 교육공연을 한 것이 특성화되어 장기적으로 공연장을 유지할 수 있었고 상주단체 지원 제도[30]와 맞물려 현재는 서구문화회관에 입주해서 활동을 이어가고 있

29) 출처 : 네이버카페 〈사랑극단 꼬마세상〉

다. 월 2천만 원을 유지하려면 1회 20일 100만원씩 들어와야 하는데 그나마 상주단체 지원제도로 월세를 내야한다는 부담이 줄어서 연습하고 공연할 수 있는 여건이 지속되고 있다고 한다.

"그때 어린이 공연이 활발하긴 했었어요. 당시에 백화점에서 어린이공연을 많이 했어요. 백화점에 문화원이 그 당시에 많이 생겼어요. 그래가지고 엄마들을 유치하려고 하다보니까 백화점에 애들 공연을 하면 애들을 넣어주고 엄마들은 쇼핑을 하고 부평에 동아백화점에도 있었고 입구에도 지하에도 있었고 계양구 그랜드백화점에도 있었어요. 그런데만 다니면서 덤핑을 치는 사람들이 있었지요. 요즘은 아이들뿐만 아니라 젊은 엄마들을 위한 공연도 많이 하기 시작했죠."

1986년 5월 6일 매일경제[31]

---

30) 사업기간은 최대 2년으로 사업성과 평가를 통해 계속 지원여부와 지원액이 결정되며 지원금의 20% 이내는 협력여건 운영경비(공간 및 단체운영에 대한 공연장 측의 경비), 50% 이상은 프로그램 제작(상주단체의 프로그램 제작 및 작품제작 비용), 30% 이내는 운영경비(단체의 인건비 및 창작활동경비)로 지원하고 있다. 또한 예술단체는 1차년도 기간 중 창작 작품 1개 이상을 발표해야 하는 의무를 가지고 있다.

---

31) 당시 백화점 내에 들어선 공연장에서 아이가 공연을 관람할 동안 부모는 쇼핑이나 모임 등 일을 본 후 공연이 끝나는 시간에 맞춰 어린이와 함께 돌아가는 새로운 풍속이 보이고 있음을 알려주는 기사내용이다. 이후 전국적으로 확산되었고 이는 어린이 연극공연을 위한 주요 공연장의 역할을 하게 되었다. 그러나 등장시기 때는 콘텐츠의 한계점으로 인해 공연장 측에서도 믿고 맡길 수 있는 인형극 단체는 3~4개에 불과하였으며 재미, 흥미 있는 내용 위주로 올리는 상황이었다.

경인일보

인천시 서구, 어린이 식생활 개선 뮤지컬

인천시 서구(구청장 강범석)는 2일 서구문화회관 대공연장에서 어린이 식생활 개선을 위한 뮤지컬 공연을 열었다.

어린이들의 올바른 식생활 형성을 돕기 위해 기획된 이번 공연은 영양소와 건강한 식생활에 대한 바른 인식, 편식과 패스트푸드의 단점 알기, 비만의 심각성 및 예방법 등으로 구성됐다.

구 관계자는 "식생활 개선 뮤지컬 공연 관람을 통해 아이들이 자연스럽게 올바른 식생활 습관을 가질 수 있을 것으로 기대하고 있다"고 말했다.

/김주엽기자

우리들뉴스

2014년 9월 26일

'HOT' 남구 급식센터, 어린이 위생 · 영양 뮤지컬 '딩동이의 모험'

박상진 기자 837@hanmail.net

인천 남구 어린이급식관리지원센터의 위생·영양 뮤지컬 '딩동이의 모험'이 지역 내 어린이들에게 인기를 끌고 있다.

26일 구에 따르면 학생교육문화회관 대공연장에서 최근 이틀에 걸쳐 개최된 공연을 어린이집 및 유치원, 지역아동센터 등 어린이 1천600여 명이 관람했다.

딩동이의 모험은 ▲성장기에 꼭 필요한 영양소 ▲편식과 비만예방 ▲아침밥 먹기의 중요성 ▲나트륨 섭취 줄이기 ▲손씻기의 중요성 등 올바른 식습관 형성과 위생안전 내용을 담고 있다.

센터장을 맡고 있는 천종희 인하대 식품영양학과 교수는 "이번 공연은 센터에서 실시해온 위생·영양교육의 모든 내용을 담고 있다"며 "뮤지컬 형식으로 반복 학습시켜 어린이 스스로가 좋은 먹거리를 선택하고 개인위생을 지속적으로 실천해 식중독을 예방하는 것을 목표로 하고 있다"고 말했다.

남구 어린이급식관리지원센터는 지난 2011년 인천지역 최초로 문을 열고 운영되고 있다.

센터는 지역 내 총 170개의 급식시설 관계자(시설장, 교사, 조리원)를 대상으로 다양한 맞춤 위생·영양교육과 시설 순회방문 관리 등 각종 프로그램을 무상 지원하고 있다.

기사입력시간 : 2014년 09월26일 [23:27:00]

사랑극단 〈꼬마세상〉 보도자료[32]

---

32) 출처 : 〈사랑극단 꼬마세상〉 카페

꼬마세상 소극장 김일준 대표 구술 채록문		
	일시	2015년 5월 28일 5시
	장소	서구문화회관 상주단체 사무실
	참여자	김일준, 장구보, 최혜정

1. 꼬마세상 소극장 개관

장구보 : 1970년대부터 소극장 역사를 정리하고 있어서 그 가운데 〈꼬마세상〉도 있잖아요?

김일준 : 우리가 2006년부터 해가지고 2011년까지 했어요.

최혜정 : 오래하셨네요. 그래도.

장구보 : 위치가 어디였어요?

김일준 : 서구 신현동 152-53 텍스트 빌딩 4층. 여기 우리가 전문예술단체 지정을 하면서 단체하고 소극장을 같이 지정을 받았어요. 그 당시 주소에요. 2006년 1월 1일부터 해서 2011년 6월 30일까지 했어요. 정확하게는 7월 11일까지는 했는데 우리가 여기(서구문화회관 상주단체로 들어오게 됨)로 7월 11일에 들어왔거든요.

2. '꼬마세상 소극장' 극장 명에 대한 이유

장구보 : 왜 제목이 〈꼬마세상〉이었어요?

김일준 : 전문적으로 아이들을 위한 세상을 만들자 해서 〈꼬마세상〉으로 한 것이지요.

장구보 : 극장의 타이틀이 어린이 전용극장 냄새가 나서요.

김일준 : 아이들 공연만 한 눈 팔지 않고 왔으니까요. 오로지 애들 공연만 했으니까.

장구보 : 특별히 아이들 공연만 하신 이유가 있으세요?

김일준 : 장 선생님도 알다시피 아이들이 되게 중요해요. 어른들보다 아이들이 중요하거든요. 아이들은 우리 공연할 때 공연자가 공연 중에 실수를 하면 어른들은 몰라요. 애들은 알아. 애들은 정확해요. 그리고 애들을 좋아하기도 하고. 애들이 공연을 많이 봐야 문화가 살고 예술이 살잖아. 그런 취지고, 애들한테 명작보다는 교육공연을 중요하게 생각해요. 그래서 우리가 교육공연이 15개 야. 성교육, 구강교육, 환경교육, 보건교육, 교통교육, 안전교육 그런 거 ….

3. 꼬마세상 소극장의 레퍼토리

장구보 : 그러면 이런 내용으로 다 창작하신 거예요?

김일준 : 네. 다 창작한 거지요. 왜냐면 인천에서 조그마한 극장에서 명작을 해가지고
　　　　는 큰 기획사나 극단들을 이길 수가 없어요. '어떻게 차별화를 시킬 거냐'고
　　　　민하다 보니까 남들이 안하는 것을 하다보니까.

장구보 : 그전에는 아이들 공연을 하진 않으셨고요?

김일준 : 그 전에는 20년 동안 공무원 생활을 했었지요.

장구보 : 작품 자체도 대표님이 직접 다 하신 거예요?

김일준 : 우리가 정확히 말하면 38개 작품이에요. 가지고 있는 게.

장구보 : 내용이 진짜 학교나 교육이나 계몽이나 이벤트로 다 섞어서 할 수 있겠어요?

김일준 : 네. 우리는 배우들이 전속으로 있다 보니까 아무 때나 공인을 할 수 있어요.
　　　　월급제로 주는 거니까. 집 담보 잡혀서 주기도 했어요.

4. 꼬마세상 소극장의 구조와 운영

장구보 : 전속 배우 중에 가장 오래된 배우는 몇 년차 인가요?

김일준 : 시작부터 나하고 같이 했어. 12년차 같이 하는 직원이 세 명. 8년 차가 두 명.

장구보 : 처음부터 계획하시고 하셨으니까. 다른 곳도 어린이극장을 하는 곳은 많이 있
　　　　었잖아요?

김일준 : 돈만 되면 성인극 했다가도 아동극하는 경우들이 있지만 우리는 아동극만 했
　　　　어요. 작년까지 많이 바빴어요. 가장 힘들었을 때는 신종플루로 탤런트 이광
　　　　기 아들이 죽었을 때였어요. 2008년인가 2009년. 그때 우리가 7개월 놀았어
　　　　요. 하나도 못하고. 사람을 아예 모이지를 못하게 했어. 관광 문화 호텔이 다
　　　　망했지요. 7개월 동안 일곱 작품을 만들었어요.

장구보 : 그럼 여기가 공간이 어느 정도 됐어요? 크기가?

김일준 : 40평. 애들 좌석수로 80에서 100석이 나왔어요. 계단식으로 해서 직접 만들
　　　　었어요. 앵글 놓고 합판 쳐가지고.

장구보 : 천장높이가 나왔나요?

김일준 : 네 천장높이가 나왔어요. 꽤 높았어요. 옛날 건물이라.

장구보 : 이때도 다양한 공연이 있었나요?

김일준 : 그 해에 4개 5개 만들었어요.

장구보 : 한 40분 분량이 되나요?

김일준 : 거의 우리는 50분에 55분 되지요. 한 시간 10분짜리도 있어요. 탈이 한 35개
　　　　될걸요.

장구보 : 월세 내는 건 어떠셨나요? 올려달라고 하지 않았나요?

김일준 : 그 당시 원창동 있잖아요. 구 45번 종점인데 거기가 좀 안 나갔었어요. 외진데 주차되기는 쉽고 그래서 거기다 했어요. 일반인들 대상으로 공연한 것이 아니고 단체관람으로 와봐야 50명 100명 정도니까. 엘리베이터 있고. 그 당시 세가 100만원이었어요. 주차장은 지상도 있고 지하고 있어서 편했지요.

장구보 : 돈이 안 되었나요?

김일준 : 돈 주는데 단체는 싸잖아. 일인당 3,500원 그렇게 받았어요. 50명이면 15만원이잖아요. 그 당시에는 돈보다 하고 싶고 스펙도 쌓고 작품도 많이 만들어 내고 싶었죠. 카페나 밴드에 있는 회원들은 합쳐서 5,000명 정도 되죠.

5. 90년대 소극장들과 당시 사회적 분위기

장구보 : 그 당시에는 어린이극장이 대표님밖에 없었나요?

김일준 : 아니요 많았지요. 그 당시에 같이 했던 데가 오영일 대표가 있었고요. 선학역에서.

장구보 : 이 당시에는 90년대부터 생겨나기 시작하면서 생겨났어요? 공연 문화는 어땠나요? 시대적 특성이 있었나요?

김일준 : 그 당시 백화점에서 어린이 공연을 많이 했어요. 백화점 문화원이 많이 생겼어요. 엄마들을 유치하려고 하니까. 부평에 동아씨티백화점에도 있었고, 동아아파트 있는데 입구에 지하에도 있었고 계양구에 그랜드백화점에도 있었어요. 지금은 다양화해서 공연하지만 그 당시에는 아이들 공연만 했어요.

6. 현재 극단 '꼬마세상' 운영

장구보 : 유행을 탔네요. 적자는 안 되셨나요? 운영하시면서?

김일준 : 아이구, 적자가 많이 났죠. 지금이니까 버티는 거지. 신종플루 끝나고 나니까 괜찮아지기 시작했어요.

장구보 : 이 정도면 회사조직이 법인이나 주식회사는 왜 안하셨나요?

김일준 : 하려면 하지요. 잘할 때는 매출이 한 해에 3억도 넘었었으니까.

장구보 : 어쨌든 작품도 하시고 연출도 하시고 경영도 하시고.

김일준 : 지금은 연출은 따로 있어요. 이제는 오더만 내리고 신경 쓰지 않아요. 하는 거 보면 속 터져서 못해요. 연습하러 저리로 가라고 해요.

장구보 : 서구에서 공간 많이 줬어요?

김일준 : 소극장은 많이 비어있어요. 빈 공간에서 연습하고 있어요.

장구보 : 계속 〈꼬마세상〉 어린이극 하실 거죠?

김일준 : 그럼요.

장구보 : 시대적 특성이 재밌네요. 어린이극으로 성공하셨잖아요? 다른 곳은 왜 성공하지 못했을까요?

김일준 : 여러 가지 생각이 있을 수 있지만, 난 이거 아니면 안 된다는 생각이 있어서 올인 했지요. 극단의 특성화를 확실히 잡아서 그런 것 같고요. 배우들을 잘 만나서 왔다 갔다 하는 사람이 없어요. 사람이 참 큰 복이에요. 최고로 오래 한 친구가 다 5년, 8년, 12년.

장구보 : 그것은 대표님이 시스템을 그렇게 만들어 놓으셨으니까 그러신 거겠죠.

김일준 : 페이를 많이 준 것은 아니지만, 계속 공연을 했어요. 많이 할 때는 3~40번 없을 때는 6번. 한 달 동안. 애들 고정 페이가 나가야 하니까. 한 달에 2천만 원이 있어야 해요. 하루에 한 번씩 20일을 해야 …. 쉽지 않아요. 어쩔 때는 잠이 안와요.

7. 꼬마세상 소극장의 폐관 배경

장구보 : 2011년도에는 소극장을 왜 닫게 되신 거예요?

최혜정 : 사무실도 거기에 있었던 거죠?

김일준 : 상주단체로 여기(서구문화회관)에 들어오게 됐는데 뭐 하러 그러고 있어.

최혜정 : 상주단체 들어오면서 접으신 거예요 그러면?

김일준 : 상주단체 되면서 접은 거지. 상주단체 안됐으면 그냥 계속 소극장을 했지.

장구보 : 월세는 세이브 되신 거네요?

최혜정 : 그럼 거기에 있던 장비는 어떻게 하셨어요?

김일준 : 다 뜯어서 철거했지.

장구보 : 여기로 갖고 오시진 않으셨어요?

김일준 : 필요한건 갖고 왔지. 창고에 다 있어요.

8. 극단 '꼬마세상'의 레퍼토리 운영

장구보 : 보통 작품에 등장인물이 많으면 몇 명이 출연하나요?

김일준 : 많으면 일곱.

장구보 : 한두 명 하는 것도 있어요?

김일준 : 없어요. 우리 초창기에 작품 1인 2역하면서 했어요. 그래서 3명이 6명 나오는 걸 했지요.

장구보 : 시대적 특성을 찾은 거 같아요. 왜 그 시대에 어린이극이 유행했을까 궁금했거든요. 백화점 문화센터가 있었네요.

김일준 : 그 당시가 왜 그랬냐면 민주화가 되고 이제 그때부터 풀리고 90년대 들어오면서 문화예술 쪽으로 깨기 시작했고 백화점도 많이 들어서고 문화가 많이 오픈되고 외국과의 교류도 되고 그러기 시작한 거지. 2000년대 와서 한류문화가 생기고 ….

제3장

현존하는 소극장

1. 국악 전용극장 잔치마당

극장명 : 잔치마당 소극장

주소지 : 인천광역시 부평구 마장로 24

개관일자 : 2004년 7월 1일

극장대표 : 서광일

2004년 7월 1일자로 국악 전용극장 잔치마당은 꿈나무 어린이소극장이 있던 장소에서 시작된다. 올해로 12주년이 되는 셈이다. 1992년에 단체 〈잔치마당〉이 먼저 창단되었고 부평 백마장 입구에서 시작했다가 풍물의 특성상 울림이 있다 보니 시끄럽다는 항의에 마음 편히 연습할 수 있는 공간이 필요했고 그러던 중 꿈나무 어린이소극장을 했던 지금의 공간을 얻게 된다. 꿈나무 어린이소극장 폐관 후 가구공장 전시장으로 쓰고 있었던 그 곳은 기둥이 없어서 넓게 쓸 수 있다는 장점이 있었고 '97년 부평풍물대축제가 있으니까 풍물 전용극장이 있으면 좋겠다' 싶어서 개관을 하게 된다. 하지만 서울처럼 극장이 모여 있지도 않고 관객개발이 어려웠던 차에 처음 시작했던 풍물 전용극장을 접고 국악 전용극장

으로 넓히기에 이른다. 일반인들에게 대관도 하고 명인명창을 초청도
해서 마니아층도 만들고 기획공연도 하고 국악인들에게 발표기회를 주
고하자 문화예술위원회에서 창작공간 지원 사업에 선정이 되어 2009년
부터 쭉 공간에 대한 일부 지원[33]을 받게 된다. 2년씩 다년사업인데 국
악 전용극장으로 특성화를 시킨 것이 계속 지원을 받아서 8~9년을 받아
서 운영할 수 있었다. 운영했던 프로그램으로는 금요상설공연, 저녁에는
국악아카데미, 토요 꿈다락, 저녁은 직장인 낮에는 주부대상, 교육이 없
는 날은 단원들이 연습하고 쇼 케이스를 거쳐서 인큐베이팅을 시도하기
도 하였다. 그러던 중 3년 전 2011년에 고정식이었던 계단을 다시 리모델
링하기에 이른다. 객석이 고정식이라 불편해서 창작공간으로의 효율성
을 높이는 방향으로 하였고 주5일제로 금요일 저녁은 공연이 잘 흥행이
안 되는 점을 감안해 금요상설공연을 목요상설공연으로 바꾸는가 하면
초청공연 기획공연을 많이 했는데 그 중 서바이벌 〈나는 가수다〉가 인기
가 많았던 것을 착안해 〈나는 광대다〉 프로그램을 만들고 청중평가단을
참가시키는 등 관객개발을 모색하게 된다. 프로그램이 활기가 차자 조금
더 확대시켜서 〈광대들의 놀음판〉으로 발전시켜 무용 기악 소리 풍물
네 개 분야로 확대하게 된다. 〈명인명창전〉은 정기적으로 모집해서 지역
이나 중앙활동가를 모시는 식으로 전문성을 넓혀가고 단체발표회 개인
발표회도 열어주는 등 활발한 운영을 하게 된다. 2012년 12월에 아리랑
이 유네스코 세계인류무형유산으로 등재 되면서 국악 전용극장 잔치마

---

33) 공연예술창작 및 발표공간 지원 사업은 민간이 운영 중인 공연예술분야 전문공간을
지원하여 예술가 또는 단체에게 안정적인 창작기반을 제공하는 사업이다. 사업의 목적
을 구현할 수 있도록 공간 특화를 위한 최소 3년 이상의 중장기운영전략을 수립하여
운영되며 최대 1억에서 최저 2천만 원까지 지원되며 2년의 기간으로 제한적이다.

당은 이렇듯 프로그램이 다양하고 특성화도 있고 국악이라는 것을 놓치지 않고 이어왔다는 것이 큰 특색이라고 할 수 있다. 극장이 비어있는 날을 최소화해서 매달 목요일은 공연이 있는 날이라고 할 정도로 지역에 인식을 시켜왔고 가동률이 80% 이상으로 유지해 오고 있다. 물론 그 이면에서 사회적기업 지원도 받아 많은 단원들을 유지해왔고 청중평가단을 통해 관객참여를 많이 하게 되었고 관극회원을 받아서 회원제를 운영하는 등 (2004년에 할 때부터 시작, 회원 분들의 90%이상의 인천시민)의 노력을 해왔다. 부평의 22개 동의 풍물단과의 연계를 하여 지역성을 찾는데 앞장섰으며 97년도에는 부평풍물축제가 만들어질 때 잔치마당이 계기[34]가 되어 현재 19년을 이어오고 있다.

"극장은 2004년 7월 1일자로 계약했으니까 작년에 10주년이 됐죠. 잔치마당은 92년에 창단된 거라 올해로는 23년이 된 거지요. 처음에는 백마장입구에 시작을 했고 거기에 3층 건물에 있다가 좁아지니까 그 옆에 건물에 크게 50평짜리로 옮겼는데 4층 건물에 2층 건물로 가니까 방음을 한다고는 했는데 시끄러우니까 이사를 해야겠다 싶어서 알아보다가 보니까 이 건물이 있었던 거지요. 그 전에는 어린이 꿈나무소극장을 했던 공간이라고 알고 있는데 가보니까 가구공장 전시장으로 쓰고 있던 거예요. 그래서 거기를 2004년도에 임대를 했는데 여기를 보니까 기둥도 없고 넓어요. 그래서 극장을 만들어 보자 했던 거고 1997년에 풍물축제를 하고 있었으니까 풍물 전용극장이 있으면 좋겠다 싶은 거죠. 그리고 단원들도 활동하고 있었고 서울처럼 난타 전용극장처럼 만들고 싶었지요. 80석 계단식 객석을 만들고 무대는 한 20평 정도로 해서 만들었지요. 같은 타악이라도 스토리가 있게끔 하자.

---

34) 부평 삼산동의 원주민이 있던 곳이 미래타운으로 들어서게 되자 공동체 60여 명은 잔치마당 서광일 대표를 찾아와서 6개월간 직접 풍물을 배우고 다음해에 단오제에 발표하기에 이른다. 이를 계기로 당시 풍물대축제로 거듭나게 된다.

그래서 이야기도 좀 들어가고 설명도 좀 들어가고 관중을 참여시키는 부분도 있고 이렇게 해서 타(打)락(樂)두드림의 즐거움이라는 레퍼토리를 갖고 일 년 동안을 했죠. 그렇게 했는데도 관객개발의 한계가 있더라고요. 그래서 풍물 전용극장을 접고 국악으로 확대시키자 해서 범위 자체도 일반인들한테 대관도 하고 공연자체도 명인명창들 초청해서 마니아들이 오게도 하고 기획을 해서 기획공연을 올리기도 하고 주변에 있는 국악인들에게 발표의 기회를 주는 장으로도 활용을 하자하고 확대하기 시작한 거죠. 그러면서 문화예술위원회에서 창작공간지원사업에 선정이 돼서(2009년도부터) 그 사업이 선정되니까 임차료 지원도 해주고 출연자의 소정의 공연료도 지원 줘서 공연장이 최소한도로 돌아갈 수 있는 여지가 있었던 거죠. 국악 전용극장으로 했던 것이 아마 선정되는 데에 큰 영향을 준 것이 아닌가 싶습니다. 대부분은 소극장으로만 했는데 우리는 국악 전용극장으로 한 것이 시간이 지나니까 정착되어 가고 있는 부분이 있는 거죠. 매주 금요일마다 금요상설공연을 열기 시작했어요. 극장 가동률이 80%정도 되니까. 토요일은 토요문화학교 저녁때는 직장인 교육 낮에는 주부교육 단원들이 연습하고 서로 쇼 케이스를 통해서 역량도 강화하고 인큐베이팅 시스템도 하고 그러다가 3년 전에 다시 리모델링을 했습니다. 객석이 고정으로 되어있다 보니까 불편해서 다 뜯어내서 공간 활용에 대한 창작공간으로서 효율성을 높이자 해서 가변 형으로 운영하기 시작했습니다."

잔치마당 아트홀의 프로그램

목요상설공연 〈나는 춤꾼이다〉	명인, 명창 국악인 초청공연
금요상설공연에서 요일을 변경하여 목요상설공연으로 운영되어지고 있다.	월 1회 운영
테마 별 초청공연 및 대관	품앗이 공연
품바, 마당놀이, 한국무용, 개인발표회 등	타 소극장 운영 예술단체와 주제별 품앗이 공연
여성단체모임을 위한 타(打)락(樂) 공연	모셔오는 문화 활동
여성단체모임을 위한 공연+점심식사제공	단체 40명 이상이 공연을 원할 경우 일시와 상관없이 상시공연 가능
외국인 관광객을 위한 인천사랑 타(打)락(樂) 콘서트	주 5일 근무에 따른 가족사랑 타(他)락(樂) 콘서트
인천방문 외국인 관광객을 위한 상시공연	가족과 함께하는 공연감상과 문화체험 한마당

국제교류

북유럽인 리투아니아와 2011년부터 꾸준히 관계를 유지하며 양 국가에서 초청공연으로 진행하여 국제교류를 실현해내고 있다.

국악 전용극장 잔치마당 아트홀의 프로그램[35]

---

35) 사진출처 : http://www.janchimadang.com/main.php 잔치마당 홈페이지

국악 전용극장 잔치마당 서광일 대표 구술 채록문		
	일시	2015년 3월 12일 7시
	장소	잔치마당 사무실
	참여자	서광일, 장구보, 최혜정

1. 국악 전용극장 잔치마당 개관

장구보 : 소극장의 경우 몇 개 안 되기는 하는데 대부분 예술단체장들이 운영을 하면서
　　　　힘들었던 사항이나, 어떻게 만들었는지, 왜 만들었는지, 어떻게 끌고 가려고
　　　　하는지에 대해 책을 만들면 재밌지 않을까하는데 〈잔치마당〉도 소극장으로 되
　　　　어있어서.

서광일 : 소극장은 사업자가 별도로 있어요.

장구보 : 이건 몇 년도에 만드신 거예요?

서광일 : 2004년. 7월 1일자로 계약했으니까. 2004년 이어서 작년에 10주년이 되었죠.
　　　　〈잔치마당〉은 92년도에 창단이 돼서 올해 23년째이고 부평백마장에서 시작을
　　　　했어요. 3층에 있다가 건물이 좁아져서 좀 큰 데로 옮겼어요. 4층 건물에 2층에
　　　　있는 건물에 갔더니 시끄럽다 그래서 건물을 이사해야 되겠다 해서 알아보니까
　　　　마침 이 건물 지하가 임대가 난 거예요. 예전에 원래 〈꿈나무 어린이소극장〉이어
　　　　서 어린이극장 이었어요.

장구보 : 이건 운영자가 누구셨어요?

서광일 : 모르겠어요. 그런데 극장을 운영하다가 그만두고 폐쇄가 되어있었어요. 가구
　　　　공장 전시장으로 쓰고 있더라고요. 그래서 2004년도에 계약을 했는데 기둥도
　　　　없고 넓고 하니까 극장을 만들어 봐도 괜찮을 거 같았어요. 극장을 또 만들려고
　　　　했던 것이 97년에 부평풍물대축제를 하고 있으니까 부평에서 풍물 전용극장이
　　　　있었으면 좋겠다는 생각이 있어서 해본 거예요. 서울 난타 전용극장처럼 전용
　　　　극장을 만들어보고자 했죠. 단원들도 활동하고 그러니까 극장만 만들어서 작품
　　　　만들면 서울 난타 전용극장처럼 될 수 있을 거 같은 거예요. 대학로 소극장처럼
　　　　80석 계단식 객석을 만들고 무대를 20평정도 되게 만들었죠. 그때는 풍물 전용
　　　　극장으로 해서 했는데 〈잔치마당〉 작품이 〈두드림의 즐거움〉이라는 레퍼토리
　　　　작품이 있었는데 4가지 악기를 가지고 김덕수 선생님이랑 했던 작품들이 있거
　　　　든요. 본인이 사물놀이를 연주화한 2시간 작품이 있는데, 그렇게 말고 이야기

랑 설명, 관중참여 등 첨부시킨 공연 만들어서 1년을 상설 했어요. 11월 달부터 1년을 했는데 안 돼요. 한계가 있어요. 보는 사람이 작품을 2번 하면 질려하는 거예요. 관객 개발의 한계가 있는 거죠. 서울처럼 극장이 모여져 있는 것도 아니고 인바운드가 있는 것도 아니고. 구조자체가 안 되는 거예요. 최소한 인바운드로 300석 정도의 중극장에서 해야지 여기는 안 된다고 판단했죠. 우리가 자체적으로 관객에 대한 한계가 있고 그리고 풍물전용극장을 접고 국악으로 확대시키자 해서 범위를 넓히고 일반인 대관도 하고 공연 자체도 명인 명창들 초청해서 초청공연해서 마니아 찾아오게 하고 기획공연도 하고 국악인 발표 공연도 하고 … 이렇게 변화를 시킨 거죠. 그래서 문화예술위원회에서 창작공간지원사업에 선정이 돼서 ….

2. 잔치마당 소극장의 공간운영

장구보 : 이게 몇 년도에요?

서광일 : 2009년도부터 시작해서 진행이 되었던 거죠. 그래서 그 사업이 선정되니까 임차료 지원을 해주고 출연자들 소정의 공연료 나오게 해주고 극장의 기본적인 것을 운영되게 해주는 사업이었죠.

장구보 : 올해 없어지지 않았어요?

서광일 : 없어졌죠. 그게 2년 사업인데 평가를 잘 받아서 8~9년 지원을 받았죠. 또 우리가 잘했던 것이 국악 전용극장으로 콘셉트를 잡고 가서. 유치원 발표 대관이나 연극인들 연극 작품 올리려고 했을 때도 국악 아니면 안했거든요. 지금은 국악 전용극장으로 좀 알려져 있고 국악인들이 좀 알게 되고.

장구보 : 국악 전용극장이 없죠?

서광일 : 없죠. 우리나라에 드문 경우고. 그래서 좀 시간이 지나니까 정착되어 가고 있고 상설공연을 하게 되면 자리는 차는 부분들이 있는 거죠. '매주 금요일마다 상설공연을 하자' 해서 진행을 했는데 극장 가동률이 전체에서 80%정도 돌아가게 되는 거죠. 공연이 일주일에 한 번씩 있고 낮이나 저녁때는 국악아카데미를 운영하고. 그래서 토요일은 토요 꿈다락으로 하고 있고 저녁에는 직장인 대상으로 하고, 낮에는 주부, 또 교육 없는 날은 단원들 연습, 우리가 수업계획서를 거쳐서 작품을 나가게 하는 인큐베이팅을 할 수 있는 공간으로 활동도 하고 그렇게 쭉 가다가 3년 전에 다시 리모델링을 하자 ….

3. 잔치마당 소극장의 레퍼토리

최혜정 : 그럼 2011년도에요?

서광일 : 2011년도요. 객석이 있다 보니까 불편해서 뜯어내자고 해서 효율성을 높이자해서 일주일에 두 번 돌리는 건 어려운 부분이 있고 해서 연습을 할 수 있는

창작공간으로써 활용하자 해서 객석을 뜯고 무대와 객석구분 없이 이동식으로 바꿨죠. 그러다 보니까 극장의 효율성이 더 높아지게 됐지요. 국악이 상당히. 우리는 수익사업을 해야 되는데 공연료를 받고 수익사업을 하는 게 어려운 부분들이 있어요. 〈명인명창전〉은 수익사업이 가능한데 우리가 기획을 하는 경우는 너무 극과 극 인거에요. 어떨 때는 사람들이 많이 모이고 어떨 때는 너무 없고. 그래서 '우리의 홍보 쪽에서 문제가 있지 않느냐.' 주5일제가 되버리니까 금요일 날은 공연자체가 안 되는 거예요. 그래서 '요일을 바꾸자' 그래서 수요일은 교회 가는 사람들도 있고 하니까 목요일로 바꾸자. 그래서 〈목요상설공연〉을 하게 된 거죠. 바꾸고 나니까 더 낫더라고요. 지금은 〈목요상설공연〉으로 해서. 프로그램은 초청공연이나 기획공연을 많이 했는데 그것도 한계가 있는 거예요. 그래서 바꾸자. 한참 뭐가 있었냐면 〈나는 가수다〉처럼 서바이벌이 유행이어서 우리는 〈나는 광대다〉 그래서 국악인들끼리 붙여보자 그래서 그걸 도입을 했어요. 3년 됐나 ….

장구보 : 그때부터 계속 하신 거예요?

서광일 : 처음에는 국악분야. 우리 단원들을 붙여보자. 김호석, 오승재, 유주희, 유보영, 김미려 라고 소리, 남사당놀이. 5명을 데리고 청중평가단 50%. 프로그램을 벤치마케팅 해서. 전문평가단 해서 3회에 걸쳐서 최후에 투표를 했죠. 그게 대박이 난거예요. 상당히 재밌고 청중평가단이 오고 데리고 오는 사람들도 관심이 있고. 그래서 그걸 가을에 4년 전에 12월 달에 11월, 12월 두 달을 벌려봤는데 상당히 좋고 같은 작품을 보더라도 그냥 설장고 하는 것보다 그렇게 경연이 되니까 새로운 맛이 있고, 사람들이 관심도 갖고. 그래서 이걸 확대시키자 해서 '광대들의 놀음판' 해서 무용, 기악, 소리, 풍물 네 개 분야로 확대 시킨 거예요. 공개적으로 모집을 해서 3월 달은 무용경연, 4월은 이런 식으로 최소한 4번은 해야 되니까. 무용공연은 예를 들어서 살풀이, 그 다음엔 교방굿거리 등 레퍼토리를 바꾸는 거죠. 참가하는 사람들도 레퍼토리가 없으면 참가를 못해요. 예선전을 거쳐서 각 분야의 7~8명이 지원해서 그걸 매달 벌리는 거예요. 3월 달에는 무용, 4월 달에는 기악, 피리, 대금, 해금 이렇게 해서. 또 6월 달에는 소리분야. 경기민요로 나가서. 그 다음은 풍물. 이렇게 해서 최고의 장원을 뽑아가지고 장원끼리 또 붙이고. 왕중왕전으로 이렇게 하니까 반년을 하게 되는 거예요. 〈명인명창전〉은 지역의 활동하고 계시는 분들 모시고 대관 사업하고 우리 〈잔치마당〉 단원들 기획공연 올리고 그렇게 돌아가게 되었죠. 매주 공연이 쭉 가게 되고 연말쯤 되면 국악하시는 분들 개인발표회, 단체발표회 한다고 하면 우리가 거의 무상으로 홍보해주고 대관료는 20정도만 받고 지원을 해주고 그랬죠.

장구보 : 이게 그럼 4년 정도 이어져 오신 거예요? 그럼 이제 5년차 정도 되는 거네요?

서광일 : 이것이 쌓이니까 거쳐 간 사람들이 입소문을 내니까. 소극장은 바로 앞에서
보니까 보통 용기 아니면 못하거든요. 용기를 갖고 하게 되니까 본인을 훈련
시키는 과정이 되고. 그걸 통해서 큰 대회를 나가고. 여기서 작게나마 발표회
를 하고 인천종합문화예술회관 소극장이나 대극장으로 확장되는 사람들이 있
고. 그걸 보면 보람이 있고. 작년에 사업이 재밌던 것이 우리 분야로 하면 지
루할 수도 있잖아요. 그래서 연구를 하다가 아리랑이 2012년에 세계 문화유
산에 등재가 되었잖아요. 그래서 〈팔도 아리랑 부르기 축제〉를 한 번 해보자
해서 공개모집을 했죠. 범위를 수도권까지 확장을 시켜서 예선전을 한 달 정
도, 본선 자를 20명으로 잡고. 본선 날짜를 작년 12월 10날에 본선을 했어요.
10월 달부터 준비를 해서 11월 한 달 내내 예선전을 한 거예요. 1차에서 한
번 나와서 떨어졌어. 그럼 2차 시험기회를 주고, 또 3차 시험기회를 줘서 총
50명 정도 접수를 해서 예선전을 통과 한 거예요. 본인들에게 준비하는 과정
을 주는 거예요. 아마추어에게 해볼 수 있는 기회를 주고. 그래서 3번의 과정
을 예선전 통과해서 본선은 20명으로 게임을 했죠. 팔도 아리랑 부르니까
진도부터 뭐 북한까지 한곳에서 다양하게 들으니까 재밌고 거기서 또 청중평
가단을 공개모집을 했어요. 한쪽으로 쏠릴 수도 있어서 1인 2표제를 만든 거
예요. 나가는 사람들이 자기편을 심을 수 있으니까 한사람 앞에 5명으로 제한
을 시켰고 자기사람 찍고 잘하는 사람 한명 더 찍고 이렇게 해서 심사의 공평
성, 전문가평가 등 심사의 공정성을 높이고 참여율을 높이고 1회였는데 상당
히 재밌었고 올해는 핵심 사업으로 생각하고 있어요.

장구보 : 이건 그럼 2015년부터?

서광일 : 작년에 모집을 했고.

장구보 : 그럼 실행하기는 처음인 거네요?

서광일 : 올해는 범위를 또 올해가 광복 70년이고 그걸 아리랑을 연결시켜서 수도권까
지 서울까지 아울러 가서 예선전을 많이 거쳐서 본선을 했을 때는 뭐, 상도
이번에는 장관상이나 시장 상까지 끄집어내서 〈잔치마당〉 행사가 아닌 인천
지역, 수도권지역까지 국악인들 잔치를 벌려보는 것도 좋고. 아리랑 자체가
국악인들만을 위한 건 아니니까. 우리가 의미가 있는 거니까 묶어서 8.15때
한번 종합문화예술회관에서 해볼까 하고 있어요.

최혜정 : 그럼 경연하시는 거는 밑에 공간에서 진행하시는 거예요?

서광일 : 그렇죠.

장구보 : 11년도에 한번 변화를 가지셨고 15년도에?

최혜정 : 이번에는 크게 벌리셔서 문화예술회관에서.

서광일 : 문화회관에서 본선을 진행을 하고 시민들이 많이 볼 수 있게. 여기는 100석밖
에 안되니까 한계가 있어서.

장구보 : 극장의 정식명칭은 국악극장인거에요?

서광일 : 정식명칭은 〈국악 전용극장 잔치마당〉.

4. 잔치마당 소극장의 특성

장구보 : 그래도 프로그램이 워낙 다양하셔서 다른 곳이 일찍 문 닫은 데가 많은데 특성도 있고 프로그램도 다양해서. 그럼 이렇게 길게 가는데 효자역할을 한 게 무엇이라고 생각하세요?

서광일 : 국악이라는 게 놓치지 않고 했다는 것이 시간이 지나니까 그게 하나일 수 있고 두 번째는 비어있는 날을 비지 않고 단원들의 작품을 올리고 매달 목요일은 공연이 있는 인식을 하고 갈 수 있도록 한 거죠.

장구보 : 그런데 그러려면 돈이 들어가니까 상설 하고 싶어도 챙겨줘야 하니까.

서광일 : 2011년도에 리모델링을 했을 때 사회적기업이 되니까 인력지원으로. 그때는 단원들 공연이 상당히 많았죠. 그것도 작품을 만드는 쇼케이스 개념을 통해서 관객들의 평도 들어보고 수정도 해보고.

장구보 : 그럼 관객들을 참여하고 끌어들인. 관객들을 개발을 하신 거잖아요. 그게 청중평가단이 큰 역할이 되었던 거죠?

서광일 : 그렇죠. 우리가 관객회원들을 모집하고 있거든요.

장구보 : 어떻게요?

서광일 : 오는 사람들에게 받고 메일을 보내주고. 소식지 보내주고.

장구보 : 그럼 회원제는 언제부터 하신 거예요?

서광일 : 우리 2004년도부터 했죠.

장구보 : 일찍부터 하셨네요. 그럼 이분들이 장기적으로 고객이 되는?

서광일 : 그렇죠. 그걸 바라고 했죠. 그런데 적극적이진 않아요. 대부분 국악은 내가 하니까 와~ 이렇게 하시는 분들이 많죠.

장구보 : 이 관객이 어쨌든 오시잖아요. 그럼 이분들이 계속 찾는 이유가 뭘까요? 끊이지 않고 오게 하는 요인? 매력?

서광일 : 장점이라고 말하긴 좀 그런데 오는 사람이 꾸준히 오거든요. 마니아가 오는 게 장점이지만 확장이 안 되니까 새로운 사람을 오게 해야 하는데 자리가 100석밖에 안되는데 그런데 왔던 사람이 계속 오면 ….

최혜정 : 프로그램 개발하는데 부담도 있고.

서광일 : 그것도 만만치 않고(웃음).

장구보 : 그렇긴 하죠. 그래도 마니아층이 있다는 게 충성도가 높으니까.

서광일 : 그래서 아까 얘기한 게 국악서바이벌은 자기가 출전하면 자기가 사람 데려오고, 청중평가단 할 때는 의무적으로 5명을 데려와야 되니까. 그런 걸 또 해결하는 방법도 있고.

5. 운영의 힘든 점

최혜정 : 대표님 그럼 소극장 자체가 특성화 되어 있잖아요. 그거에 관한 힘든사항이
　　　　있으실 거 같은데 ….

서광일 : 지금이 힘든사항이에요. 다년간 지원사업이 끊어지니까 상당히 타격이 있어요.

장구보 : 공간지원이랑 사회적기업이랑.

서광일 : 그게 동시에 끊어져버리니까.

장구보 : 저희도 상주 끝나는 거 아니에요?

서광일 : 끝나잖아요. 그래서 악순환을 끊어야 된다고 생각하는데.

장구보 : 그럼 그거에 대한 대안?

서광일 : 찾아야죠. 지금 '마지막 빅카드가 있어야 한다(웃음).' 그래서 '기업체와 파트
　　　　너쉽으로 형성했으면 좋겠다' 해서 제안서를 만들고 있어요. (자료전달) 이건
　　　　홍보물. 작년 사업개발비로 해서 캘린더랑 제안서를 만들었죠. 어쨌든 20년
　　　　이상을 했기 때문에 우리 단체만의 장점으로 공연을 가장 잘하고 교육을 갖
　　　　고. 기업체와의 관계가 스폰서가 아니라 서로 시너지효과를 만들어낼 수 있는
　　　　그래서 우리는 기업에게 이미지나 사회공헌, 마케팅으로 성장을 도와주고 기
　　　　업은 반대로 사회 공헌할 수 있는 부분들이 있으니까 서로 윈-윈할 수 있지
　　　　않을까 라는 내용을 가지고 제안서를 작성했죠.

장구보 : 유리하지 않을까요? 풍물이고 국악인데.

서광일 : 그래서 그렇게 제안을 하고. 올 해 목표는 10개 기업을 잡자 해서 지긋지긋한
　　　　지원 사업이 해결되지 않겠냐 하는 거죠.

장구보 : 그런데 그 전에는 기업체하고 안 되셨어요?

서광일 : 해봤자 한두 개? 스폰서의 개념이였지, 파트너쉽은 아니었죠.

6. 잔치마당 소극장의 국제교류

장구보 : 그런데 오히려 국제 활동 많이 하시잖아요. 그럼 소극장에서 국제 활동은 안하
　　　　셨어요?

서광일 : 저기 보이는 지도에 우리가 외국에 다녀온 곳들이거든요.

장구보 : 이렇게 많이 하셨는데 왜 극장에서는 못하셨어요?

서광일 : 극장은 지금까지는 우리가 가는 쪽 이였죠. 재작년부터는 불러오자 해서 리투
　　　　아니아 그곳을 거점을 만들자. 리투아니아에 똑같은 기획사가 있어요. 카우노
　　　　산타까 라고 하는. 공연도 하고 예술단도 갖고 있는. 리투아니아 수도가 빌뉴
　　　　스라고 하는데 빌뉴스의 제2의 수도가 카우나스 라는 도시에요. 거기에 시립
　　　　예술단을 겸하면서 단체를 운영하고 있는 거예요. 거기에 4개의 예술단이 있
　　　　는 거예요. 민속단이나 풍물단, 오케스트라 등 4개가 있는데 전통예술단이 아
　　　　이니에니라고 해요. 거기하고 우리하고 자매를 맺었죠.

장구보 : 이게 몇 년도에요?

서광일 : 우리가 거기를 4번가고 걔네가 2번 왔으니까 2011년도에 거기를 처음 가서 하고 이후 매년마다 갔고 걔네도 오고 싶다고 하니까 그런데 우리는 지원받아서 가는 건데 똑같은 조건으로 올 수 있냐고 하니까 초청해달라고 어떻게든 하겠다는 거예요. 그래서 2013년도에 초청을 했죠. 초청을 해서 우리가 상주단체 부분에서 뭐.

장구보 : 국제교류 자료가 있으면. 지역에서 국제교류 했다는 게 의미가 있으니까…. (자료전달)

서광일 : 극장에서 했던 것들이에요. 거기에 아이니에니 팀을 불러가지고 인천에 온 거죠. 아시아 처음으로 온 거예요. 인천 북유럽에 빠지다 해서 그 팀들의 음악을 돌렸죠. 학생교육문화회관에서 2번, 시청에서 한 번, 학교에서 한 번, 잔치마당에서 공연하고 워크숍 해서 전통악기를 가지고 배워보는. 우리도 거기 가서 아리랑 가르쳐주고 사물놀이, 워크숍하고. 그렇게 해서 보냈는데 작년에도 또 오라고 해서 딜이 5개 도시를 순회공연을 해주겠다는 거예요.

장구보 : 2014년도에요?

서광일 : 네. 그래서 '자기들도 불러달라'는 거예요.

장구보 : 그럼 또 온 거예요?

서광일 : 그렇죠. 부평풍물축제를 통해서 예산 받아서 했죠. 그런데 이번에는 나라를 순회를 하자는 거예요. 이제는 우리가 돈을 좀 벌자 해서 이번에는 소정의 공연료를 주겠대요. 한번 공연에 50유로로. 나라가 리투아니아, 나트로비아, 폴란드 이렇게 순회공연 해 주겠다 해서 인당 50유로를 준다고 해서 모으니까 360만원 정도의 돈이 되더라고요. 그렇게 확장이 돼서. 우리 같은 경우 이집트를 4월 16일부터 27일까지 페스티벌에 가는데 그쪽에 이 팀을 소개시켜줬죠.

장구보 : 그럼 또 같이 만나요?

서광일 : 그렇죠. 이집트 공연에. 자료를 보내달라고 해서 이집트 공연을 하게 된 거고.

장구보 : 원래 이집트는 하셨었죠?

서광일 : 이집트는 작년 7월에 멕시코 세계민속축제를 갔는데 22개를 갔는데 그 나라가 온 거예요. 이집트 전통예술단. 만나니까 우리공연을 보고 섭외를 하는 거예요. 본인들이 타악 페스티벌을 하는데 와달라고 해서 오케이해서 하게 되었고 그쪽에 유럽 쪽 팀을 소개를 시켜줬고.

장구보 : 서로 윈-윈하고 계시네요.

서광일 : 그렇죠. 거기가 거점이 되 가고 있고. 올해는 또 이제는 수입으로 이루어낼 수 있도록 고민을 하고 있죠.

최혜정 : 이 팀이 소극장에 왔을 때 관객들에게의 효과들이 있었는지요?

서광일 : 관객들이 유럽악기를 처음 보잖아요. 그쪽 악기도 자연에서 나왔어요. 뿔로

만든 피리나 대나무로 만든 악기. 관중들이 공연을 보고 체험해보고 하니까
좋아했죠.

장구보 : 더 많은 분들이 와서 체험해보면 좋을 텐데. 처음부터 그럴 순 없고.

서광일 : 작년에 부평 풍물축제 끝나고 사랑방에서 공연하고 워크숍하고. 우리가 마지
막 엔딩을 아리랑으로 해달라고 했어요. 그쪽 음악으로, 성악가가 아리랑을
부르는데 눈물이 나는 거예요. 우리도 가면 그쪽 전통음악을 연주해주고.

장구보 : 공감대 형성을 이끌어 냈네요.

〈잔치마당 국내 연혁〉

2010	"풍물+연희=굿"
	박물관으로 떠나는 음악여행
	문화관광부 청소년 국악캠프"우리 얼 익히기"
	서울아트마켓 팜스 링크선정 쇼 케이스
	인천설화 창작연희 "인천아리랑"
2011	제11회 인천국제마라톤대회 전야제공연
	서해5도 평화풍어기원제
	KBS 나눔 더하기 축제
	인천문화재단 문화 복지 재가서비스 공연
	인천펜타포트 음악축제 창작 인큐베이팅 "최우수작품 선정"
	인천아리랑 두 번째 이야기
2012	국립민속박물관 수요상설 초청공연
	명성황후 탄신일 기념 초청공연
	조계사 국화축제 초청공연
	중소기업 기 살리기 한마당 초청공연
	67주년 광복절 경축 초청공연
	인천펜타포트 음악축제 창작연희 기획공연
	퓨전국악콘서트 "인천아리랑3" 기획공연
	대한지적공사 연수원 임직원 워크숍 및 공연
	인천 송도 컨벤시아 과학의 날 초청공연
	인천학생교육문화회관 초청 수험생을 위한 기획공연

2013	서울드럼페스티벌 창작연희 초청공연
	국립국악원 별별 연희 공모 작품 초청공연
	인천상주예술단체 페스티벌 초청공연
	리투아니아 "ANIAI" 예술단 초청공연
2014	상주예술단체 기획공연 "상생의 비나리"
	서울아트마켓 팜스 링크 쇼 케이스 "인천아라리"
	신나는 예술여행 "신명의 소리여행" 19회 순회공연
2015	상주예술단체 기획공연 "상생의 비나리2"

2. 옛 돌체의 자리를 지키고 있는 플레이캠퍼스

극장명 : 플레이캠퍼스

주소지 : 인천광역시 중구 경동 187-9

개관일자 : 2009년 12월 15일[36]

극장대표 : 장한섬

---

36) 1978년 개관해 인천의 소극장 문화를 이끌었으며, 현재 지역 연극인들의 향수를 자극하고 있는 '돌체 소극장'이 부활했다. 인천 연극의 융성기였던 1980년대 인천 중구 율목동에 자리했던 돌체 소극장자리에 새로운 민간소극장 '플레이캠퍼스'가 들어서는 것. '교육·지역·공연을 위한 문화 공간'을 표방하는 문화 공간 플레이캠퍼스는 오는 12월 15일 개관 예정이다(경인일보, 2009.11.12 제12면 김영준기자).

옛 돌체 간판
(사진출처: 경인일보 2009.11.12. 제12면, 김영준 기자)

플레이캠퍼스의 외관의 모습(출처 : 장한섬 대표의 개인 보관자료)

플레이캠퍼스의 내부의 모습(출처 : 장한섬 대표의 개인 보관자료)

플레이캠퍼스의 처음 시작은 돌체 소극장이다. 1대 대표자 유용호가 78년 12월 25일에 개관하여 인천의 문화에 목마른 사람들을 해소시켜주는 장소였다. 한 달에 며칠을 대관하면 한 달 동안 연습을 무료로 하게 한다거나 싱어롱으로 노래를 따라 부르는 공연 형태와 통기타 가수들의 연주회가 열리기도 했다. 이후 2번째로 정준석씨가 맡으면서 연극 전용극장으로 바뀌게 되고 세 번째 최규호·박상숙 부부가 극장을 운영하면서 지역 연극의 중심으로 자리 잡게 된다. 최규호 씨가 작품을, 경영을 박상숙씨가 전적으로 담당하면서 비교적 탄탄한 행보를 할 수 있었고 현재는 도호부청사 옆에 돌체 명칭으로 극단 마임이 상주하고 있는 〈작은 극장 돌체〉를 경영하고 있다. 이후 진정하 대표(전 씨·아리소극장 대표이자 현 극단 놀이와 축제 대표)가 네 번째 공간 운영자지만 극장으로 개관하지 못하였다가 이후 장한섬 대표가 다섯 번째 대표가 되면서 2009년 플레이캠퍼

스로 명칭을 변경하여 '교육, 지역, 공연을 위한 문화 공간'으로써 돌체의
역사성과 지역의 문화예술분야 인재를 육성, 지역사회와 연계된 지역
문화 콘텐츠를 키워나가고자 장한섬 대표가 개관하게 되었다고 한다.[37]

> "초창기 돌체를 유용호 선생님이 운영할 때는 음악가들을 불러와서 공연
> 을 하다가 최규호·박상숙 선생님이 오시면서 연극과 마임중심으로 바뀌었
> 죠. 저도 공간의 차별화를 해야겠고 게다가 공간이 크질 않기 때문에 딱
> 독창회 독주회가 맞을 것 같았는데 마침 주변에 성악하시는 분들하고 연계
> 가 되다보니 그런 스토리가 있는 음악극을 하게 된 거죠."

플레이캠퍼스는 인천광역시 중구 경동 187-9 에 위치해있으며 개관
기념 공연은 장한섬 작·이우천 연출의 〈크리스마스 트릭〉이라는 작품으
로 시작하여 대표적 브랜드로는 오페라 라보엠을 모티브로 한 3부작
〈cafe 라보엠〉(2011), 〈마담 카르멘〉, 〈피가로의 결혼샵〉이 있고 연극 마
실 하면서 만들었던 3부작으로는, 병원에서 일어나는 자기 치유에 관한
이야기〈레이디 수크루지〉(2010), 미용실에서 부녀회장의 권력암투를 그
린 〈바람과 함께 살아지다〉, 대학교에서 미화원 아줌마들의 투쟁을 그린
〈노인과 바다〉 그리고 〈배호〉 이야기와 로드무비처럼 장소 성을 훑은
〈소설가 구보씨의 자전거〉(2011)가 레퍼토리 작품들이다. 장한섬 대표는
〈홍예문문화연구소〉나 2007년부터 이어온 배다리의 마을 만들기 차원
에서 아벨서점 스페이스 빔 배다리안내소 등을 주축으로 하는 〈배다리사
람들의 모임〉을 통해 지역에서 과거 신포동의 옛 정서를 살리고자 애쓰
고 있다. 플레이캠퍼스는 행정상으로는 중구이지만 정서상으로는 배다

---

37) 2009.11.12. 경인일보 '예술의 목마름 달래던 사랑방의 부활'의 장한섬 대표의 인터뷰

리에 가까워서 중동구의 가교파로의 역할을 하고 싶다고 하는 그 실천이라고 볼 수 있는 것이다.

"늘 4명 5명 나오는 작품으로 줄여서 공연을 준비했지요. 극장지원 같은 건 지원이 없어져서 받아본 적이 없고 대표브랜드는 〈카페 라보엠〉이 있어요. 내년에는 상설로 가려고 합니다. 성악가 5명 피아노 1명으로 오페라 라보엠을 모티브로 한 건데요. 3부작이에요. 〈카페 라보엠〉, 〈마담 카르멘〉, 〈피가로의 결혼샵〉이 있습니다. 그거랑 연극마실 하면서 만들었던 작품이 〈레이디 수크루지〉라는 작품이 있어요. 이것도 3부작인데 〈레이디 수크루지〉, 〈바람과 함께 살아지다〉, 〈노인과 바다〉이 있습니다. 6년 동안 만들었던 더블 3부작이 대표작들입니다."

연극 〈크리스마스 트릭〉

연극 〈소설가 구보씨의 자전거〉

창작극 〈레이디 수크루지〉
(출처: 플레이캠퍼스 홈페이지
http://playcampus.com/)

창작연극 〈cafe 라보엠〉
(출처: 플레이캠퍼스 홈페이지
http://playcampus.com/)

음악공연 〈맨발의 청춘, 배호〉

과거 민운기 스페이스 빔 디렉터는 플레이캠퍼스의 개관을 맞아 "소극
장 돌체의 부활은 역사적으로나 문화적으로 의미가 있다"면서 "과거 인
천의 문화 교류는 신포동과 싸리재, 배다리를 거쳐 서울로 이어졌다. 그
중심에 플레이캠퍼스가 들어서면서 여타 지역과 긴밀한 교류와 활발한
활동이 일어날 것으로 기대 한다."고 평가했다.[38] 장한섬 대표는 '소극
장은 공간의 의미도 있겠지만 장소성이라고 얘기하는 것이 좀 더 적합하
다'고 하면서 '어떤 예술이든 장소성이 있으며 특히 기초예술은 공간이라
는 장소성이 정체성을 유지한다'며 요즘은 단체들이 공간이 없고 페이퍼
만 있는 경우가 그 안 좋은 예라고 지적하였다. 인천이 배설이나 도약의
공간이 아닌 뿌리를 내리는 정체성이 자리 잡은 모습으로 유지되기 위해
서라도 소극장 문화는 활성화돼야 한다고 하며 과거 그 돌체 소극장의
장소에서 이제 그 역사적 행보를 장한섬 대표가 이어가고 있다.

---

38) 경인일보, 2009.11.12. 제12면, 김영준기자.

	플레이캠퍼스 장한섬 대표 1,2차 구술 채록문
일시	2015년 3월 10일 7시 / 2015년 11월 16일
장소	구보댄스컴퍼니 B홀
참여자	장한섬, 장구보, 최혜정

1. 플레이캠퍼스의 전 소극장 '돌체 소극장' 이야기

장구보 : 그럼 〈돌체〉는 족보가 어떻게 되요? 원래 지금 〈플레이캠퍼스〉 극장이 〈돌체〉인 건가요?

장한섬 : 네. 내가 4번째 운영자에요.

장구보 : 그럼 〈돌체 소극장〉은 그곳을 말하는 거예요?

장한섬 : 그렇죠. 장소성은 그곳이 맞고 두 번째 운영자였던 최규호·박상숙 그 분들이 2000년대 초반까지 하다가.

장구보 : 그 분이 부부이신건가요?

장한섬 : 네 극단 〈마임〉. 지금 〈작은 극장 돌체〉 운영하고 계세요.

2. 플레이캠퍼스와 남아있는 소극장의 이야기

장한섬 : 이제 사설은 딱 〈플레이캠퍼스〉 하나. 그리고 〈잔치마당〉 그런데 〈잔치마당〉은 성격이 좀 다르긴 하지만. 소극장이 100석 미만은 신고제고 100석 이상이 규제가 되요. 주차장이나 비상구나 되게 조건이 까다로워요. 소방시설도 그렇고.

장구보 : 100석의 기준은 먼가요? 의자나 방석으로 체크하는 건가요?

장한섬 : 네.

장구보 : 그럼 100석 이상은 의자가 완전히 확보가 되어야지 되는 거예요?

장한섬 : 정확한 너비까지는 모르겠지만 일단 100석 이상 일 때는 소방법이나 이런 규제가 있어요.

장구보 : 그러면 〈소풍〉은 민간극장인거죠?

장한섬 : 네. 그렇죠.

장구보 : 없어졌죠.

장한섬 : 닫았죠.

장구보 : 그러면 〈플레이캠퍼스〉랑 〈잔치마당〉만 민간소극장으로 있는 건가요? 그럼 〈떼아뜨르 다락〉은 어떤 거예요?

장한섬 : 아. 맞다. 〈떼아뜨르 다락〉도 있어요. 거기가 2012년도에 생겼나 그랬어요.

3. 플레이캠퍼스 운영하게 된 계기

장한섭 : 한 게 아니라. 전 뒤집어쓴 거예요(웃음). 절대 이런 조직이나 공간을 운영할
　　　　사람이 아니었어요. 그런데 갔는데 서류나 뭐 매체를 다룰 사람이 없어서 제
　　　　가 하다보니까. 그래서 뭐. 우리가 하자고 그래서. 연극하는 사람들이 폐쇄적
　　　　으로 고립되어 있어서 대외의 접촉이 안돼요. 그래서 내가 나가서 이렇게 하
　　　　려고 하니 도와 달라고 해서 어느 순간 다 되었는데 내분이 일어났어요. 자기
　　　　들끼리 싸워서 '나 안 해'하면서 다 나갔어요. 그런데 밖에 나가서 미안한건
　　　　다 나 인거죠. 결국 내가 책임질 수밖에 없었던 구조 ….

장구보 : 아~ 그걸 나중에 담으면 재밌겠네요.

4. 플레이캠퍼스 개관 전 이야기

장구보 : 그럼 그 땅도 그분 거였어요?

장한섭 : 거기가 원래 얼음 공장 이었대요.

장구보 : 〈돌체〉가요?

장한섭 : 네.

장구보 : 아직도 소유주는 그분 거예요?

장한섭 : 아니죠. 넘어갔어요. 그분이 부잣집 아들의 철부지. 뭐. 그때 이상한 걸 많이
　　　　했어요. 80년대 포장마차 프랜차이즈로 해서 망하고 하여튼 사업을.

장구보 : 거기다가요?

장한섭 : 아뇨 자기 사업으로. 그래서 연수구에서 예전에 땅 부자였는데 다 넘어가서
　　　　없고 그래서 2000년대에? 그분도 어디 공간에 진득하게 있는 분이 아니시고
　　　　밖에 나가서 일을 벌이는 건 좋아해요. 그래서 그때 최규호·박상숙 선생님한테
　　　　운영권을 구두로 맡기고 나서 그분들이 맡아서 한 거 같아요. 직업적으로 연극을
　　　　하시는 분들이니까.

장구보 : 그렇죠. 단체이면서 동시에.

장한섭 : 그것도 부부가 하니까. 남편 분은 공연 쪽으로 하고 박상숙대표가 살림살이를
　　　　맡으면서 고생을 했죠. 거기서 결혼해서 살았다는 거예요. 딸 은비라는 애가
　　　　있는데 자기가 어렸을 때 생활했던 그 부근 기독교병원에서 태어났대요. 그래
　　　　서 봄부터 가을까지는 거기서 살고 겨울에는 여인숙 잡아놓고 ….

5. 플레이캠퍼스로 재개관 때의 에피소드

장한섭 : 내가 개관할 때 초대 유용호 선생님 모시려고 신갈에 무슨 신갈저수지인가?
　　　　그분이 땅 말아먹고 메꾸려고 물장사를 해요. 저수지에 부레옥잠이라고 아세
　　　　요? 부레옥잠이 중금속을 빨아들여서 수질을 개선하는 걸로 뭐 회수해서 갈

아가지고 ….

장구보 : 그분이 몇 세 정도 되세요?

장한섬 : 60세정도 되셨을 거예요. 그래서 제가 갔더니 저쪽 수평선에서. 갔더니 무슨 군사작전 하듯이 텐트 같은 거 쳐놓고 임종우 선생님이라고 아세요?

장구보 : 네 알아요. 거길 또 왜 가셨대요.

장한섬 : 거기서 같이하는 동업자래요. 그때가 가을이었을 거예요. '우리 12월에 개관 하니까 오시라' 했더니 '알았다'고 하셨는데 안 왔어요. 어쨌든 그날 그분이랑 박상숙 대표 모시려고 했던 거죠. 박상숙 대표는 그날 오셨죠.

장구보 : 진정하 대표님은요?

장한섬 : 오셨었어요. 그때 그분은 '나는 못하겠다'며 '충전하면서 제작하시겠다'고 해 서. 극장 옆의 집 보셨죠? 그게 그분 공간 마련해 드리려고 집 만들어 드린 거였어요. 그럼 평생 연극하셨던 분인데 안하겠다는데. 그래서 20년의 개인 의 회고록을 쓰시라고 그랬죠. 개인의 역사만이라도 ….

6. 현재 소극장의 의미와 플레이캠퍼스의 운영의 어려움

장구보 : 그럼 소극장이 지역에서 갖는 정체성이 뭘까요?

장한섬 : 굉장히 많이 고민은 했는데.

장구보 : 왜냐면 고수하고 오셨으니까.

장한섬 : 그거는 어쩔 수 없는 거 같아요. 동네스타 발굴까지는 아니어도 거기서 할 수 있는. 작년에 돈이 없으니까 공연 제작 말고 토크콘서트를 해서 청년들 세대 시인. 올해도 해야 되긴 하는데. 극장이 공간이 주는 특성이 있어서 객석에서 앉고 조명주고 하니까 경청하는 분위기가 되요. 일상에서 느끼지 못하는 걸 가지고 관계망이 형성 되는 거라 가끔 이제 자기들 모임인데 무대에서 발표회 하고 싶어 하시는 분들. 초창기 때는 했는데 지금은 힘들어요.

장구보 : 왜요? 힘들어요? 솔직히 그거 빼면 또 좀 그렇잖아요.

장한섬 : 그거하면 제가 청소를 엄청 해야 되요. 처음에는 '공간만 빌려 달라'더니 조명 보더니 '조명 해 달라' 그러고. 사람들은 스위치만 켜면 다 되는 줄 알아요. 그거 올라가서 위치잡고 각 잡고 스피커도 있다면서 음악도 틀고 빔도 보고 조명에 음악에 빔에 화장실 청소까지 끝나고 또 정리해야 되고 너무 힘들어요. 보람은 있지만.

최혜정 : 그것만으로 갖고 가기 힘드니까.

장한섬 : 서울 소극장은 운영이 되는 게 모든 생태계가 집적되어 있으니까 소극장 운영 하는 사람 만나면 돈 주고 운영 하는 건 아무도 없대요. 무대 작품을 제작 하 는 게 본인이 무대에 선다는 거. 그거 하나에요. 그런데 지방은 올라가도 언 론에 노출되는 것도 아니고.

장구보 : 그럼 뭐야, 자기만족이에요?

장한섭 : 아무것도 없지.

장구보 : 주민들 자기만족이지 뭐.

장한섭 : 예전에는 됐었는데 잘 살던 사람들은 다 떠났거든요. 연수로 가던가 청라로 가던가.

장구보 : 맞아요. 옛날 도시가 뭐가 없어요. 이제….

장한섭 : 처음에는 동네 티켓으로 지역주민들한테는 거의 뭐 70~80% 할인해도 안와요. 먹고살기 바쁘고. 오히려 수원에서 오던가, 서울에서 오던가, 연수구나 계양구, 부평 이런 분들이 오고, 중동구, 남구지역은 거의 없어요. 예전에 거기 있던 사람들은 향수 때문에 오죠.

7. 2000년대 배다리지역 개발반대 사건

장구보 : 지역과 함께 나누는 커뮤니티나 네트워크가 있는지요? 스토리를 얘기해주시면 됩니다. 왜냐하면 2000년대는 지역과 함께 했던 소극장의 컨셉이 조금 들어가서 서술을 할까 싶어서요. 그때 왜 배다리랑 뭘 같이하려고 했었고 그런 거 있었잖아요?

장한섭 : 네. 그렇죠. 배다리죠. 〈플레이캠퍼스〉가 생긴 배경이 어쨌든 배다리 그때 그 산업도로 생기면서 배다리를 지키자 해서 거기서 활동 하던 차에 그때 그 공간이 생긴 … 제가 만든 건 아니었지만 어쨌든 씨·아리 소극장 대표였던 진정하 대표랑 그 〈놀이와 축제〉라는 극단이 자리를 잡았었는데 이제 거기서 활동을 계속하면서 교류가 있다 보니까 같이 해보자 해서 합류하고 그리로 어떻게 하게 됐죠.

장구보 : 뭐 어떤 거 하셨어요?

장한섭 : 데모했죠. 하하하 맨날 피켓 들고.

장구보 : 산업도로 생기는 거에 대해서 반대?

장한섭 : 그렇죠. 그게 도로 마을 한가운데를 도로로 물류도로를 쭉~터널 그 도원역과 동인천역 사이에 보면 그 터널 육교를 만들어놓은 게 있어요. 한 가운데. 그 배다리 텃밭이라고 있는데 거기가 원래 부지인데 막은 거죠.

장구보 : 음, 그래서 뭐 한 거예요?

장한섭 : 거기서 뭐 맨날 축제하고 뭐 언론에 이슈를 만들어내야 되니까. 한 달에 한번씩 하다가, 2007년도에는 너무 힘들어가지고.

장구보 : 그 축제 식으로?

장한섭 : 네. 그래서 나중에는 너무 힘들다 딱 크게 좀 하자. 한번을 배다리 축전을 했었죠. 그때.

장구보 : 축전?

장한섬 : 네. 축제라는 말이 뭐 일본식 표현이라고 그래갖고 배다리 문화축전이라고
해서.

장구보 : 음, 그럼 이거 자체는 그러면 2007년 동안 계속한 거예요? 일 년만?

장한섬 : 아니요. 지금도 계속 하고 있죠.

장구보 : 진짜요? 그럼 몇 년부터 한 거예요?

장한섬 : 2007년. 그래서 그때는 격렬하게 해서 이제 타협을 봤었죠. 처음에는 배다리
를 지키는 사람들의 모임이었다가 2009년인가 10년에는 그게 어느 정도 타협
을 봤어요. 우리가 이제 대항의 문화가 아니라 대안의 문화를 이제는 제시해
야 된다고 그래서 그때 그 〈배다리를 지키는 사람들〉의 모임에서 〈배다리를
가꾸는 사람들의 모임〉으로 버전 업이 됐죠. 그러다가 한 삼년 단위로 바뀐
거 같아요. 그래갖고 2014년 됐을 때는 그 내부에서도 변화가 생겼죠.

장구보 : 오래했네요. 변화가 있을 만도 하네.

8. 역사의 특색을 가진 플레이캠퍼스

장한섬 : 그걸 처음부터 기획했던 게 아니라 주변에 있는 여건을 최대한.

장구보 : 원래 〈돌체〉가 쌀롱 이었잖아요. 음악. 그런 면에서는.

장한섬 : 처음에 초창기 때 유용호 선생이 할 때는 그 음악가들이 와서 콘서트 하는 거.

장구보 : 송창식 씨도 오고.

장한섬 : 그러다가 최규호랑 박상숙 선생으로 바뀌면서 마임과 연극 중심으로 바뀐 거죠.

장구보 : 그러다가 그 다음에 그 책에 보니까 어디서는 중간에 다른 운영자가 있던데.

장한섬 : 얼핏 들었는데 누군지 모르겠어요.

장구보 : 유용호 선생님은 ‘몰라’ 그러고 넘어가시던데 다른 책에서는 누구 한 명을 언
급 하더라고요. 하여튼 그 한 사람이 있어서 그거를 넣어야 되나 말아야 되나.

장한섬 : 예전에 그거 알아봤는데 명확하질 않고 그냥 78년도에 해서 80년도부터 최규
호·박상숙 선생님이 한 걸로 쭉~

장구보 : 음, 그러면 다시 음악극으로 바꾼 거예요? 주로 스토리가 있는 음악극 하시잖
아요.

장한섬 : 네. 그것도 있긴 있는데 저도 공간에 대한 차별화를 해야 되잖아요. 그래서
이제 공간이 크지는 않은데 독창회, 독주회 딱 맞고 그래서. 여건상 하다 보
니 주위에서 또 성악가들이랑 음악가들이 있으니까 뭐 저도 나름의 차별성을
갖고 가려면.

장구보 : 그때 제가 가서 봤던 공연, 배호. 배호도 인천 사람인거예요? 어쨌든 공간의
차별화를 위해서 독주회 독창회 성악가들과의 작업. 인천의 스토리를 찾아서
한 게 배호 말고 또 있지 않아요? 그때 왜 권번에 대해서도 했잖아요.

장한섬 : 〈소설가 구보 씨의 자전거〉. 여태까지 만든 거 다 인천의 정체성이에요.

장구보 : (웃음) 그렇게라도 하니까 뭔가 남아있는 거죠. 슬픈 얘기지만. 남들은 그런
거 안 하잖아요. 왜냐하면 ….

장한섬 : 내가 봤을 때 인천에서 가장 오래된 극장이고 인천 문화재단도 이쪽으로 옮기
는걸 알고 있었고. 보니까 거기 수인선이 또 생기고 앞으로 모 도시가 포화상
태라서.

장구보 : 구도심 또 개발하니까.

장한섬 : 산업화가 끝나고 나면 지식정보에서 자기 욕망에 대한 게 생기거든.

장구보 : 너무 멀리본거 아니에요?

장한섬 : 그렇죠. 한 3~4년만 봤어야 하는데 20년 앞을 봐서 내가.

장구보 : 그러니까(웃음).

9. 플레이캠퍼스의 레퍼토리

장한섬 : 〈소설가 구보 씨의 자전거〉가 그 로드무비처럼 횡단하는 이야기로 한 것인데
아, 그 작품이랑 처음에 개관했을 때 〈크리스마스 트릭〉이란 작품이 있었는
데 하여튼 그 두 작품은.

장구보 : 〈크리스마스 트릭〉이요?

장한섬 : 네. 그게 우리 개관기념 작품이에요.

장구보 : 개관 작이 중요한데. 이것도 주셨어요?

장한섬 : 그것도 우리 극장 사이트에 들어가면 다 있는데. 이미지.

장구보 : 아 그래요? 그럼 이미지는 찾아보고 없는 것만 달라고 할게요. 세 개 정도는
넣어야죠. 이건 내용이 뭔데요?

장한섬 : 〈플레이캠퍼스〉 얘기죠. 그니까 그때 개관 작품으로 〈아내가 외출할 때〉인
가 강화도에 최용길? 작가랑 유지민 연출이랑 이렇게 하기로 했어요. 그때
막 그래서 오디션 봐서 배우들도 뽑고. 그런데 다 싸워갖고 '안 해'하고 다 흩
어졌어. 아니 개관일은 한 달 남았는데 어떻게 하지? 그래갖고 후다닥 써갖고
만든 거였어요.

장구보 : 배우들도 구해서 하신 거예요? 그럼 이건 연극이었네요?

장한섬 : 네. 그렇죠. 그건 개관하면서 일어나는 에피소드를 그린 거예요. 재밌었지만
출연진들이 많아서 경제적이지는 않아요. 우린 항상 4명에서 6명.

장구보 : 그거에 맞게 해야죠.

장한섬 : 그렇죠. 어쨌든 그때는 개관.

10. 플레이캠퍼스 운영의 어려움

장구보 : 여기는 극장 지원 한 번도 안 받았었나요?

장한섭 : 네. 그게 없어졌어요.

장구보 : 불우한 극장이었네요. 극장은 지금 안 팔린 거예요?

장한섭 : 건물주가.

장구보 : 아직까지 내버려 두고 있어요?

장한섭 : 그분들은 약국을 하잖아요. 그 앞에 침몰하지 않는.

장구보 : 기독병원하고. 그 기독교병원 내부에는 약국이 없어요?

장한섭 : 그거는 모르겠어요. 예전에 거기 운영이 축소돼서.

장구보 : 그래서 거기밖에 없는 거예요?

장한섭 : 거기랑 저쪽에 경기약국이라고 또 하나 있고. 엄청 돈을 벌죠. 그래서 오후 6시면 칼 퇴근. 토요일도 2~3시 되면 칼 퇴근. 거기는 건물에 대한 뭐 그런 거 보다는 그 약국 계속 잘되는 거.

장구보 : 그럼 그 밑에는 아이구. 그래도 역사성이 있는 곳인데.

장한섭 : 아니 어쨌든 건물주가 신경을 안 써줘서 너무 고마워(웃음).

11. 플레이캠퍼스의 레퍼토리 II

장구보 : 대표 브랜드는?

장한섭 : 대표 브랜드는 〈카페 라보엠〉이에요.

장구보 : 아하 거기에 올려져 있어요?

장한섭 : 내년에는 상설로 가려고 하고 있어요.

장구보 : 〈카페 라보엠〉은 성악가 하고 피아노하고.

장한섭 : 성악가 5명 피아노 1명. 6명이요

장구보 : 아, 성악가 5명이에요?

장한섭 : 네. 남자4명. 여자 1명. 이게 오페라 라보엠 모티브로 한건데. 이게 3부작이에요.

장구보 : 3부작이라는 건 무슨 뜻이에요?

장한섭 : 그러니까 〈카페 라보엠〉, 〈마담 카르멘〉이라는 작품이 있고 내년에 만들려고 하는데 돈이 많이 들어서 하여튼 〈피가로의 결혼샵〉이라고. 그거랑 연극마실 하면서 만들었던 〈레이디 수크루지〉라는 작품이랑. 이것도 3부작인데. 6년 동안 만들었던 나름의 더블 3부작이라고. 클래식은 점점 위에서부터.

장구보 : 내용이 있어요? 그 내용 보면 되겠다. 주제가 뭐에요? 〈카페 라보엠〉은?

장한섭 : 루저들의 이야기지.

장구보 : 연극마실은요?

장한섭 : 〈레이디 수크루지〉는 자기 치유에 관한 이야기. 〈바람과 함께 살아지다〉 그리고 마지막 3부작이 12월에 하려다 못했는데 〈노인과 바다〉 뭘 해도 장한섭스럽지 않습니까? (웃음) 〈레이디 수크루지〉는 병원에서 일어나는 이야기이고 〈바

람과 함께 살아지다〉는 미용실에서 부녀회장의 권력암투를. 〈노인과 바다〉은 대학교에서 그 미화원 아줌마들의 투쟁을. 점점 과격해 지고 있어 작품이.

장구보 : 재미있네요.

12. 플레이캠퍼스에 대한 대표님의 개인적 견해

장구보 : 〈돌체〉의 역사성에서 계속 지속하는 소감은 어떠신가요?

장한섬 : 자부심과 긍지 같은 것은 전혀 없고. 굴욕과 무기력감 남아있어요. 이걸 왜 했을까하는 자기 원망. 그때 말리던 인간들 왜 더 안 말렸을까(웃음), 결국 내 가 내 발등 찍은 거지. 이 등신하면서.

장구보 : 그러니까 참 뭔가를 결정한다는 건 쉬운 게 아닌 거 같아요. 그만두는 게 제일 어려운거 같아요. 그만둘 수 없다니까요.

장한섬 : 하기도 어렵죠. 한 번 시작하면 이게 관성이라는 게 있어서. 그리고 이거 할 때 되게 많은 분들이 도와줬단 말이에요.

장구보 : 이런 거 저런 거 생각하면 ….

장한섬 : 그렇다고 그 사람들이 이자 쳐서 나한테 뭘 받아내고자 하는 것도 아니지만.

장구보 : 그래도 70년대 유일하게 했던 극장에 유일하게 남아있는 거잖아요. 그런 데 거기 어쨌든 명맥을 유지하려고 하시는 거잖아요.

장한섬 : 그래서 그동안 지역 그런 걸로 스토리텔링을 했는데 그런데 이제 그 시기는 끝났고. 아니 원래 그거었어요. 3년 안에 콘텐츠를 만들어서 상주단체를 해서 사회적기업으로 해서 우리가 뭐 티켓을 팔아서 운영한다? 절대 없다. 우리는 그냥 해서 뭐 작품을 팔던가, 이걸 통해서 브랜드를 만들고 배우들의 커리어 를 내수시장으로 넓히든가. 교육과 연계해서 가야지.

장구보 : 이 얘기는 뭐 그동안 그 자리를 지킨 것만으로도 … 그렇죠?

3. 연극 전용극장을 꿈꾸는 떼아뜨르 다락

극장명 : 떼아뜨르 다락

주소지 : 인천 중구 중앙동 4가 1-1

개관일자 : 2011년 7월

극장대표 : 백재이

"대관사업을 하면 공과금에 조금 보탬이 되는 정도에요. 연극을 하려고 공연장을 운영하는 건데 공연장이 살아남기 위해 대관이 주가 되다보면 아무래도 초심이 허물어질 것 같아서 연극 전용소극장으로 운영하려고 하고 있어요. 음악을 해도 사운드가 좋아서 다른 공연들과 크로스오버해서 하면 좋을 것 같단 생각을 해봤습니다. 또 옆에 갤러리 공간도 있어서 마임이나 무용 음악 미술 연극 등을 모두 소화하는 소극장이고 싶습니다. 극단 다락이 운영하는 공연장 떼아뜨르 다락인거죠. 아마 개인이 하는 민간소극장은 거의 없어서 무게감도 생깁니다. 극단 다락 이라는 이름으로 처음 시작한 건 2010년도에 10월 달에 아트플랫폼에서 〈아내가 집을 비운사이〉라는 작품으로 창단공연을 했었어요. 그 이후 후원자와 연극관련 지인 분들과 공동으로 함께 소극장을 준비하다가 여러 가지 사정으로 인해 혼자서 개관하게 되었지요. 사비와 카드로 준비하다 보니 조명도 그 당시에는 제일 싼 거로 하다보니까 램프 값이 매일 들어가고 앰프도 노래방 앰프로 하고 최근에 믹서도 준비하고 했어요. 객석의자도 카드로 긁어서 80석 정도 만들고 했는데 2011년도 11월에 〈챕터 투〉라는 작품으로 개관공연을 하게 됩니다. 공연장 개관과 창단 준비를 동시에 하게 된 것 이지요."

신포동의 옛 르네상스 시대를 다시 부활하려는 생각에서일까. 신포동에 유일한 연극 전용극장의 모습으로 나타난 떼아뜨르 다락을 보면서 든 생각이다. 인천아트플랫폼과 중구 차이나타운 그리고 신포동 로데오거리와 신포시장 사이, 신한은행 인천중앙지점 건너편 상가 건물 3층에 위치한 떼아뜨르 다락은 20011년 백재의 대표에 의해 어렵게 개관하기에 이른다. 43㎡ 규모의 무대와 80석의 객석을 갖췄으며, 66㎡ 가량의 로비는 갤러리로 운영되고 있는 인천 지역 민간 예술 공간 중 복합시설 형태를 띤 유일한 공간이다.[39)]

극단 〈다락〉은 2007년(사업자)부터는 사업자를 갖고 있었지만 2010년도 10월 달에 〈아내가 집을 비운 사이〉 창단 공연을 하는 것을 그 시작으로 얘기한다. 현재의 떼아뜨르 다락을 개관할 당시 연출가 한 사람, 작가한 사람, 배우 한 사람, 스텝 한 사람(본인)이 100만원씩 각출과 후원을 받아서 극단의 재정을 만들고 수익이 생기면 나누는 식으로 해서 시작하고자 했으나 뜻이 원만치 못해서 결국 백재이[40] 대표 혼자 개관을 하고 운영하기에 이른다. 관객 중에 한 명이 반반 월세내고 하는 후원자를 다행히 만나 시작은 하지만 공간을 채울 프로그램을 만든다는 것이 더 큰 과제로 다가온다. '평소에 사람이 지나다가가도 아 이곳에 가면 연극을 볼 수 있지'라는 생각으로 찾아들게 하는 것이 꿈이었다는 백 대표는 2011년 7월 1일부터 10일까지 닐 사이먼 원작의 옛 사랑을 딛고 새로운 사랑을 시작하는 내용을 담은 〈챕터 투〉 작품으로 공연장 개관과 창단공연을 하게 된다.

떼아뜨르 다락 간판

---

39) 경인일보, 2011.09.02. 제20면 김영준 기자

40) 1986~1987년 돌체에서 활동했고 90년대에 인천 시립극단에서 활동해오다 2010년 극단 〈다락〉을 창단함.

떼아뜨르 다락의 갤러리 공간
(출처 : 경인일보 2011.07.08. 제12면. 김영준기자)

개관공연 〈챕터 투〉 포스터

〈신포동 연가〉 포스터   〈늙은 부부 이야기〉 포스터

당시 재정적으로 여의치 못해서 앰프시설을 노래방 앰프로 구비하고, 믹서도 얼마 전에 구입했으며 객석의자 80개는 카드로 긁어서 마련하였다. 공연장 옆에 작은 갤러리 공간이 있는 복합문화공간의 구성요소를 갖고 있어서 무용, 음악, 미술, 연극, 마임 등과 협업하고 싶은 게 백재이 대표의 바램이다. 개관한 그 해 9월 〈신포동 연가〉, 〈3곱하기 3〉 공연홍보하고 티켓까지 나갔는데 배우가 그만두면서 경영의 어려움을 겪게 되는데 다행히 영상시화전으로 돌리고 문인협회의 도움을 받아서 공연 일정을 돌렸던 적도 있다. 주로 번역극을 많이 했고 창작극도 하긴 한다. 위성신 연출 〈늙은 부부 이야기〉, 〈해연〉 작품 등이 있으며 공연장 상주단체 〈극단 연미〉가 입주해 함께 기획하는 공연도 있다. 대관은 운영비 일부에 도움은 되나 공연은 별 도움이 되질 못한다. 월세와 기타 공과금이 매달

200만원씩 정기적으로 나가다보니 공연장 지원이 절실히 필요하다고 한다. 현재는 연극연출과 작품제작에 신경을 쓰고 있어서 주변 시민들과 하는 예술교육 프로그램을 못해봤지만, 2012년 7월 27일에 지역주민들을 위한 심야공연(9시에)을 아직도 회상하면 계속 그런 작업을 하고 싶다고 한다. 그때는 주변 상권상인들이 꽉꽉 차고 공무원 지인 할 것 없이 극장을 메웠다고 하니 … 그 이후에는 상권도 주춤해지고 심야공연을 진행하기 어려워 못하였지만 여러 가지 계획 중에 하나로 두고 있다고 한다.

　　"가장 뼈아픈 경험은 그거였어요. 〈3곱하기 3〉이라는 작품을 준비하는데 문제가 생기기 시작했죠. 공연홍보랑 공연 티켓도 나갔는데 공연을 접어야만 했어요. 공연을 못하겠다고 하고 배우가 나가버렸는데 갑자기 구할 수가 없었어요. 저는 그게 가장 힘들었어요. 그래서 그 상황 만큼은 다시 안 만들고 싶었어요. 공연 티켓이 이미 나갔기 때문에 오는 관객이 한 사람이라도 있을 수 있기 때문에 오는 관객을 돌려보낼 수는 없어서 그래서 그 기간 동안 늘 나와서 문 열고 문인협회의 도움을 받아서 여기에 영상시화전을 열고 프로젝트를 돈 주고 사고해서 틀고 그 시기를 대체했죠. 그러고는 지원 사업은 받는 대로 문제이고 월세 내는 거에 허덕이고 번역극을 주로 했고요, 창작스토리는 만들고 싶습니다. 그냥 다양하게 준비하고 있어요. 지금은 위성신 선생님 작품 〈늙은 부부 이야기〉를 준비하고 있고요 7월에는 재단 지원받은 〈해연〉이란 작품으로 다락 5주년 기념공연을 할 생각입니다. 작년부터 상주단체 극단 〈연미 〉팀이 함께 극장에서 작업을 하게 돼서 계속 공연 일정이 있어요. 2개월에 한 번씩 공연을 돌리는 게 목표입니다. 거의 연극 전용극장으로 하고 있어요. '다락에 가면 연극을 볼 수 있어'라고 생각할 수 있게 만드는 게 소극장을 운영하는 꿈이에요."

떼아뜨르 다락 공연장 내부사진

〈떼아뜨르 다락 공연 연혁〉

공연년도	작품명
2010.10.3~10	아내가 집을 비운 사이
2011.7.1~10	챕터 투
2011.9.16~30	신포동 연가
2012.2.19~29	자살에 관하여
2012.7.20~29	다락방이 있는 집
2013.2.26~3.10	열여덟 번 째 낙타
2013.4.8~12	귀여운 장난
2013.12.20~29	어린 시절
2014.4.18~5.10	잘 자요 엄마
2015.4.24~5.10	늙은 부부 이야기
2015.7.3~12	해연

백재이 대표는 '순수 연극을 중심으로 음악, 미술, 무용, 영화, 사진, 회화 등 다양한 장르가 어우러진 문화공간으로 만들 계획'이며 상시 언제와도 연극공연을 볼 수 있는 공간으로 자리매김하는 것이 꿈이라고 했다. 한편 작년 2014년도부터는 공연장상주단체육성사업에서 극단 〈연미〉 팀과 매칭이 돼서 떼아뜨르 다락에서 풍성한 공연을 올릴 수 있게 되었다.

떼아뜨르 다락 백재이 대표 구술 채록문	
일시	2015년 3월 25일 1시
장소	떼아뜨르 다락
참여자	백재이, 장구보, 최혜정

1. 떼아뜨르 다락의 구조와 운영

장구보 : 갤러리인줄 알겠어요.

백재이 : 기획전시도 했었는데 나중엔 그것도 신경 쓰이더라고요. 그래서 여기 이미테이션 소품들 놓고 관객들 편히 쉬시라고 로비 겸 쓰고 있어요. 가끔 공연 대관할 때 세미나나 뭐 간단히 하고 전시도 하고 같이 쓰시는 분들이 있으세요.

장구보 : 대관사업도 하시는 거세요?

백재이 : 해야만 월세 내거든요(웃음).

장구보 : 월세 낼 정도면 대관사업을 꽤 많이 하시나 봐요?

백재이 : 아뇨 그렇진 않아요. 그런데 대관 좀 들어오면 공과금 내는데 조금 도움이 되요(웃음). 월세도 아니고 공과금인데 이번 대관료는 공과금으로? 그런 상황이에요.

장구보 : 아무래도 극단을 메인으로 공연을 올리시고 하니까 그러실 수도 있겠네요. 공연이 잡혔는데 대관할 수 없으니까.

백재이 : 그런데 가끔은 연극을 하려고 공연장을 만들고 운영을 하는 건데 어느 날은 공연장이 살아남아야 한다, 그래서 공연장. 얼마 전에 대관문의가 들어왔는데 통으로 한 달이면 한 달, 장기 공연을 한다고 하는데, 그게 수입이 좋거든요. 그런데 제가 이미 공연일정을 다음 4월 24일부터 5월 10날까지 〈늙은 부부 이야기〉로 잡아놨는데. 저희 자체 작품이다 보니까 솔직히 배우들과 양해만 하면 인쇄물이 들어가기 전이니까 미룰 수도 있지만, 살짝 고민을 했어요. 솔직히 고민을 했어요. 왜냐면 통으로 어쨌든 몇 백이라는 수익이 생기면 월세를 낼 수 있고 빚도 조금 청산할 수 있을 거 같기도 하고. 그런데 이런 것들이 조금씩 바뀌고 바뀌고 하다보면 어느 날 저는 제 연극하려고 하는 건데, 저는 연극하면 더 돈을 버리는 거지만. 지금 지원받는 사업도 아니고, 지금 하고 있는 건. 그런데 살짝 마음의 갈등이 있다가 이게 바뀌면 다 허물어질 거 같아서 눈물겹게 거절을 했어요.

2. 연극 전용소극장의 떼아뜨르 다락

장구보 : 그럼 여긴 연극 전용극장인가요?

백재이 : 일단은 제가 극단 〈다락〉의 대표니까. 제가 연극하려고 하는 거니까 연극 전용 소극장인데 공간에 따라 뭐. 여기가 음악을 하면 시스템은 별로인데 음악을 조그만 콘서트 같은 거? 느낌이 되게 좋아서 쓰기 나름인 거 같아요. 다른 장르 는 꿈은 꿨었어요. 예술장르의 크로스오버를 꿈꾼다. 거창하게(웃음) 다락이 지향하는 것은 뭘까. 초기에는 잘 모르지만 그런 거 하면 좋겠다. 갤러리로 쓸 수 있으니까 시각 쪽이나 미술 쪽이나 무용도 가능하지 않을까. 그런데 무용 은 조명이 중요하잖아요. 그런데 저희가 고가 낮아서 조명도 열악한데다가 무 대 효율성이 떨어져서. 그런데 마음은 꿈꾸고 있어요. 연극 장르의 연장이기도 하고. 여러 장르를 오고가고 싶어요. 무용, 음악, 연극, 기타 등등이요(웃음).

3. 극단 '다락'과 떼아뜨르 다락의 개관배경

장구보 : 그럼 단체 이름도 〈다락〉인가요?

백재이 : 네. 극단 〈다락〉이에요. 그래서 〈떼아뜨르 다락〉이라고 한 게 떼아뜨르가 씨 어터의 의미잖아요. 공간이자 극단이다 보니까. 물리적 공간이자 개념적인 단체다 보니까 〈떼아뜨르 다락〉이라고 한 거예요. 극단 〈다락〉이면서 소극장 다락의 의미로. 〈떼아뜨르 다락〉으로. 공간의 이미지랑 비슷하잖아요. 그럴 듯하게(웃음).

장구보 : 단체도 운영하면서 극장도 가지고 계시고.

백재이 : 저희 사업자등록증이 극단 〈다락〉으로 되어 있어요. 공연장은 별도로 갖고 있지만 사업자는 하나로 갖고 있는데 그냥 극단 〈다락〉이 운영하는 공연장인 거예요. 인천의 민간소극장이. 〈플레이캠퍼스〉라는 이름도 있고 공연장의 기 능은 잘 못하고 있고 〈소풍〉도 임시인지 문을 닫았잖아요. 그런데 개인소극 장이 이거 하나거든요. 그러니까 어쨌든 상황이. 무게감을 좀…그런 거 싫어 하는데 느껴져요. 매 초기에는 그랬어요. 2, 3년까지만 해도 '하다가 힘들면 안하면 돼' 라는…힘든 만큼 그런 건 있었어요. 속 편한 거? 묶이지 않은 그 런 게 있었는데 이제는 점점 무게감이 생겨요. 이제는 저만의 공간이 아닌 거 같고 문 닫으면 그만이지만 5년이 그냥 5년이 아니거든요. 이걸 세우기까지 과정까지의 것들…처음을 말씀드리면 저희 극단 〈다락〉이 사업자는 2007년. 기존의 어떤 친구의 사업자를 가져온 거고, 극단 〈다락〉이란 이름으로 처음 으로 대외적으로 공표를 하고 시작한건 2010년도에 10월 달에 아트플랫폼에 서 〈아내가 집을 비운사이〉라는 공연을 하면서 창단 공연을 그때 한 거였어 요. 2010년도 10월 달에. 창단공연을 했는데 저희 시작이. 많은 사람들이 그

렇게 시작을 하잖아요. 기존의 했던 것과 다르게 하고 싶다는 거. 그래서 연출가 한사람, 친구 비슷한 또래인데, 작가선배이긴 했지만 작가 한사람, 배우 한사람, 저는 뭐, 워낙 저는 스텝 일을 많이 했어요. 인천에서. 거의 조연출, 무대감독 이래서, 배우를 시작했지만 그냥 스텝 일을 많이 하다보니까 자연스럽게 그래서 이렇게 네 사람이 합쳐서 돈을 100만원씩 각출을 해서 후원도 몇 분한테 받고 해서 나름대로 괜찮았어요. 분위기. 그러고 '각자 기능은 하지만 돈을 각출하자' 그래서 극단의 재정을 만들고 수익이 생기면 통장해서 하자 해서 작품도 작가 선배 작품으로 하고 연출한 친구가 하고, 대표를 처음에 맡았던 친구는 연기를 하면서 같이 시작을 했어요. 저는 총무라든지 기획 같은 것을 하고, 작품을 했는데 나름대로 반응이 나쁘지 않았어요. 아쉬움은 있지만. 그때 관객 중 한명이 인맥으로 알게 됐는데 '문화 사업을 하고 싶다' 그러셔서 '통으로 할 순 없고 공간이 하나 있는데 갤러리를 하고 싶었다' 그런데 반은 극단이 운영하고 갤러리는 내가 운영하면서 반반 월세내면서 초기 공사는 내가 한다면서 후원자를 만난 거죠. 그거야 말로 엄청난 복 이었죠. 그래서 너무 좋았어요. 그때 마침 한 작품을 했는데 인천문화재단 지원 사업을 넣었어요. 원래 실적도 없고 그런 것도 불구하고 제가 기획자로써 그냥 해보자, 안된다고 생각하고 해야 한다 해서 처음으로 기획서를 써보고. 그런데 한 번에 된 거에요. 그래서 2011년도 사업에 됐어요.

장구보 : 2010년도에도 하시고 2011년도에도 하시고?

백재이 : 아뇨. 2010년도 10월 달에 하고 한 작품 한 걸로 2010년도 겨울에 12월 달에 공고문 뜨고. 그런데 그게 된 거에요. 그래서 천오백만 원 지원을 받기로 했는데 ….

장구보 : 잘됐네요.

4. 개관 당시의 에피소드

백재이 : 화장실부터 뭐. 극장이 극장답게 조명도 달려야 하고 음향시스템도 있어야 하고 객석도 있어야 하고. 아무것도 없었거든요. 그래서 사비 털어서 카드 있는 것도 긁고. 조명도. 그래서 지금 가장 아쉬워요. 어쩔 수 없다고 쳐도 처음에 초기에 했을 때 제대로 했어야 했는데. 돈이 안 되서 제일 싼 거 하다보니까 램프 값은 계속 들어가고, 어쨌든 앰프도 노래방 앰프로 하고 최근에 믹서도 준비하고 그랬거든요. 해서 초기에 시설비용 하고 객석 80개 110만원 카드로 긁어서 갖다놓고. 그런데 어쨌든 공연장 만들면 뭐해요. 프로그램이 돌아가야 되잖아요. 그래서 개관을 하려면 공연을 준비해야 되잖아요. 2011년도 11월에 닐 사이먼의 〈챕터 투〉라는 작품으로, 저기 빨간 포스터로 있죠. 그래서 공연장 개관과 창단작품으로 준비하면서 제가 대출도 받고 빚을 끌어다가 사고를

친 거예요. 네 명 다 갈라지고(웃음). 그래서 그때 이후로 ….

장구보 : 혼자 남으신 거네요.

백재이 : 정작 시작은 저지르는 건 으쌰 하는 마음으로 할 수 있는데 시작을 했으니까 〈챕터 투〉를 어떻게. 그런데 반응이 되게 좋았어요. 여기 갤러리는 이랑 선생 님이라고 화가 분이 나머지는 하시고.

장구보 : 같이 하신 거예요?

백재이 : 네. 같이하면서 복합문화공간이라면서 너무 좋았는데 제가 마음이 쫓기기 시 작하는 거예요. 7월 달에 시작하니까 공연을 계속 올려야 될 거 같은 거예요. 9월 달에 공연도 하자, 그래서 배우들 섭외해서 하고. 10월까지 플랜 딱 짜서 9월 달엔 갔어요. 한 달에 적어도 보름은 돌려야 되요. 보름잡고 인쇄물 들어 가는데, 두 번째, 그러니까 9월 작품 〈신포동 연가〉 작품을 하고 〈3곱하기 3〉 이란 작품을 준비를 하는데 문제가 생겼어요. 저한테 가장 뼈아픈 기억은 그 거였어요.

5. 떼아뜨르 다락의 운영 에피소드

장구보 : 〈3곱하기 3〉 하실 때요?

백재이 : 공연 홍보 나가고 티켓까지 나갔는데 공연을 접어야만 했어요. 배우가 공연 못하겠다고 하고. 갑자기 구할 수 있는 상황이 아니었어요. 저는 실은 그때가 제일 힘들었어요. 그래서 '그 상황만큼은 다시는 안만들거야' 하면서 그때 없 는 돈에 별거 아닐 수 있지만 공연장의 티켓은 나갔기 때문에 오는 관객이 한 사람이라도 올 수 있는 거잖아요. 보름 일정은 잡아났지만 그 관객을 돌려보 낼 수가 없어서 그 기간 동안에 문 열고, 잠깐이지만 문인협회라든지 도움 받 아서 영상화전 같은 걸 했어요. 프로젝트를 돈으로 또 사가지고 해서 약간 인천 작가들, 뭐 해서 만든 문인협회랑 만든 50분짜리 동영상인데 그거 틀고. 나름 괜찮았다고 하는데 그렇게 나름 시기를 지났죠. 그 다음에는 뭐 어느 극 단이나 마찬가지로 지원사업 받으면 받은 데로 문제가 생기고. 뭐 늘 있는 거. 월세 때문에 허덕이고(웃음).

6. 떼아뜨르 다락의 레퍼토리

장구보 : 다 창작하시나 봐요?

백재이 : 아뇨. 번역극을 많이 했었고, 저는 창작극을 하고 싶지만, 꿈은 꾸어요. 제가 하고 싶은 얘기를 무대에 올리고 싶지만 안 되는 부분 중에 이야기를 만드는 건 많이 다르더라고요. 조심스러울 수도 있어서. 창작을 꿈꿔요. 현실에 느끼 는 거나 그런 걸 나누고 싶고. 그런데 다양하게 하고 있어요. 번역극도 하고

창작극도 하고. 다음에 준비하는 거는 위성신씨의 〈늙은 부부 이야기〉를 정남 철 선배님이랑 해서. 위성신씨 작품으로 4월 24일부터 5월 10날까지 하고 7월 달에는 〈해연〉이라는 작품을 재단 지원 받은 게 있어서 〈해연〉작품은 7월 3일 부터 10일까지 〈다락〉 5주년 기념으로 할 거예요(웃음) 저희가 공연장 상주단 체, 서울 〈연미〉 팀이랑 매칭이 돼서 하기 때문에 젊은 팀 ….

장구보 : 올해부터 되신 거예요?

백재이 : 작년부터요. 올해가 두 번째이고. 그 팀도 젊은 팀. 감각 있게. 자극 많이 받 아요.

장구보 : 그럼 기획공연이 나뉘네요?

백재이 : 그렇죠. 저희 꺼도 하고 〈연미〉꺼도 하고. 그래서 저희 계속 공연 일정이 있 어요. 〈연미〉 팀도 있고, 9월 달엔 그 팀이랑 저희랑 단막극 페스티벌도 있고. 정기공연. 저는 2개월에 한 번씩 일반 연극을 돌리자가 제 꿈이에요. 중간 중 간 대관사업이든 기획사업이든 할 거고. 끈을 놓지 않고. 어떻게 보면 '올해가 마지막이라고 생각하고 내가 할 수 있는 걸 다하자' 매일 그 생각하지만, 또 그 생각하고 있어요(웃음).

장구보 : 거의 연극 전용극장이네요.

백재이 : 그렇죠. 제가 꿈꾸는 게 그거니까.

7. 떼아뜨르 다락의 운영 애환과 목표

장구보 : 특성화 됐다고 하면?

백재이 : 늘 하는 말이 있어요. 영화를 보고 싶을 때 볼게 있든 없든 영화관가면 있잖아 요. 어느 날 뭐가 있을지 모르지만 〈다락〉에 가면 있어 라는 거 … 적어도 가까 운 일정에. 저희 카페에 꼬박꼬박 일정공고 뜨길 기다리시는 분이 있으세요. 아주 오랜만에 뜨면 반가워서 예매하시고. 몇 안 되지만 저에게 너무 소중하거 든요. 공연 일정 잡히자마자 막 자랑하고 싶거든요. 다음 공연 있다고. 그런데 일정잡기가 쉽지 않고 번복하는 게. 한번 그런 게 있어서 조심하죠. 공개적으 로 제 입에서 나가면 지켜야 하는 자기와의 약속이지만 관객과의 약속인거죠.

장구보 : 그럼 1인 몇 역할 하시는 거네요. 그럼 공연장 운영관련, 작품부터 해서 거의 혼자 다 하시는 거네요?

백재이 : 거의가 아니라 혼자 다해요(웃음).

장구보 : 그럼 계속 24시간, 여기 나오셔야(웃음).

백재이 : 그건 안 되죠. 항상 꿈꾸는 거는 공연장은 열려있어야 한다고 많은 분들이 저 도 그렇게 생각해요. 10시부터 6시까지. 그런데 저는 어쨌든 주부거든요.

장구보 : 거기에 주부까지 또.

백재이 : 저 하다못해 김치도 담그고, 아침에 빨래도 해야 되고요. 어제는 소품, 인천

연극제 준비하잖아요. 그럼 공연 일정에 맞춰서 저희가 감이 와요. 여기 극단 〈한무대〉라고 최종욱 선배님 무대 패턴을 알아요. 이분이 무대를 만들면 대충 우리 무대에 쓸 만한 게 있을 거 같다는 생각이 들면서 어제 딱 10시에 가서 '무대 요새 어떻게 해요'하면서 '선배님 우리거랑 같네' 이러면서 선배님 일정 하니까 그거 끝나고 여기 가지고 오면 되겠구나. 대충 제작할 때 우리 무대사 이즈 맞게, 변형 가능하게 미리 잔소리도 하면서…이런 플랜까지 짜면서 …

장구보 : 그게 제일 문제긴 하네요. 조달받아야 되니까.

백재이 : 그럼요. 그런 것들. 저도 무대 딱 맡기고 하고 싶은데 그게 안 되죠. 어쨌든 발품 팔 수 밖에 없고. 어제 재단설명회 가서 혹시 사업, 극단적이지만 역량강 화 이런 것들 있잖아요. 공간이 있으니까. 제가 그동안 못 하는 것도 있고 안하 는 것도 있고. 마음의 여유도 없었어요. 여러 가지로. 그런데 그런 것을 해야 될 거 같더라고요. 하면서 뭔가가 사람들을 끌고. 다른 모집도 하면서 ….

8. 떼아뜨르 다락의 운영비에 대한 어려움

장구보 : 여기가 월세인가요?

백재이 : 네 월세에요. 어제도, 뭐 극장 월세가 110만원이고 제가 쓰거나 문 닫고 있어 도 안하고 있어도 기본적으로 엘리베이터 사용료 등 소방 뭐 그런 게 22만원, 전기요금 20만 원정도 개인적으로 내고. 그럼 200만원 꼬박 들어가거든요 한 달에. 170에서 200왔다 갔다 하는데 대관해서 하면 전기 요금이며 무대 사용 료가 늘기 때문에 어차피 해도. 조명기가 하도 좋아서 램프가 팍팍 나가서 램 프하나 교체하면 3만원이고 그때마다 개인 돈. 어느 날 대관 들어오면 대관비 에 받아서 램프비에 공연하는 비용에 쓰고말고. 뭐 이런 것들. 어떻게 보면 밑 빠진 독에 물 붓기? 그런 상황이긴 해요. 방법을 찾긴 해야 되요. 공연장 지원 이라든지.

장구보 : 공간지원 말씀 하시는 거죠?

백재이 : 네. 해결을 해야 되요. 어느 팀이죠? 〈소풍〉 문화바람처럼 전세자금 지원, 월 세 들어가는 그것만 빼고도 어떻게 안정화 시킨 다음에 할 거 같아요.

최혜정 : 매달 내는 것만 해도 만만치 않으시네요.

9. 시민들과의 교육프로그램 운영과 에피소드

장구보 : 〈다락〉이 그럼 공간이 있는데 예술교육프로그램으로 시민과 만나는 프로 그램이 있으신가요?

백재이 : 아뇨 못해봤어요. 그래서 지금 그걸 생각하는데. '내가 뭔가를 해야지'라는 게 있을 뿐이지 어떻게 접근을 해야 할지를 뭐, 해 본거는 연기자로써 무대를 선 거, 내가 하는 거, 좋아하는 거 내 취향에 맞는 백재이가 만든 거 어렵고 무겁

고, 칙칙. 칙칙하진 않아요. 예쁜 거 좋아하니까(웃음) 그런 거다 보니까 재미
에서 떨어지고. 저도 그건 알거든요.

장구보 : 그래도 취향이 있는 걸 어떡하겠어요.

백재이 : 제가 만든 건 무거워져요. 그래서 다른 사람을 모시려고 했는데 경영하는 데
는 또 달라지고. 뭐 얘기는 했는데 갈등이 일어나겠죠. 여름에 〈해연〉이라는
작품은 7월 달에 다시 하면 무의도 축제, 시립의 창원이형 선배랑 프로젝트
같이 가기로 했어요. 무의도 축제 가서 하고. 여러 가지 생각하고. 역량강화
이든 워크숍이든, 시민들과 만나는 거? 생각하고 있어요. 신포동 안에서. 장
소성이. 아이디어 좀 주세요. 이 공간을 통해서 할 수 있는 거, 동아리 모임이
든 뭐든 ….

장구보 : 〈다락〉 자체에도 회원이 있지 않으세요?

백재이 : 초기에 모으기도 하고 CMS도 하고 할까 했는데 처음에 너무 힘들다 보니까
재상 선배랑도 얘기를 했지만 제 결정이 맞는 거 같아요. 맨 처음에 만 원 회원
이든 뭐든 해주겠다. 그런데 그건 약속이잖아요. 만 원씩 받을 때는 정기적
공연이 올라간다는 전제잖아요. 제가 올리든 기획을 하든. 그런데 그게 미지수
였거든요. 그럼 저 사기 치는 거잖아요. 그래서 그건 아닌 거 같아서 아직 못했
고, 그게 가능하게 하는 게 목표죠. 내년쯤에는 해야 되지 않을까. 제가 하고
싶은 건 한 다음에 내년쯤에는.

장구보 : 그럼 온라인에는 카페나 뭐 이런 거 운영하세요?

백재이 : 다음카페요.

장구보 : 그럼 회원 분들이 거기서 소식을 접하시는구나.

최혜정 : 예매를 그쪽으로 문의를 많이 하시던데요.

장구보 : 그럼 이 극장이 지역에서 특성이라던가, 역할을 하시려고 하는 것 중에 하나
가 지역민과의 워크숍과 후원회원들 갖고, 워크숍도 하고. 이런 걸 통해서 지
역에서 〈다락〉이 어떻게 어필되셨으면 좋겠어요? 색깔을 디자인 하시던 게
있으실 거 같아요.

백재이 : 초기에 제가 습관처럼 말하던 게 있어요. 그런데 안 되는 것 중에 하나가 '나'라
는 걸 알았기 때문에(웃음) 맨날 그랬어요. 사람들이 지나가다가 차 한 잔 마시
러 들어올 수 있는 거? 쉽고. 뭐 이런 거? 그리고 항상 그때마다 얘기한 게
2012년에 〈다락방 있는 집〉 최초의 단편소설집을 올린 적이 있었는데, 그때
마침 재단지원 받기도 했고 여유가 좀 있었기 때문에. 어느 날 제가 공연 준비
하면서 저쪽 옷가게였어요. 문화의 거리 옷가게 있잖아요. 거기 뭘 사러갔다가
공연 준비하고 있어서 '공연 보러오세요' 이러니까 다들 '시간이 안 돼서' 9시에
끝나고 하니까 '연극은 왜 일찍 하냐'고 그러시기에 '그렇구나, 이 사람들이
공연을 볼 수 있게끔 만드는 게 내 역할이겠구나' 해서 '시간이 되시면 보시겠

냐'니까 '보시겠다'는 거예요. 그래서 하루는 야간공연을 해보자 해서 지역주
민들을 위한 야간공연을 신포시장 분들이랑 중구청에도 얘기하고 문화재단해
서 날 잡아서 9시로 잡았어요. 초대권 돌려서 오시라고. 무료로. 그때 정말
꽉꽉 차고 여름이었거든요. 그런데 아무리 에어컨 틀어도 숨이 막히니까 문
열어놓고 선풍기 통풍되게 하고. 그때 저는 너무 행복했어요. 여기 갤러리에
먹거리를 준비해놓고 막걸리 파티지만 스탠딩으로 해서.

장구보 : 그때 사진 같은 거 없나요?

백재이 : 그때 사람이 있었으면(웃음) 아마 누군가가 찍었을 꺼 같아요. 어쨌든 그때가
제일 좋았던 거 같아요.

장구보 : 그런데 그때 한번 하고 안하셨어요?

백재이 : 못한 거죠. 꿈을 꿨죠. 그때 너무 좋아가지고. 아, 그때 오시는 분 중에 그냥
오라고 그랬더니 미안하니까 미안하기 보다는 마음이죠. 어느 분은 만두가게
하시니까 만두 가져오시고 어떤 분은 뭐, 저는 그게 너무 ….

장구보 : 옷 갖고 오세요?(웃음)

백재이 : 얼마나 좋을까요(웃음), 그때 그 생각을 한 거예요. 정말 한 달에 한 번씩 이
라든지 문 닫는 날이 있잖아요. 그러면 정기적으로 한 달에 한 번, 몇 달에
한 번이라도 〈다락〉의 어떤 뭐 연극 공연이 아니어도 다른 장르여도. 어쨌든
간에 모여서 얘기를 할 수 있는. 그날 좋았던 게 어떻게 시장사람들, 상가사
람들, 공무원들, 문화재단 사람들 연극하는, 예술하는 사람들이 다 섞여서 막
걸리 주고받으면서. 여긴 '이곳만이 할 수 있다'라는 생각을 했어요. 그래서
프로그램을 만들고 싶었어요. '중구청이나 재단이나 이걸 상설화시켰으면 좋
겠다'고. 그게 몇 달에 한번이든 한 달에 한 번이든, 매달 말일이나 마지막 주
금요일에 여길 가면 항상 행사가 있고. 온 동네 사람들이 모여서 서로 사는
얘기들을 하고. 이런 걸 만들 수 있으면 좋겠다는 … 여기는 광장이 있어서 가
능하거든요.

장구보 : 최고인데요.

백재이 : 물어보신다면 사람들이 여기 모여서 서로 사는 얘기하고. 그게 좋아요.

장구보 : 그럼 연극 교육 같은데요?

백재이 : 예전에 이종복 선생님이 아이디어 주신거지만 여기 생선가게에 아주머니가
계세요. 욕쟁이 할머니신데 말씀 없으시다가 말씀시작하면 구수하고 재미있
다는 거예요. 그걸 명석을 깔아 드리는 거죠. '여기 와서 말씀해보세요.' 오늘
은 어떤 얘기를 하고. 물으신다면 전 그런 걸 하고 싶어요. 저도 제가 만든
걸 하고 싶지만 그냥 누구나 와서 뭐 명석을 깔아주는 뭐 그런 거 그거 하고
싶어요. 알아서 활용해주셨으면 좋겠는데 ….

장구보 : 이건 특성이 있어서 성공하실 수 있으실 거 같아요.

장구보 : 그럼 시장과 관련된 커뮤니티아트를 하시면, 없는 거니까.

백재이 : 여기는 특히 나눠져 있잖아요. 낮에는 밥집. 시장은 오전부터 열리고, 밥집 그리고 저녁에는 술집(웃음) 보통은 5시 이후 프로그램은 어려워요. 낮에 할 수 있는. 그러는 분들은 또 쫙 모으고. 낮에 하시는 분들은 저녁때 뭐 하고. 연극 만들기 뭐 이런 거.

장구보 : 하시면 될 거 같아요. 신포시장이 주는 이미지도 있고, 여기도 보니까 많이 바뀌기도 했고 이젠 술 문화느낌이 어수선하지도 않고.

백재이 : 여기 나름대로 낭만이 있어요. 요새 많이 짝퉁 짝퉁 중국 짝퉁 하는데 이것조차도 신포동의 색깔이라고 생각해요. 너무 편해요.

10. 앞으로의 떼아뜨르 다락 운영

장구보 : 앞으로 5년 하면 난리 나는 거 아니에요?

최혜정 : 〈다락〉가자고 오고.

장구보 : 지리적 위치도 좋고.

백재이 : 지리적 위치는 가장 좋은 거 같아요. 스쳐갈 수 있어서.

일단은 돈이 들기 때문에. 그런데 하고 싶어요. 그래서 공연이 없을 때는 오픈공간으로 하고. 그건 여기만의 특색 같아요. 정말 광장처럼.

장구보 : 심야영화도 하셔야겠네요.

백재이 : 너무 좋네요. 전 지원받아서 무료로 주고 돈버는 건 다른 사람 하라그러고. 지역이 살아야죠(웃음) 그렇게 잘되면 나누고 하고 싶은데.

장구보 : 거의 다 말씀해 주셨어요. 엑기스가 다 있네요. 그럼 최종적으로 꿈이 있으실 거 아니에요. 이 〈다락〉이 공간, 아니면 여기서의 어떤 거든. 작품은 대표 레퍼토리로 해서.

백재이 : 작품 같은 경우는 극단 〈다락〉과 많은 분들이 조언해주시는 것처럼, '극장과 극단은 분리되어야 한다.' 같이 있더라도 비전이나 마인드 같은 거. 그건 요새 인식은 하려해요. 극단은 떨어져나가도 극장 〈다락〉은 유지되어야 한다는 생각을 하고 있어요. 극단 〈다락〉은 제가 작품 욕심이 있어서 여기서만은 원치 않아요. 극장의 한계가 있거든요. 작잖아요. 조명이나 이런 거. 중극장이나 대극장에서 제 작품 하고 싶은 욕심 있거든요. 어느 날 전 작품을 〈문학씨어터〉든 어디든 그 공간대로 옮겨서 하고 싶어요. 작품에 대한 욕심이 있어요. 그런데 공간은 공간대로 흐르게끔. 사람의 소통의 공간으로. 어느 날은 미술전시도 이루어지고 안에서는 공연도 하고 어느 날은 카페처럼도 했다가. 전체가 무대가 돼서 세팅이 바뀌는. 아 다른 얘기지만 여기는 올 때마다 사람들이 엇달라졌네? 그게 아니라 공연에 따라 소품도 달라지고 배치도 달라지고. 어느 날은 작정하고. 뭐 제가 제일 좋은 건 다 비우는 거예요. 기본이 화이트인 게

어느 날은 작정하고. 뭐 제가 제일 좋은 건 다 비우는 거예요. 기본이 화이트
인 게 처음처럼 아무것도 없어요. 아무것도 없는 걸 좋아해요. 복잡할 때는
비워서 채운다는 주의거든요. 그리고 무대를 좋아하는 게 여긴 블랙이고 화이
트잖아요. 블랙은 조명으로 채우고 여기는 가구나 이런 걸로 채우고. 늘 비우
는 걸 좋아해요. 공간은 공간대로 뭐.

장구보 : 어쨌든 공간하고 극단은 정체성은 항상 분리해서 가져가고 싶으신 거네요.

백재이 : 네.

마무리하면서

우리는 현재 한 손에 모든 것을 보거나 즐기는 모바일 시대 속에서 스낵처럼 짧은 시간에 간편하게 즐기는 문화라는 의미의 '스낵 컬처' 즉, IT, 패션, 음식, 방송 등 사회 각 분야에 걸쳐 붐을 이루고 최근 문화예술 소비 및 창작의 지형도에도 변화를 가져오고 있는 시대 한 복판에 살고 있다.[1] 과거 어두 칙칙한 공간속에서 통기타나 차 한 잔, 연극 한 편에 낭만과 철학을 논하며 드나들던 옛 소극장의 시절하고는 사뭇 다르다 못해 이젠 다시 돌아갈 수 없을 것 같은 단절감마저 느끼게 된다. 하지만 다행히도 이런 가운데에 드라마를 통해 복고문화코드가 부활하고 있다. 그 시대의 추억과 향수를 불러일으키는 상품구매는 더없이 활발하게 인기를 얻고 있다. 이런 가운데 과거에 우리의 문화적 향수가 젖어있는 소극장문화가 함께 활성화된다면 얼마나 좋을까 하는 생각을 해본다.

1974년 까페 깐느부터 시작된 인천의 민간소극장 역사는 올 해로 41년을 맞이했고 또 해를 넘기려 하고 있다. 공공연히 언급되고 있는 신포동 르네상스 시기도 사실상 구술이나 기록 등의 자료적 구축이 남아있지 못하고 간신히 대표자와의 직접적인 인터뷰를 통해 과거를 끄집어내는

---

1) 한국문화관광연구원, 『2014 문화예술 트렌드 분석 및 전망』, 2013, p.71.

정도로 밖에 의존할 수 없는 현실이 너무나 안타까웠다. 게다가 그 시기는 언론이 자유롭지 못했던 시대라 기사의 부재로도 그 미미함을 추측할 수 있을 것이다. 정호순(2002)은 이런 소극장에 관한 연구가 거의 전무하다고 할 수 있을 만큼 이루어지지 않고 있는데 소극장의 역사가 짧은데서 비롯된 것도 이유로 지적할 수 있지만 보다 근본적인 이유는 소극장이 어떤 역할을 담당하는지에 대한 인식 부족에 있다고 하였다. 이렇듯 40년의 명맥을 유지하고 있는 소극장의 역사는 그 시작에 있어서 신포동 르네상스시기를 거치지만 곧 인구성장과 활발한 도시건설로 인해 그 공간적 팽창을 맞이하게 된다. 소박하고 연극이 주는 밀도 있는 관객과의 소통과 진솔한 문화적 공간은 지방자치시대를 맞아 우후죽순으로 설립되는 문화예술회관과 그 산하 예술단체들과 경쟁했어야 했으며 본격적인 문화중흥정책과 소비시대에는 백화점이라는 또 다른 시장과 맞서 변형을 하며 시장과의 경쟁 속에서 미흡하나마 프로그램을 개발하며 경영의 관점을 받아 들여야 했고, 현재는 넘쳐나는 공공극장들 속에서 상대적 위화감을 느끼며 우리들의 소박한 커뮤니티를 형성하며 존재해오고 있다. 물론 그들을 위한 지원정책이 없었던 것은 아니다. 소극장 지원 정책2)은 도시

---

2) 최윤우(2015)는 아래와 같이 소극장 지원정책을 정리하였다.

　1. 1991년 5월 연극·영화의 해 당시 '사랑의 연극잔치'가 시작됐고 이 연극제에 맞춰 '사랑티켓'이라는 할인 티켓이 만들어졌다. 이 사랑티켓 지원금의 일부가 소극장지원으로 이어졌다.

　2. 소극장 지원 정책 중 가장 오래, 지속적으로 진행된 지원 사업은 소극장 시설개선 지원 사업이었다. 2002년부터 문화체육관광부 후원으로 진행된 이 사업은 '소극장 환경 개선을 통해 관객들에게 쾌적하고 안전한 공연 장 문화시설을 제공, 공연예술문화 저변 확대를 목적'으로 진행된 사업으로 2003년부터는 서울 및 전국으로 확대시행 되었다.

　3. 2007년부터 시행되고 있는 예술창작발표공간지원 사업(구 공연예술 전용공간 지원 사업)은 '창작활동 거점을 확충하여 예술가(단체)에게 안정적인 창작기반을 제공하기 위해, 민간에서 운영 중인 공연예술(연극, 무용, 음악, 전통예술) 공간을 지원하는 제도이다.

재생이나 마을 만들기의 중심에서 보다 복합적이고 거시적인 관점에서 접근해야 할 문제이다. 짧지만 40년 역사 속에서 그들은 계속 소진되어 왔으면서 또 다시 생성되는 과정을 시대 속에서 번복해오면서 과연 우리에게 무엇을 전달해주고자 하는 것일까? 연말이 되면 여러 방송에서 각종 시상식이 거행되는 것을 볼 수 있다. 대중에게 인기를 얻고 있다는 것은 그만큼 강력하고 시장에서는 힘의 논리이며 자체적인 노력만으로는 공연예술 즉 민간소극장의 활동들은 힘을 얻거나 시선을 받기가 여러 가지로 어렵게 된 것이다. 문화산업시대 도래이후 우리의 민간소극장들은 더없이 어려움에 처해있는 현실이다. IT산업구조와 맞물려 빠르게 변화를 추구하는 시대 속에서 어쩌면 우리의 저항정신과 창작적이고 실험적인 소박한 무대[3]를 대형공연물에 외면당하고 소셜 네트워크나 다양한 디지털 매체가 아닌 그저 100석 남짓한 무대에서 무언가를 소통하고자 한다는 것이 시대에 뒤떨어지고 구식같이 느껴질 수 있을 것이다. 그렇다고 계속 외면하고 멀리하거나 사라지게 두어야 하는 것일까?

이원현(2005)은 소극장이 생존할 길에 대해 언급하면서 첫째, 소극장이 주요한 공연예술 인프라 라는 절대적 인식과 제도화 둘째, 정부 중심의 적극적 공공지원의 현실화를 들었고 덧붙여서 소극장 운동의 원래 모습을 찾아가는 것이 중요하다고 하였다. 현재의 어려운 시점에서 소극

---

4. 위의 사업과 유사한 공연장 운영 지원의 또 다른 측면으로 임차보증금을 지원하는 '예술전용공간 임차 지원 사업'이다. 2010년 시행된 이 사업은 안정적인 창작, 발표 공간을 제공하기 위하여 창작 활동 거점 공간을 임차하는 보증금을 지원했는데 결국 2015년 사업이 폐지됐다.

3) 이원현(2005)은 서구의 소극장 문화의 근본적인 경향에 대해

  1. 기존 상업적 연극에 대해 반대적 입장에 서있고,

  2. 연극의 예술성을 확립하며,

  3. 새로운 시대의 연극 창조를 위한 실험정신이 소극장 운동의 목표라고 요약하였다.

장 운동 문화의 원 취지와 정신을 한 번 돌이켜 봄으로써 정체성 있는 소극장 문화 구축과 활성화를 위해 노력해야 한다는 것이다. 귀한 예술 정신을 지키려는 가치 있는 행위, 내면적으로 소극장 문화의 정신을 되살려 그 정체성을 더욱 확고히 다져 나가야할 것이며 정부주도 하에서 적극적 마케팅 지원이 반드시 이루어져야 할 것으로 보았다. 시대를 거듭하며 생존해 온 우리의 민간소극장 문화의 절실한 상황을 올바르게 인식하여 적극적인 지원정책이 마련되는데 미약하나마 도움이 되길 바란다. 더불어 한때는 엄연히 존재했었던 우리들의 작은 민간소극장 얘기들이 잊혀지지 않도록 기록으로 남았으면 하는 바람이다. 왜냐하면 있었던 것이 그 흔적들이 미약하다고 해서 없었던 것은 아니지 않겠는가. 마지막으로 본 저서를 위해 기꺼이 응해주신 소극장 대표님들께 감사하다는 말씀을 전하고 싶다. 대부분이 그렇겠지만 소극장은 그들에게 그리 유쾌하기만 한 과거는 아니었으리라. 시대 속에서 나름의 철학과 우리들의 삶을 살아있는 공연예술로 풀어가려 했지만 뼈아픈 고통 속에서 폐관하기에 이르는 그 시간들을 다시 끄집어내고 회고하도록 한다는 건 여간 마음이 불편한 게 아닐 수 없다. 물론 그러한 역사적 경험들이 성공이라는 이름으로 대변될 수 있다면 즐거운 마음으로 작업할 수 있겠지만 대부분의 우리들의 민간소극장은 그렇지 못하기에 많은 안타까움이 남는다. 미흡한 작업이겠지만 인천의 민간소극장 이야기가 본 저서를 통해서 인천의 문화양식으로 남는데 기초자료로 제공되기를 바라며 이후에 추가적인 연구 자료로 이어지기를 기대해 본다.

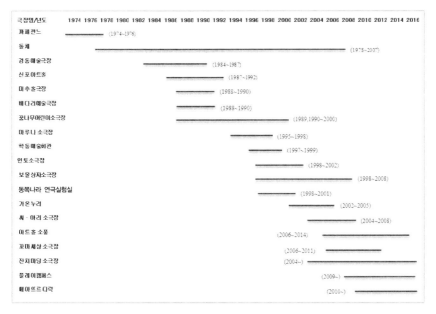

〈인천의 민간소극장 연혁표〉

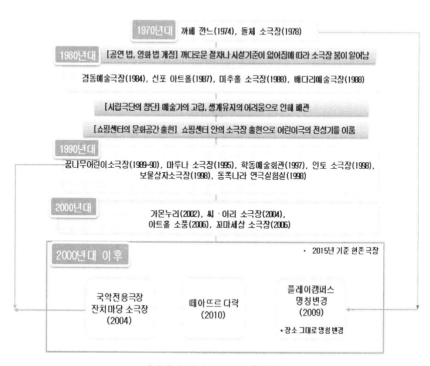

〈시대별 민간소극장의 현황표〉

참고문헌

1. 단행본

김창수·이희환·허은광·이현식·윤진현, 『인천근현대문화예술사연구』, 인천문화
　　　재단, 2009.

서연호, 『우리 연극 100년』, 현암사, 2000.

용호성, 『예술경영』, 김영사, 2002.

유민영, 『한국 근대극장 변천사』, 태학사, 1998.

윤진현, 『행복한 인천연극』, 다인아트, 2006.

이승엽, 『극장경영과 공연제작』, 역사넷, 2001.

인천근현대문화예술사 편찬위원, 『인천근현대문화예술사연구』, 인천문화재단, 2009.

仁川藝術五十年史, 社團法人 仁川直轄市藝總, 金昌璜 발행번호 제5호 1992년.

정호순, 『한국의 소극장과 연극운동』, 연극과 인간, 2002.

차범석, 『한국 소극장 연극사』, 연극과 인간, 2004.

한국연극협회, 『한국현대연극 100년』, 연극과 인간, 2009.

한상철, 『현대극의 상황과 한국연극』, 현대미학사, 2008.

2. 학위논문

강경호, 「대전지역 연극 소극장 활성화 방안 연구」, 한남대학교 석사학위논문, 2014.

김성배, 「지방 종합문화예술회관의 활성화 방안 연구 : 인천광역시 종합문화예술
　　　회관을 중심으로」, 중앙대학교 석사학위논문, 2003.

김수정, 「1970년대 이후 소극장춤의 전개와 그에 따른 한국창작춤 특성연구」, 성
　　　균관대학교 석사학위논문, 2010.

김영래, 「한국 어린이 연극의 개선방향 연구」, 한양대학교 석사학위논문, 2014.

김유미, 「시립예술단체의 공공성 제고 방안 연구」, 세종대학교 석사학위논문, 2012.

노윤갑, 「대학로 소극장연극 현황과 극장 활성화 방안연구」, 서울시립대학교 석사학위논문, 2007.

문종태, 「공공극장의 운영체제 변화양상과 발전방안」, 중앙대학교 석사학위논문, 2008.

박상언, 「한국 문예진흥기금의 효율적 운영방안 연구」, 중앙대학교 석사학위논문, 2000.

박정희, 「문화센터 미술교육 프로그램 만족도 조사」, 명지대학교 석사학위논문, 2000.

오진수, 「국립극장의 운영현황을 통한 활성화 방안 연구」, 단국대학교 석사학위논문, 2012.

윤석진, 「1970년대 연극 검열 양상 연구」, 충남대학교 박사학위논문, 2015.

이 찬, 「공공 공연장 민간위탁 운영시스템 도입과 효율성 연구」, 단국대학교 석사학위논문, 2011.

이철운, 「문화관광부 조직변천과 정책방향변화 연구」, 연세대학교 석사학위논문, 2006.

이화준, 「백화점 문화센터 이용이 백화점에 대한 고객의 만족도와 충성도에 미치는 영향연구」, 중앙대학교 석사학위논문, 2013.

정호순, 「한국 현대 소극장 연구」, 단국대학교 박사학위논문, 2001.

한은숙, 「한국어린이연극의 발달과정에 관한 연구」, 성균관대학교 박사학위논문, 2005.

황선아, 「공공극장의 레퍼토리 시스템 도입 연구 : 아르코예술극장을 중심으로」, 한양대학교 석사학위논문, 2009.

3. 학술자료

김창언·김경섭, 「서울시내 소극장의 기능성 실태분석에 관한 연구」, 대한건축학회, 제10권 10호, 1994, pp.29~44.

남승연, 「1980년대 인천 소극장 운동사」, 『드라마연구』제29호, 2008, pp.23~46.

박명진, 「1970년대 연극 제도와 국가 이데올로기」, 『민족문학사연구』 제26호, 2004, pp.8~33.

이원현, 「대형화와 상업화에 밀려나는 한국의 소극장 문화」, 문화예술진흥원, 통권307호, 2005, pp.84~89.

임학순, 「문화예술진흥기금과 지방문화예술진흥기금의 공연예술지원사업 조정방향」, 한국문화관광연구원, 문화정책논총 10, 1998, pp.107~128.

정호순, 「1970년대 극장과 연극문화」, 한국극예술연구, 제26집, 2007, pp.191~229.

정혜원, 「공공극장의 문화공간적 특성 및 변화양상 연구 : 도시문화와의 관계를 중심으로」, 한국연극학, 제38호, 2008, pp.183~225.

최윤우, 「소극장 지원정책의 흐름과 과제」, 『연극평론』 통권77호, 2015, pp.120~124.

4. 언론자료

"아동극 공연장 다양화 추세", 매일신문, 1995.1.14.,
http://www.imaeil.com/sub_news/sub_news_view.php?news_id=1238&yy=1995

김경자, "부모는 쇼핑, 어린이는 관람 백화점 공연시설 이용 늘어", 매일경제, 9P, 1986.5.6.

오명철, "인천시립극단 자리잡았다", 동아일보, 13P, 1991.11.14.

윤영걸, "상권이 달라진다 (52) 인천시 간석동 일대", 매일경제, 17P, 1994.12.26.

양효식, "신용카드 사용금액 크게 늘었다", 매일경제, 39P, 1999.10.14.

5. 인터넷자료

피클, "우리나라 연극", 연극영화사랑회 블로그, 2007.12.15.,
http://cluster1.cafe.daum.net/_c21_/bbs_search_read?grpid=rnhi&fldid=73tg&datanum=6&openArticle=true&docid=rnhi73tg620071215135008

두산백과, "인천호프집화재사건", 네이버지식백과,
http://terms.naver.com/entry.nhn?docId=1192554&cid=40942&categoryId=31778

그루터기, "공보관", 형과니의삶 블로그, 2007.11.14.,
　　　http://blog.daum.net/alzade57/14622775
두산백과, "문예진흥기금", 네이버지식백과,
　　　http://terms.naver.com/entry.nhn?docId=1207830&cid=40942&categ
　　　oryId=32856
염혜원, "표준계약서 도입 막는 대학로의 암초들", 예술인을 위한 인터뷰레터,
　　　2014.1.22.
　　　http://www.koreanartists.kr/hkor/wz/userWebzine/webzineDetail.do
　　　?seq_n=50&search_key_n=&search_val_v=&cate_c=&currentPage=31

6. 기타자료

김세훈 외,『문화기반시설 중장기 확충 및 발전 방안 연구』, 한국문화정책개발원,
　　　2001.
김혜인,『2014 문화예술 트렌드 분석 및 전망』, 한국문화관광연구원, 2013.
이재상,「인천 연극의 도약을 꿈꾸며」,『소금밭』제3호, 2004, pp.14~19.
이충직·김동호·박지연,『한국 영화 상영관의 변천과 발전방안』, 문화관광부, 2001.
이현식,『인천종합문화예술회관 운영방식 개선안 연구』, 인천발전연구원, 2003.
인천문화재단,『정진 구술채록문2010』, 2014.
『인천저널』, 동남에이전시, 창간전호, 1991.

7. 인터뷰

날짜	극장명	대표명	기타
2015. 3. 10. 2015. 11. 26.	플레이캠퍼스	장한섬	
2015. 3. 12.	잔치마당 소극장	서광일	
2015. 3. 18.	아트홀 소풍	임승관	
2015. 3. 25.	떼아뜨르 다락	백재이	
2015. 4. 1.	돌체 소극장	박상숙	3대 대표
2015. 4. 15.	가온누리	김병균	
2015. 4. 22.	미르	이재상	시대배경 인터뷰
2015. 4. 22.	씨·아리 소극장	진정하	
2015. 4. 24.	미추홀 소극장	김종원	
2015. 4. 29.	까페 깐느	이우용	
2015. 4. 30.	배다리예술극장	이정환	
2015. 5. 7.	학동예술회관	차흥빈	
2015. 5. 13.	시연센 소극장	박은희	
2015. 5. 27.	신포아트홀	권용성	
2015. 5. 27.	경동예술극장	정진	
2015. 5. 28.	꼬마세상 소극장	김일준	
2015. 5. 29.	보물상자 소극장	오영일	
2015. 6. 3.	마루나 소극장	유인석	
2015. 6. 11.	꿈나무 어린이소극장	김태용	2대 대표
2015. 7. 2.	동쪽나라 연극실험실	안순동	
2015. 7. 3.	한무대	최종욱	前) 경동예술극장 단원
2015. 7. 6.	꿈나무 어린이소극장	김창준	1대 대표
2015. 7. 6.	엘칸토	봉두개	7~80년대 연극사 인터뷰
2015. 7. 7.	돌체 소극장	유용호	1대 대표
2015. 9. 18.	인천작가회의 시인	이종복	7~80년대 신포동배경 인터뷰
2015. 10. 16.	현) 인천문화재단 대표	김윤식	7~80년대 신포동배경 인터뷰
2015. 12. 30.	인토 소극장	김종진	인토 소극장 실장

장구보(張釦寶)

이화여자대학교 무용과를 졸업하고 경기대학교 대체의학대학원에서 대체의학을 전공했으며 경희대
학교 일반대학원에서 예술경영학 박사학위를 취득했다.
2000년에 구보댄스컴퍼니를 창단하고 부평아트센터 상주단체 예술감독과 사회적기업 대표로 활동하
고 있다. 또한 인천대학교 사회적경제 연구센터에서 문화예술분야 책임연구원을 맡고 있으며 한양
대학교 무용예술학과 겸임교수로 재직 중이다.

논문

「테이핑요법이 엉덩관절 상해 시 통증경감과 턴 아웃 R. O. M 변화에 미치는 영향–현대무용전공자를
중심으로–」, 경기대학교 대체의학대학원 석사학위논문, 2010.
「공연관람객 구조 비교를 통해 본 관객개발 방식」, 『예술경영연구』 제21집, 2012.(공저)
「전문예술단체 사회적기업의 지속성에 관한 실증적 연구」, 경희대학교 일반대학원 박사학위논문,
2013.
「전문예술단체 사회적기업의 지속성에 관한 제언–전문예술단체 사회적기업을 대상으로 한 설문조사
를 중심으로–」, 『예술경영연구』 제25집, 2013.(공저)
「사회적기업의 지속가능성을 위한 자금조달에 관한 연구–인천지역 사회적기업의 설문조사를 중심으
로–」, 『인천학연구』 22집, 2015.(공저)

〈도움 주신 분들〉

이해준

중앙대학교 문예창작과 문학박사, 한양대학교 무용예술학과 학과장.
춤전용-M극장 총괄감독 역임.
『무용창작론 : 시무용의 이론과 실제』(한국무용예술연구총서3), 국학자료원, 2005.

최혜정

상명대학교 문화예술대학 무용예술학과 졸업.
상명대학교 예술디자인대학원 문화예술경영학과 졸업.

인천학연구총서 35

구술로 보는 인천 민간소극장사

2016년 2월 19일 초판 1쇄 펴냄

기 획 인천대학교 인천학연구원
지은이 장구보
펴낸이 김흥국
펴낸곳 보고사

등록 1990년 12월 13일 제6-0429호
주소 경기도 파주시 회동길 337-15 2층
전화 031-955-9797(대표)
         02-922-5120~1(편집), 02-922-2246(영업)
팩스 02-922-6990
메일 kanapub3@naver.com / bogosabooks@naver.com
http://www.bogosabooks.co.kr

ISBN 979-11-5516-519-5 94300
       979-11-5516-336-8   (세트)
ⓒ 장구보, 2016.

정가 20,000원

이 도서의 국립중앙도서관 출판예정도서목록(CIP)은 서지정보유통지원시스템 홈페이지
(http://seoji.nl.go.kr)와 국가자료공동목록시스템(http://www.nl.go.kr/kolisnet)에
서 이용하실 수 있습니다.(CIP제어번호 : CIP2016003293)